经济管理信息化与财富规划研究

王云朋　李佳蓉　王　清◎著

贵州出版集团

贵州人民出版社

图书在版编目（CIP）数据

经济管理信息化与财富规划研究 / 王云朋，李佳蓉，
王清著 .-- 贵阳 ：贵州人民出版社，2024. 8. --ISBN
978-7-221-18524-2

Ⅰ . F2

中国国家版本馆 CIP 数据核字第 2024DQ2463 号

JINGJI GUANLI XINXIHUA YU CAIFU GUIHUA YANJIU

经济管理信息化与财富规划研究

王云朋　李佳蓉　王　清　著

出 版 人	朱文迅
策划编辑	龚　璐
责任编辑	潘江云
装帧设计	青　青

出版发行	贵州出版集团　贵州人民出版社
地　　址	贵阳市观山湖区中天会展城会展东路SOHO公寓A座
印　　刷	河北文盛印刷有限公司
版　　次	2024 年 8 月第 1 版
印　　次	2024 年 8 月第 1 次印刷
开　　本	710mm×1000mm　1 / 16
印　　张	14
字　　数	280 千字
书　　号	ISBN 978-7-221-18524-2
定　　价	80.00 元

前　言

　　我们所处的经济社会和经济环境无时无刻不在发生着改变，市场因素、政治因素、人为因素及一些突发事件，都在一定程度上冲击或影响相关的经济体。在经济体系不确定性被逐渐放大的情况下，经济管理上的创新活动具有十分重大的意义。随着市场经济的快速发展从而进入常态化，人们越来越意识到经济管理的重要性。经济管理在很大程度上决定着社会经济的稳定发展，同时也是确保社会经济现代化发展的重要支撑力量。而科技的快速发展，也在很大程度上促进了管理与实践的改革。

　　互联网科技高速发展，有力地促进了社会结构的创新优化，以及生产的专业化、联合化。与此同时，随着经济管理的不断发展，我们也必须设置相应的管理标准。具体来说，主要体现在以下几个方面：首先，生产工具的不断改变，需要我们在实际的生产过程中不断创新优化制作工艺和技术；其次，我们还应制定一套完善的生产管理模式，这样才能更好地确保经济管理的不断进步。

　　这是一本关于经济管理方面研究的专著。首先，本书基于现代经济管理的相关理论，对我国的非公有制经济的功用和特点进行了讨论，并对区域经济发展理念下的县域经济的发展和模式创新进行探讨；其次，如果将这些经济管理理论能够落实到企业管理实际当中需要企业不断进行创新和改革，基于此，本书重点就煤矿企业的经营管理与其信息化管理的发展进行论述；最后，对常用的财富规划方法与规划实践进行分析。本书体系完整，内容精练，重点突出，可为读者在经济发展、管理方面提供一些借鉴。

为了确保研究内容的丰富性和多样性，作者在写作过程中参考了大量理论与研究文献，在此向涉及的专家学者表示衷心的感谢。

　　本书由王云朋、李佳蓉、王清共同撰写，感谢刘洋、张鑫、王方正参与本书的统筹工作。

　　最后，限于作者水平，加之时间仓促，本书难免存在疏漏，在此恳请读者朋友批评指正！

2024 年 3 月

目　录

第一章 经济管理的基础理论

第一节 经济管理概述

一、经济与经济学

经济，通常是指社会再生产活动，包括生产、交换、分配和消费活动，是人类最重要、最基本的社会活动。而经济学是研究稀缺资源配置的科学。众所周知，资源的稀缺性（或有限性）与人们欲望的无限性的矛盾产生了各种经济问题，为了有效地解决这些问题，就产生了经济学。通俗地说，经济学就是研究决定如何有效地使用、消费、分配稀缺性资源，以满足人们无限欲望的科学。

为了研究人们的经济活动，经济学假定：经济资源是稀缺的，经济选择是必要的，人的需要或欲望是近乎无限的。可以设想，让每个家庭填写一份"假如想要什么就有什么"的清单，那么他们希望得到的产品和服务的清单，汇总起来一定会超过社会现有供给能力许多倍。与人的欲望相比较，在一定时期中产品和服务总是有限的，因为生产它们的土地、自然资源、厂房、设备、劳动和技术知识总是有限的，这就是经济资源的稀缺性。

非自由取用物品，即既对人有用而又稀缺的物品，称为经济物品。客观世界中绝大部分的物品不是自由取用物品，而是经济物品。对城市里的居民来说，充足的阳光和新鲜的空气也变得越来越不可以自由取用了，人们不得不为获得这些物品付出代价，即为了享受阳光和新鲜空气，必须放弃其他一些需要来换取。

经济学要解决的基本问题，就是对稀缺性资源的使用进行合理有效的分配，做出抉择。通俗地说，经济学研究的是，人们在经济生活中如何使有限的资源得到充分有效的利用，从而使人们的欲望得到最大的满足。具体地说，经济学要解决以下四个相互关联的经济问题：

一是生产什么和生产多少。这就是说，有限的资源在各种不同的产品和服务中如何分配？在衣食住行、医疗保健、文化教育、休闲娱乐和安全等各种需要之间如何选择？在当下消费和将来的消费之间如何选择？

二是如何生产。这并不像工艺学那样研究产品如何制造，而是选择怎样的要素组合、怎样的经济组织方式来生产产品。是多用人工少用昂贵的自动化设备，还是相反？是组成大公司来生产，还是由分散的个体或小企业生产？等等。

三是为谁生产。社会产品如何分配给不同的居民和家庭？是平均分配还是按劳动时间分配？有多少是由国家直接提供的产品或服务？国家是如何得到这些产品和服务的？

四是谁来决策。在市场经济体制下，产品生产基本上由市场机制来决定。也就是说，生产主要由生产者和消费者的自由交换来决定，对于一些混合经济体而言，在一定范围内，由生产者和消费者做出决策，而在另一些范围内由政府做出决策。

二、管理与管理学

管理是人类的基本社会行为，广泛适用于社会的一切领域，包括政治、经济、军事、技术、文化和生活等方方面面。为了达到预定目标和提高效率，任何社会组织都需要管理。

管理的必要性在于经济资源的稀缺性或有限性。由于每个企业能投入生产过程的资源都是有限的，整个社会能用于社会生产的资源也是有限的，所以这就要求通过有效的管理来提高资源的使用效率，使有限的资源得到有效的运用，尽可能多地实现某种想要达到的任务或目标。换句话说，如果企业投入生产过程的资源是无限的，那么企业就无须追求效率，管理也就会失去它的必要性。

由于管理的必要性在于资源的有限性，所以管理的目的就是使企业的目标能有效地实现。每一个企业都要通过有效的管理，解决生产什么、如何生产、为谁生产和谁来决策等基本问题，使企业的有限资源得到有效的运用。

管理学则是一门研究管理活动内在规律的科学，其理论体系由一系列反映管理活动内在规律的概念、原理、原则、制度、程序、方法等所组成。

它是一门边缘科学，也是一门基础理论。

为了能达到有效的管理，首先，管理者必须了解管理对象活动的规律性，比如要想提高高等教育管理工作的成效，就必须了解高等教育活动的内在规律性，要想提高经济工作管理的成效，就必须了解经济活动的内在规律性。只有以管理活动的规律性作为自己研究对象的管理学，才能使管理的理论对管理的实践有真正的指导意义。其次，在具体管理某项事务时，要想达到有效的管理，决策者也需要各方面的知识。比如在企业管理中的投资决策问题，就需要决策者具有多方面的知识：具有投资项目工艺技术方面的知识和投资软、硬环境方面的知识，使决策者对决策问题的内在规律性有清楚的了解；具有决策方法的知识，如数学、运筹学等方面的知识，使决策者能掌握科学的决策方法；具有会计和财务管理方面的知识，使决策者在决策时有明确的经济效益的观点；具有心理学方面的知识，使决策者在决策时能了解组织中员工的心理活动规律，充分地调动员工的工作积极性；等等。以管理活动的内在规律性作为自己研究对象的管理学，必须吸收如经济学、政治学、社会学、心理学、工艺技术学、数学、运筹学、会计学等其他各种学科的思想、原理、方法和研究成果。

管理学是一门介于社会科学和自然科学之间的边缘科学，是一门综合性的、以应用为导向的科学。管理学在吸收其他学科的知识来充实自己的时候，并不是把各门学科的知识简单地汇总，而是以管理学自己的核心知识为基础，吸收其他各门学科中的有用知识，形成管理学自己的学科理论体系。管理学的核心知识包括管理思想理论、管理职能理论、管理决策理论等。当然，管理学在吸收其他学科知识时，要注意把管理学与其他学科区分开来，其他学科的知识在管理学上的应用可能对管理思想、管理方法、管理工具和管理手段等的形成和发展有所帮助，但它们并不能代替管理学本身。

管理学理论来自管理实践，反过来又指导实践。管理实践包罗万象，仅从涉及的领域划分就有军事、社会、行政、企业、教育管理等诸多方面。不同的管理门类具有不同的目标和策略，但作为研究管理活动普遍规律的管理学，它所揭示的是人类管理活动的基本原理、原则、程序和方法，可用以指导各类专业管理活动，因此，它是一门基础理论。

三、经济管理现代化及经济管理发展新趋势

(一)经济管理现代化的内涵、特征与意义分析

1.经济管理现代化的内涵分析

作为一项具有综合性的经济管理活动，经济管理自身随着时代的发展和社会的进步不断向前发展，为此，在经济社会不断向前发展的过程中，经济管理现代化应运而生，这也是管理发展的必然趋势。经济管理包含的内容比较复杂，主要是通过预测经济发展目标，进而为组织发展提供更科学的指导和帮助。经济管理现代化是伴随经济管理行业不断向前发展而逐渐形成和发展起来的一种发展趋势、管理理念等的统称，主要是基于管理现代化的基础，结合当前经济领域中的各项经济活动，进而逐渐形成的，与科学技术及社会科学和管理科学等相关联的先进技术成果等的集合，同时，可以借助有效的管理机制和布局等，切实推动经济管理活动实现良性、有序发展。

2.经济管理现代化的特征分析

经济管理现代化有其自身的特点，具体体现在以下六个方面：

（1）经济管理现代化具有艺术性特征。经济管理现代化自身具有良好的应用指导性，并且可以在管理技术中借助管理理念创新与管理精神塑造等更好地体现管理技术的艺术性特点。

（2）经济管理现代化具有专业化特征。开展经济管理活动时，要想切实提升其管理成效，就需要积极、科学地运用相关的理论和方法来进行实施，同时，需要全面加强系统理论、信息理论及控制理论等方面的深入研究，这样才能以此为基础更好地实现专业化管理，提高组织管理效能。

（3）经济管理现代化具有能动性、创造性特征。在现代市场经济发展形势下，伴随经济管理现代化建设进程的深入推进，需要对市场形势进行全面分析，既需要严格按照市场的准则来实施有序的管理活动，同时，也需要在经济管理过程中围绕资源的优化配置等进一步加强各类要素的科学管理和积极创新，进而更好地为组织发展提供强大的支持，为此，经济管理现代化的能动性与创造性的特征也会自然显现。

（4）经济管理现代化具有灵活性特征。经济管理现代化涉及很多环节和内容，无论是在传统经济管理模式下还是现代经济管理模式下，都需要科学研究相关的管理理论和方法，并且结合组织的具体实际，设计优化管理理念、方法及机制等，只有这样才能更好地解决组织发展中遇到的各类问题。运用现代化经济管理理论等指导实践，能更好地为行业发展奠定良好的基础，因此，管理者可以灵活地探索科学的管理方式，进而形成更多的经验成果进行共享与推广，为市场经济发展贡献更多的力量。

（5）经济管理现代化具有民主性特征。对社会上的任何组织而言，想要积极推动经济管理现代化实现科学稳定发展，都需要先探索相关先进的管理理念和管理模式，并着力打造专业化的管理队伍，以利于有效解决组织遇到的各类矛盾或冲突等。经济管理理念和策略的实施等也需要依靠广大员工积极参与，这样才能更好地形成强大的推动力和合力，所以经济管理现代化体现了以人为本的管理理念，具有民主性特征。

（6）经济管理现代化具有科学化和自动化特征。随着时代的发展和社会的变迁，经济管理活动更加复杂，组织在经济管理方面也需要不断地进行新技术的探索创新与引入，其中信息时代的到来为组织发展提供了强大的技术手段支持，科学化经济管理活动的实施也离不开智能化信息技术的支撑，只有借助现代信息技术等促进经济管理现代化向着智能化的方向发展延伸，才能更好地降低人力、物力、财力等方面的投入，为组织节约更多的成本。为此，经济管理现代化必将向着更加自动化和智能化的方向延伸。

3.经济管理现代化实施的必要条件分析

实施经济管理现代化，必须遵循基本的原则，满足相关的条件，这样才能更好地推动经济管理现代化机制有效落地。具体表现如下：

（1）要加强理论实践融合探索。要实现经济管理现代化，就需要不断地学习和借鉴先进的技术和良好的管理经验等，可以正确地辩证分析国外相关的预测、决策以及分析等技术手段和方法，并结合我国的实际和组织的具体情况有针对性地应用于经济管理现代化活动开展过程中，在理论和实践的结合探索中更好地寻求适合自身的经济管理模式。

（2）需要强大的管理队伍支持。经济管理现代化建设进程的有序推进，需要管理人员的积极支持，并需要他们具备丰富的专业理论和技能，同时还应当不断地进行技术和方法创新，加强自我管理和约束，积极探索应用现代化技术手段等进行创新实践。只有这样，才能更好地夯实发展基础，更好地引领组织根据经济社会发展形势科学决策，提高可持续发展动力。

4.实施经济管理现代化的意义分析

加强经济管理现代化探索，一方面是科学技术不断发展的必然结果，科学技术不断地向前发展，与此同时管理和实践也在不断进行改革，从第一次工业革命发展到现在，经历一次次的社会变革，在一定程度上进一步推动了经济的发展，也为经济管理现代化建设提供了良好的发展条件；另一方面是社会发展的必然结果，随着经济社会不断发展，社会生产力水平不断提高，信息时代的到来倒逼行业不断进行变革创新，社会结构不断优化，生产专业化分工更加精细化。为此，加强经济管理现代化更有助于生产工艺的创新和技术的变革，推动生产管理模式不断优化，从而更好地顺应时代的发展。此外，加强经济管理现代化模式和理念等创新探索，也有助于为组织发展提供更科学的手段和方法支持，进而更好地优化、调整劳动关系，实现资源要素的科学配置，为组织发展提供强大的动力支持，全面推动组织实现更大的经济效益和社会效益。

（二）经济管理发展新趋势与对策分析

1.经济管理发展新趋势分析

随着现代市场经济体制改革的深入推进，新形势下的经济管理发展也将向着多元化的方向延伸，主要的发展趋势体现如下：

（1）经济管理将更加体现以人为本的管理思想。经济管理工作的开展，离不开人力资源的强大支持，所以，经济活动的实施需要以人为主体来进行。只有积极发挥人的能动性和创造性，才能更好地确保经济管理活动有序开展，进而为组织创造更大的效益。为此，在经济管理领域和活动的实施过程中更应当注重人本管理理念的融合，只有积极构建以人为本的现代化经济管理模式和体系，才能更好地推动各项活动有序开展，以利于保证组织效益目标和战略发展规划的有效实现。

（2）经济管理更加体现与管理文化的结合。经济管理是一项复杂的活动、持续性的工程，通过管理文化的建设和打造可以更好地聚焦组织的发展目标、思想及价值观等，进而更好地展示组织的发展形象。伴随经济管理不断地发展，组织管理也逐渐形成了特色的企业文化，在社会主义市场经济条件下，企业文化和经济管理将实现深度融合，以利于更好地塑造组织精神，引领组织实现科学化、持续化发展，让组织经济管理达到最理想的状态和效果。

（3）经济管理将向着更加民主化和智能化的方向延伸。一方面，经济管理活动开展日益频繁，组织对其重视度不断提高，而且在实施经济管理理念和方法的过程中也更加体现对员工的尊重，只有对组织中的每一名员工的思想观念及兴趣需求等进行深入分析和了解，并结合组织自身的实际不断征求广大员工的意见和建议，实施民主化管理，才能更好地确保经济管理目标的实现，也更有助于稳定员工队伍，为组织发展提供可靠的人力资源支持；另一方面，经济管理将向着智能化的方向发展，在经济管理活动的组织开展过程中，信息时代的到来、科学技术不断升级等，组织的管理手段也将不断地进行优化。未来组织将会更加关注成本管控等工作，所以在经济管理活动实施开展层面也将积极引进更加先进的技术和方法，深入实施智能化管理，从而降低用工成本，提高组织科学化管理效能。

2. 加强经济管理现代化的具体措施

（1）加强现代化管理体制的健全完善

在现代经济管理工作开展过程中，经济管理现代化的目标得以实现，需要组织科学建立相关的管理制度体系，提出明确的管理目标、要求等，并具体细化分工、优化流程。为此，组织的决策者应当结合市场形势的发展变化及自身的战略发展目标，积极探索建立完善的现代化管理制度体系，加强经济管理审核建设，重视经济管理理论的系统学习，并建立完善的执行监督机制，围绕组织的发展目标层层进行任务的分解落实和过程考核，从而规范员工行为，切实提高管理效能。

（2）加强现代化管理技术的创新探索与应用

知识经济时代的到来，社会产业化发展进程的有序推进，给各行各业的发展带来了严峻的市场挑战。在市场经济的环境下，需要组织不断地进行现代信息技术的科学运用，构建大数据体系，结合自身领域的发展实际，积极利用现代信息技术收集更全面的信息，并利用数字处理技术进行数据处理。要更好地推动各项管理活动的有序开展，同时通过数据的存储、共享和应用等，为经济管理的科学决策提供重要的参考依据。

（3）持续加强管理机制创新

除了要加强技术创新，还需要加强管理理念、管理方法的不断创新，在经济管理发展的过程中除了要遵循基本的原则，按照组织既定的发展模式来有序推进各项工作，同时还需要不断地进行创新探索，积极引入和借鉴先进的管理技术和管理经验、方法等，并结合组织自身的特点，进一步强化自身的优势。要更好地塑造特色化的组织文化和管理模式，进而更好地提高自主研发和管理成效，为组织持续发展赢得更多的市场。

（4）全面强化管理队伍建设

对于组织而言最重要的资源依然是人力资源，只有全面加强队伍建设，不断地提高队伍的管理技术水平和专业化能力，才能切实为组织各项活动的开展及战略目标的实现奠定良好的基础。为此应当加强管理人才队伍的建设，制定完善的培训管理体系，结合员工的需求和组织的发展实际建立多层次、多元化的培训机制，在专业理论、管理理念及技术方法等方面开展系统的培训，引导员工积极转变观念，树立科学管理意识。此外，对于组织而言，还需要加强管理文化的塑造和培育，加强经济管理和企业文化建设的融合，并通过多元化的视觉展示体系以及行为认知体系，进一步提升员工对组织的认同感，并通过文化精神进一步引领组织努力创新，凝聚起全员奋进的强大合力。当然企业文化是无形的力量，组织在这方面需要进行科学探索、逐步推进，发挥全员的力量积极献计献策，这样才能更好地实现文化创新，推动管理文化有效落地实行。

总之，经济管理现代化是经济社会发展的必然趋势，在经济管理活动的开展过程中需要各行各业结合我国的国情，遵循基本的原则，积极探索管理创新模式，并发挥员工的作用，积极为组织的发展提供更多的可行性建议和方法，推动经济管理实践，取得更大成效。

第二节　经济管理原则与方法

一、经济管理原则

所谓经济管理的基本原则，是指在经济管理基本原理的指导下，在经济管理的实践中总结出来的，经济管理者在经济管理活动中必须遵循的行为规范，是经济管理基本原理的体现。

(一) 整分合原则与相对封闭原则

整分合原则与相对封闭原则是经济管理中系统原理的具体化、规范化。

1. 经济管理的系统原理

经济管理的系统原理源于系统理论，它认为应将组织作为人造开放性系统来进行经济管理。它要求经济管理应从组织整体的系统性出发，按照系统特点的要求从整体上把握系统运行的规律，对经济管理各方面的前提做系统的分析，进行系统的优化，并依照组织活动的效果和社会环境的变化，及时调整和控制组织系统的运行，最终实现组织目标。

2. 整分合原则

整分合原则，是指为了实现高效率经济管理必须整体规范、明确分工，在分工基础上进行有效的综合，形成目标树，明确分工的权力范围和责任，科学、有效地组织开展计划，保证任务的完成。在整分合原则中，整体是前提，分工是基础，综合是保证。整分合原则的应用一般要经过整体目标确立、系统分解、综合协调三个步骤。整分合原则要求经济管理必须有分有合，先分后合。

3. 相对封闭原则

任何社会组织都是一种开放系统，系统内部与外界环境存在物质、能量、信息的交换。但是，作为一个组织的经济管理系统，其经济管理手段和过程必须构成相对连续封闭的回路，形成螺旋式开放的循环，周而复始地进行。这种封闭式经济管理，可以使经济管理系统的内部各要素、各子系统有机衔接，相互促进，保证信息反馈，形成有效的经济管理活动。这就是经济管理的相对封闭原则。

在管理的相对封闭原则中，管理由对内和对外两部分组成。对于管理内部，各个部分、各个环节必须首尾相连，形成回路，使各个部分、各个环节的功能都能充分发挥作用；对于系统外部，任何相对封闭的系统又必须具有开放性，与相关系统有输入、输出关系。

(二) 反馈原则与弹性原则

反馈原则与弹性原则源于经济管理的动态原理。

1. 经济管理的动态原理

经济管理的动态原理有两个方面的含义：第一，经济管理组织系统内部固有的结构、功能和运行状态具有随着内部各要素及内部其他条件的变化而适时调整、变化的动态规律；第二，经济管理组织作为更大系统的子系统，具有随着大系统的运动而运动、变化而变化的规律。

经济管理的动态原理具有有序性和适应性两大基本特点。有序性要求经济管理要按照一定规律有序地进行，适应性要求经济管理必须研究内外部环境的变化并努力适应其变化。

2. 反馈原则

动态原理对经济管理组织系统提出了必须适应系统内外部环境变化的动态要求。这种要求体现在：任何一个经济管理组织必须对环境变化和行动结果进行追踪了解，及时掌握动态。同时，把行动结果与原来的目标进行比较，找出差距并及时纠正，以确保组织目标的实现。这种为了实现一个共同目标，把行为结果返回决策机构，使因果关系相互作用，实行动态控制的行为原则，就是经济管理的反馈原则。经济管理的反馈原则要求加强信息的接收工作、信息的分析与综合工作、信息的反馈控制工作。

3. 弹性原则

随着社会经济的发展，经济管理组织系统的环境因素日益复杂、变动日益加剧，同时组织系统与环境之间的相互依赖关系也日益密切。为了生存与发展，组织客观上要求加强组织的经济管理弹性，各方面都留有可调节余地，在各种不确定因素发生时，能灵活、机动地进行调节，具有应变适应能力。经济管理的弹性原则要求倡导"积极弹性"，并着重提高关键环节的局部弹性。

（三）能级原则与行为原则

能级原则和行为原则都是以强调发挥人的作用为核心内容，经济管理的人本原理是它们的基本原理。

1. 人本原理

所谓人本原理，是指从经济管理的角度对人的本质属性的认识和理论进行探讨。人本原理强调人在经济管理中的核心地位和作用，把人的因素放在首位。它要求经济管理者在一切经济管理活动中要十分重视处理人际关系，充分调动人的主动性和创造性，把做好人的工作作为经济管理根本，使经济管理对象明确组织的整体目标、自己所担负的责任，自觉并主动地为实现整体目标而努力工作。

2. 能级原则

能级原则是指经济管理的组织结构与组织成员的能级结构必须相互适应和协调，这样才能提高经济管理效率，实现组织目标。经济管理的能级原则要求经济管理必须按层次进行并具有稳定的组织形态；权力、责任和利益必须与能级相对应；同时还要求各级必须动态对应。唯有满足这些要求，才能将具有不同责任、能力和专长的人进行科学的组合，产生最大的效应。

3.行为原则

行为原则是指经济管理者通过对组织成员的行为进行科学的分析，探寻最有效的经济管理方法和措施，以求最大限度地调动人们为实现整体目标的积极性。经济管理行为原则要求经济管理者既要探讨人的行为共性和普遍性的一面，以求科学地归纳组织成员的共同行为规律，又要研究个体行为的差异性和特殊性的一面，以便经济管理者能开展因人而异的经济管理活动，获得经济管理实效。

二、经济管理方法

(一) 经济管理方法的含义

经济管理方法是管理者为了达到组织预定的目标，注重经济效率，运用管理职能或要素而采取的有效的工作方式、途径或手段。需要指出的是，这里讲的经济管理方法主要侧重于经济领域的管理方法，但不完全限于经济领域，经济管理方法同样适用于其他领域。同时，经济领域的经济管理方法也不仅局限于经济方法，还包括行政方法、法律方法、社会学心理学等方法。经济管理机制的功能与作用是通过具体的经济管理方法实现的。尽管经济管理机制具有客观必然性，但选择和运用不同的经济管理方法则具有主观性。经济管理方法是实现组织目标的中介和桥梁，对提高管理功效，实现组织目标，具有非常重要的意义。

(二) 经济管理方法的种类

一般来说，经济管理方法可按以下标准分类：

一是按作用的原理，可分为经济方法、行政方法、法律方法和社会学心理学方法。

二是按管理方法适用的普遍程度，可分为一般管理方法和具体管理方法。

三是按方法的量化程度，可分为定性管理方法和定量管理方法。

四是按所运用技术的性质，可分为管理的软方法 (主要靠管理者主观决断能力的方法) 和硬方法 (主要靠计算机、数学模型等的数理方法)。

五是按管理对象的范围，可分为宏观管理方法、中观管理方法和微观管理方法。

六是按管理对象的类型，可分为人事管理方法、物资管理方法、财务管理方法和信息管理方法等。

(三) 经济管理的基本方法

1. 经济方法

(1) 经济方法的特点

①利益驱动性。被管理者是在经济利益的驱使下采取管理者所预期的行为的。经济方法符合市场经济的一般规律，是物质利益规律的基本体现。

②普遍性。经济方法被整个社会广泛采用，而且也是管理方法中最基本的方法。在一国经济处于发展阶段，物质文明程度较低时，经济方法被更加广泛地采用，在经济领域显得尤其重要。

③持久性。作为经济管理的最基本方法，经济方法被长期采用，而且只要科学运用，其作用也是持久的。但经济方法也有其局限性，可能会产生明显的负面作用，即会使被管理者过分看重金钱。对物质利益的追求往往会超越经济发展的可能，从而影响其工作积极性、主动性和创造性的发挥。

④平等性。经济方法承认被管理的组织或个人在获取自己的经济利益上是平等的。社会按照统一的价值尺度来计算和分配经济成果，各种经济手段的运用，对于相同情况的被管理者起同样的效力，不允许有特殊。

⑤灵活性。一方面，经济方法针对不同的管理对象，可以采用不同的手段；另一方面，对同一管理对象，在不同情况下，也可以采用不同的方式来进行管理，以适应形势的发展。例如税收的增减能够限制或促进某一产业的发展，增减的幅度越大，作用越明显。

(2) 经济方法的形式

经济方法的形式很多，主要或常用的形式有价格、利率、税收、利润、工资、奖金、罚款、定额管理、经济核算、经营责任制等。

①价格。价格用于描述物质价值，是价值的具体反映，是计量和评价劳动的社会标准。商品的价格直接地、动态地反映市场中供需的状况。但在特殊情况下，国家为了实现一些经济目标，会提出强制性的计划价格 (如最低限价和最高限价等)，以此调整生产者和消费者的经济利益，影响他们的生产和消费行为。

②利率。利率是国家在宏观调控中调节信贷总量最为直接、有效的经济杠杆。一般而言，降低利率可促进消费和投资，提高利率则可抑制过度消费和投资。银行以信用作为担保吸收社会闲散资金，并把资金贷款给需要资金流通的生产经营单位。利率的调整直接影响到银行能吸收多少社会闲散资金、生产经营单位愿意贷多少金额。

③税收。税收是国家取得财政收入的主要形式，也是国家财政政策常用的调节手段之一。国家根据需要，按照各经济单位和个人的经济收入额、产品流转额及

特定经济行为，合理地制定不同的税种和税率。利用加成、减免等形式调节生产和流通，调节企业的利润水平，使社会经济的内部结构、发展趋势、活动规模等趋于合理。

④利润。利润是反映组织经济效益的综合指标。除非营利性组织外，利润决定着经济组织的发展和延续。在管理实践中，组织通常把一定的经济责任、经济权限、经济利益和利润指标紧密结合在一起，与部门或个人的责任和利益挂钩。

⑤工资。工资是一种基本的劳动报酬形式。这一经济手段直接涉及组织各成员的物质利益。正确使用它，对于调动成员的积极性，有着直接的促进作用。根据按劳分配原则，工资应该与劳动者的工作性质、数量、质量及劳动贡献联系起来。

⑥奖金与罚款。奖金是组织根据成员所做贡献的大小付给成员的奖赏，是对组织成员工作的肯定和鼓励。奖金在一定程度上能起到调动员工积极性的作用。罚款是当组织成员给组织造成损害行为时所进行的经济惩罚。它可以制约或收敛某些人的不轨行为，减少对组织的损害，保证组织正常运作。奖金和罚款不能滥用，既要防止平均分配奖金的做法，又要防止用罚款代替管理工作、代替思想工作的倾向。奖励与惩罚最重要的是严明，该奖即奖、当罚则罚、激励正气、祛除邪气，只有这样，才能使奖金与罚款真正成为有效的管理手段。

此外，定额管理、经济核算、经营责任制等也是经常采用的经济方法，尤其在经济领域更是如此。

发挥各种经济杠杆的作用，要重视整体上的协调配合。如果忽视综合运用，孤立地运用单一杠杆，往往不能取得预期的效果。例如价格杠杆对生产和消费同时有方向相反的调节作用：提高价格虽然可以促进生产，但会抑制消费。在经济生活中有些产品具有特殊的性质，如农业用生产资料，国家既要鼓励生产，又要鼓励消费，以促进农业生产和技术进步。因而，仅凭单一的价格杠杆难以奏效，必须综合运用经济杠杆。

2.行政管理制度

行政管理制度，是指依靠组织的行政权威，运用命令、规定、指示、条例等行政手段，按照行政系统和层次，以权威和服从为前提，直接领导、指挥和协调下属工作的管理制度。行政管理制度的实质是通过组织中的行政职务和职位来进行管理。它特别强调职责、职权、职位，而并非个人的能力或特权。任何部门、单位都会建立起若干行政机构来进行管理。它们都有严格的职责和权限范围。上级指挥下级，完全是由于高一级的职位所决定的；下级服从上级，是对上级所拥有的管理权限的服从。行政管理制度是通过一系列的行政措施，如表扬、晋升、降级、任务分配、工作调动及批评、警告、记过、撤职等处分直至开除等作为保证来执行的。这是任何组织应有的特权，在非经济领域显得尤其重要。当然，在经济领域，尽管行政级别在淡化，但行政管理制度却不是可有可无的。

（1）行政管理制度的特点

①强制性。行政管理制度依靠行政权威强制被管理者执行。其强制性程度仅次于法律管理制度。

②直接性。行政管理制度是采取直接干预的方式进行的，其作用明显、直接、迅速。

③垂直性。行政管理制度是通过行政系统、行政层次来实施管理活动的。行政管理制度反映了明显的上下级行政隶属关系，是完全垂直领导的。也就是说，行政指令一般都是自上而下，通过直线职能部门逐级下达、执行。

④无偿性。行政管理制度是通过行政命令方式进行的，不直接与报酬挂钩。

（2）行政管理制度的形式

行政管理制度的主要形式有命令、规定、指示、制度、纪律、计划、指挥、监督、检查、协调、仲裁、行政处分等。

（3）行政管理制度的应用

行政管理制度是组织实现经济管理功能的一个重要手段，但只有正确运用，不断地克服其局限性，才能发挥其应有的作用。行政管理制度的运用有利于贯彻上级的方针政策，促进组织内部的统一协调；有利于管理活动的有效控制；有利于快速地处理、解决特殊问题。

①管理者必须充分认识行政管理的本质是服务。服务是行政管理的根本目的，这是由管理的实质、生产的社会化及市场经济的基本特点决定的。

②行政管理效果受限于领导者水平。因为它更多的是人治，而不是法治。管理效果基本上取决于领导者的指挥艺术和心理素质，取决于领导者和执行者的知识、能力，所以行政管理制度的运用对领导者各方面的素质提出了较高的要求。

③信息在运用行政管理制度过程中是至关重要的。首先，领导者驾驭全局、统一指挥，必须及时获取组织内外部有用的信息，并以此做出正确决策，避免指挥失误；其次，上级要迅速而准确地下达行政命令、规定或指示，还要把收集到的各种反馈信息和预测信息发送给下级领导层，供下在级决策时使用。总之，行政管理制度要求有一个灵敏、有效的信息管理系统。

3.法律制度

法律制度是指国家根据广大人民群众的根本利益，通过各种法律、法规、条例和司法、仲裁工作，调整组织的各种关系，规范和监督组织及其成员的行为，保证和促进社会经济发展的管理手段。法律制度的实质是实现全体人民的意志，并维护他们的根本利益，代表他们对社会经济、政治、文化活动实行强制性的、统一的管理。法律和法规是所有组织和个人行动的统一准则，对他们具有同等的约束力。

（1）法律制度的作用

法律制度对建立和健全科学的管理制度有十分重要的作用，主要表现在以下三个方面：

①保证必要的管理秩序。管理系统内外部存在各种社会经济关系，只有通过法律制度才能公正、合理、有效地加以调整，并及时排除各种不利因素的影响，保证社会经济秩序的正常运行，为管理活动提供良好的外部环境。

②调节管理因素之间的关系。根据对象的不同特点和所给任务的不同，规定不同管理因素在整个管理活动中各自应尽的义务和应发挥的作用。这是法律制度所具有的自动调节功能。

③使管理活动纳入规范化、制度化轨道。法律方法的运用，有助于使符合客观规律、行之有效的管理制度和管理方法用法律的形式规范化、条文化、固定化，使人们有法可依，只要严格执行法律制度，管理系统就能自动、有效运转。

（2）法律制度的特点

①高度强制性。法律制度的强制性大于行政制度。法律、法规一经制定就要强制执行，各企事业单位以至于每个公民都必须毫无例外地遵守；否则，就要受到国家强制力量的惩处。

②规范性。法律和法规都使用极严格、规范的语言，准确阐明一定的含义，并且只允许对它做出一种意义的解释。法律与法规之间不允许互相冲突，法规应服从法律。

③严肃性。法律和法规的制定必须严格按照法律规定的程序进行，一旦制定和颁布，就具有相对的稳定性。法律和法规不可因人而异、乱加修改，必须保持它的严肃性。司法工作更是严肃的行为，它必须通过严格的执法活动来维护法律的尊严。

4. 社会学心理学机制

社会学心理学机制是指借助社会学和心理学原理，运用教育、激励、沟通等手段，通过满足管理对象社会心理需要的方式来调动其积极性的机制。

（1）社会学心理学机制的特点

①自觉自愿性。这是通过被管理者内心受激励，而使其自觉自愿去实现目标的机制，不带有任何强制性。

②持久性。这种机制是基于被管理者觉悟和自觉服从的，因此其作用持久，没有负面影响。其局限性主要表现为对紧急情况难以适应，而且单纯使用这一种机制常常无法达到目标。

③灵活性。社会学心理学机制效果的获得依赖于运用方式的灵活多样性。人们

普遍认识到，对于思想性质的问题，必须采取讨论的方法、说理的方法、批评和自我批评的方法进行疏导。而不应依靠粗暴的训斥、压制和简单的惩罚来解决问题。对于传授知识和技能方面的教育，也不宜全部采用以讲授为中心的教育方法。

因为在讲授方式中，受教育者处于被动状态，接受知识的效率并不高，应当较多地采用有目的、有指导的小组讨论，并指导受教育者现场实习和体验学习，让受教育者按自己创造的学习方法去学习，这样会取得更好的效果。国内外许多企业在这种新的教育思想指导下创造了多种行之有效的教育方式，诸如案例分析法、业务演习法、事件过程分析法、角色扮演法、敏感性训练法等，这些方法都会产生较好的效果，可供各企业选择采用。总之，社会学心理学方法应灵活方便，讲求实效。

（2）社会学心理学机制的形式

①科学文化教育。科学技术是第一生产力，普及和提高科学文化知识是提高职工思想道德觉悟水平的重要条件，也是企业进行生产经营活动的重要条件，在当今的新技术革命浪潮中，科学技术越来越成为推动企业生产发展、提高企业竞争能力的重要力量。

②组织文化建设。组织文化是组织员工在较长时期的生产经营实践中逐步形成的价值观、信念、行为准则及具有相应特色的行为方式、物质表现的总称。它是组织员工内在的思想观念与外在的行为方式和物质表现的统一，要通过组织文化建设来创造促进职工素质不断完善的精神环境。

在组织文化建设的指导思想上，必须突出管理的人本原理，把尊重人、关心人、理解人、培养人、合理使用人作为组织文化建设的主要内容。采用教育、启发、诱导、吸引、熏陶和激励等多种方式来培养员工的共同使命感、工作责任感、事业开拓感和集体荣誉感，在员工中形成正确的价值观念、道德规范和行为准则，促使每个人都能把其内在潜力和创造力最大限度地发挥出来。一个具有独特而优秀组织文化的单位，必然充满生机和活力。

③民主、法制、纪律教育。管理的人本原理告诉企业必须全心全意依靠企业广大职工办好企业，企业领导不仅要充分考虑到本企业职工的利益，而且应当通过各种方式吸收职工参与企业管理。同时，还要对职工进行正确行使民主权利的教育，让职工明白自己有权对企业的经营活动进行监督，有权维护自己的合法权益，有权对企业管理工作提出批评建议，也有权参与企业管理。但应当实事求是地承认，由于信息和能力的限制，民主参与的程度和方式是有限度和有条件的。加强法制观念和工作纪律教育，有利于规范和约束人们的行动，只有制裁和打击各种不法行为与违纪行为，才能保证企业生产经营活动正常进行，才能使职工的根本利益得到保障。

(四) 经济管理方法的综合应用

各种管理方法各有千秋，只有加以综合运用，才能在经济管理实践中发挥更好的作用。概括起来，综合运用各种管理方法应注意以下五点：

1. 加强管理方法的科学依据

在管理实践中，要不断地促进管理方法的建设与完善，使管理方法更加科学、有效。其中，最重要的就是要加强管理方法的科学依据，使其符合相关客观规律的要求，更好地发挥管理机制的功能与作用。

2. 弄清管理方法的性质和特点

管理者若决定采用某种管理方法，就必须弄清其作用的客观依据是什么，管理方法作用于被管理者的哪个方面，能否产生明显的效果，以及管理方法本身的特点与局限性，以便正确、有效地加以运用。

3. 研究管理者与管理对象的性质与特点，提高针对性

经济管理方法是管理者作用管理对象的方式或手段，其最后效果，不但取决于方法本身的因素，还取决于管理双方的性质与特点。同时，既要研究管理对象，也要研究管理者本身，只有这样，才能使管理方法既适用于管理对象，又有利于管理者优势的发挥，从而使管理方法针对性强、成效大。

4. 了解与掌握环境因素，采取适宜的管理方法

由于环境是影响管理成效的重要因素，因此，管理者在选择与运用管理方法时，一定要认真了解与掌握环境变量，使管理方法与所处环境相协调，从而更有效地发挥其作用。

5. 注意管理方法的综合运用

不同的经济管理方法，各有长处和不足，各自在不同领域发挥其优势，没有哪种方法是绝对适用于一切场合的，也没有哪种场合是只可依靠一种方法的。要科学有效地运用经济管理方法，就必须依目标和实际需要，灵活地选择多种管理方法，综合地、系统地运用各种经济管理方法，以求实现经济管理方法的整体功效。

第三节　经济管理的职能

一、经济管理的计划职能

(一) 计划的概念及其特性

1. 计划的概念

对计划的理解有动态和静态之分：从静态角度看，计划是指用文字和指标等形式所表述的，对组织及组织内不同部门和不同成员在未来一定时间内关于行动方向、内容和方式安排的管理文件；从动态角度来看，计划是指为了实现决策所确定的目标，预先进行的行动安排。计划必须清楚地确定和描述以下内容，简称"5W1H"。

① What——做什么，即明确所进行活动的内容及要求。

② Why——为什么做，即明确计划工作的原因及目的。

③ When——何时做，即规定计划中各项工作的起始和完成时间。

④ Where——何地做，即规定计划的实施地点。

⑤ Who——谁去做，即规定由哪些部门和人员负责实施计划。

⑥ How——如何做，即规定实施计划的手段和措施。

2. 计划的特征

计划工作的特征可以概括为以下四个方面：

(1) 目的性

任何组织都是通过有意识的合作来完成群体的目标而得以生存的。具体地说，计划工作首先要确定目标，其次，组织要围绕目标开展各种行动，并预测哪些行动有利于达到目标，哪些行动不利于达到目标，从而指导今后的行动朝着目标的方向迈进。

(2) 主导性

计划的主导性体现在两个方面：第一，管理过程中的其他职能都只有在计划工作确定了以后才能进行；第二，管理者通过制订计划，可以了解需要什么样的组织结构、需要什么样的人员、按照什么样的方式来领导下属，以及采用什么样的控制方法。

(3) 普遍性

虽然各级管理人员的职能和权限不同，但是他们在工作中始终都要不断决策，也就是说，计划工作存在于各级管理人员的工作中。

（4）效率性

计划的效率是指对组织目标所做贡献扣除制订和执行计划所需要的费用及其他因素后的差额。如果一个计划能够达到目标，但在计划的实施过程中付出了太高的代价或不必要的代价，那么这个计划的效率就很低；如果一个计划按合理的代价实现了目标，这样的计划就是有效率的。在衡量代价时，不仅要用时间、金钱来衡量，而且要用集体和个人的满意程度来衡量。

（二）计划的表现形式

计划的表现形式很多，计划通常可表现为宗旨或目的、目标、战略或策略、政策、程序、规则、规划和预算等几种形式。

1. 宗旨或目的

它明确地指出了一定的组织机构在社会上应起的作用及所处的地位。例如工商企业的目的就是生产和分配商品或服务，大学的目的就是培养人才等。

2. 目标

它具体规定了组织及各个部门的经营管理活动在一定的时期内所要完成的具体任务。目标不仅是计划工作的终点，而且是组织工作、人员配备及控制等活动所要达到的结果。

3. 战略或策略

它指出了组织为实现自己的目标而确定的主攻方向，是所拥有的人力、物力、财力部署的基本依据。

4. 政策

它是指在决定和处理问题时，指导与沟通思想活动的方针和一般规定，政策能明确组织活动的方针和范围，鼓励什么和限制什么，以保证行动和目标一致。

5. 程序

通俗地讲，程序就是办事手续，是对所要进行的行动规定的时间顺序，以及处理例行问题的方法和步骤。

6. 规则

它是对具体场合和在具体情况下，允许和不允许采取某种特定行动的规定。

7. 规划

规划是综合性计划，它是为实现既定目标、政策、程序、规则、任务分配、执行手续、使用资源以及其他要素的复合体。

8. 预算

它是一种数量化的财务计划，也是一种重要的控制手段。

（三）计划工作的作用

虽然各种计划的形式和规模都不同，但它们的作用基本相同。

1. 提供方向

未来的不确定性和环境的变化要求行动保持正确的方向。计划作为未来的一种筹划，它能使所有行动保持同一方向，促使目标的实现。

2. 力求经济合理

实现目标有许多途径，需要选择尽可能好的方法，以最低的费用取得预期的成果，避免不必要的损失。计划强调协调和节约，其重大安排都经过经济和技术的可行性分析，可以使付出的代价尽可能合理。

3. 发现机会和危险

未来的不确定性不可能完全被消除，但应力求把它降到最低限度。计划工作能够及时发现机会，也能及时预见危险，早做准备，以防万一。

4. 统一工作标准

组织中所有部门都在为了一个目标工作，这就需要计划来协调。

（四）计划工作的程序

制订一项计划，一般包括四个方面的工作：分析环境并进行预测、制订实现目标的行动方案并择优、计划方案的细化、计划的执行。具体而言，计划工作可分为七个步骤：

1. 估量机会

估量机会是计划工作的起点，其目的是发现将来可能出现的机会，包括对计划的内外部环境进行评估分析，评估企业把握机会的能力。

2. 建立目标

计划工作的目标是指组织在一定的时期内所要达到的效果。它指明所要做的工作有哪些、重点放在哪里，以及通过策略、政策、程序、预算和规划这个系统要完成的是什么任务。目标一旦建立，以后一切行动和工作均须以此为标准。

3. 确定计划的前提

计划的前提是制订计划时的假定条件，即执行计划的预期环境，包括说明事实的预测资料、可行的基本政策和当前的企业计划。由于计划执行的未来环境相当复杂，此企业计划前提的确定一般只限于对计划执行有较大影响的那些条件。

4. 制订可供选择的方案

一个计划没有几个可供选择方案的情况是很少的，计划制订者的初步工作就是要考察大量可供选择的方案，并从中选出有希望成功的几个方案，以便对之进行评价和择优。

5. 评价各种方案并择优

在找出了各种可供选择的方案并分析了它们的优缺点后，下一步就是根据计划目标和前提来权衡各种因素，以此对各个方案进行评价和择优。由于可供选择的方案有着大量的变数和限定条件，评价工作可能相当复杂，以各种方案的行为过程和结果来择优是计划的关键一步。

6. 制订派生计划及相应的预算

派生计划和预算是基本计划的具体化与分支，基本计划的执行是通过执行派生计划和预算而得以实现的。

7. 计划的执行

在执行计划的过程中，管理者要不断地检查进度和成效，并针对发生的各种变化和问题调整计划方案。只有当一项计划执行后取得了预定的效果，完成了预定的目标，才可以说计划是成功的。

二、经济管理的组织职能

在计划工作确定了组织的目标和实现目标的方案之后，管理者就要将本组织中拥有的各项资源按最有利于实现目标的形式组织起来。

(一) 组织的概述

1. 组织的含义和特征

(1) 组织的含义

组织的原意是指和谐、协调。从管理学的角度来看，"组织"一词可以从静态和动态两个方面进行理解。从静态方面来看，组织是指组织结构，即组织是由人组成的，是有明确的目的和系统性结构的实体；从动态方面来看，组织是指管理的组织职能，即指维持与变革组织结构，完成组织目标的过程。

(2) 组织的特征

一个实体之所以成为组织，它应具备以下四个共同特征：

①组织是一个人为的系统。这里，所谓"人为"的系统是指以人为主体组成的、有特定功能的整体。

②组织必须有特定的目标。目标是组织存在的前提，不管目标是明确的还是含糊的，组织都是为这一特定目标而存在的。组织目标反映了组织的性质及其存在的价值。

③组织必须有分工合作。组织的本质在于协作，正是由于人们聚集在一起，协同完成某项活动才产生了组织。

④组织必须有不同层次的权力与责任制度。权责关系的统一，使组织内部形成有机联系的不同管理层次。这种联系是在分工协作基础上形成的，是实现合理分工协作的保障，也是实现企业目标的保障。

2. 组织的类型

组织可以根据不同的标准进行分类，最常见的是以满足心理要求为标准，将组织分为正式组织和非正式组织。

(1) 正式组织

正式组织一般是指组织中体现组织目标所规定的成员之间职责的组织体系。在正式组织中，其成员保持着形式上的协作关系，以完成组织目标为行动的出发点和落脚点。这个组织具有正式和稳定的结构、明确的职责关系和协作关系等特征。

(2) 非正式组织

非正式组织是在共同的工作中自发产生的，是有共同情感的团体。非正式组织一般没有自觉的共同目标，也没有正式的组织结构，但是有共同的利益、观点、习惯或准则。

(3) 正式组织与非正式组织的关系

无论什么地方都存在与正式组织有关的非正式组织。正式组织是以组织的目标为基础建立起来的，强调效率原则，非正式组织是以共同价值观为基础，强调感情关系，两者具有较大的区别。但是，两者又有密切的关系，它们互为基础、互为条件。非正式组织有如下三个方面的作用：

①一些不适宜通过正式组织解决的问题，通过非正式组织比较容易解决。

②利用非正式组织的感情交流渠道，能维持组织成员的稳定与团结。

③非正式组织的存在能为员工提供表达思想的机会，减少工作厌恶感，加强相互协作。

(二) 组织结构

组织结构是组织正常运行和提高经济效益的支撑或载体。现代组织如果缺乏良好的组织结构，没有一整套分工明确、权责清晰、协作配合、合理有效的组织结构，其内在机制的作用就不可能被充分发掘出来。一个组织如果不能根据外部环境的变化进行及时调整、创新和优化组织结构，就会影响管理效能和组织效率的提高。建立合理高效的组织结构是十分必要的。

1. 组织结构设计的任务依据和原则

所谓组织结构是指组织的基本架构，是对完成组织目标的人员、工作、技术和信息所做的制度性安排。组织设计是指对组织结构进行创建、变更和再设计。

(1) 组织设计的任务

组织设计的任务是设计清晰的组织结构，规划和设计组织中各部门的职能和职权，确定组织中职能职权、参谋职权、直线职权的活动范围并编制职务说明书，即提供组织结构系统图和编制职务说明书。

组织结构系统图表明了各种管理职务或部门在组织中的地位以及它们之间的相互关系。职务说明书要求能够简单而明确地指出该管理职务的工作内容、职责和权力，与组织中其他部门和职务的关系，要求担当该职务者所必备的基本素质、技术知识、工作经验和处理问题的能力等条件。

(2) 组织设计的影响因素

组织设计是为了合理地组织管理人员的劳动，而需要管理的组织活动总是在一定的环境中，利用一定的技术条件，并在组织的总体战略指导下进行的。组织设计时也考虑环境、战略、技术和规模与组织所处的发展阶段等一系列因素。

①环境。任何一个组织都存在于一定的环境中，组织的外部环境必然对内部的结构形式产生一定的影响。这种影响主要表现在以下两个方面：一是对职务和部门设计的影响。组织是社会大系统中的一个子系统，社会分工的不同决定了组织内部工作内容的不同，各种组织所需完成的任务、所需设立的职务和部门也不同。二是对组织结构总体特征的影响。外部环境是否稳定，对组织结构的要求也不一致，稳定环境中的组织，要求设计出被称为"机械式管理系统"的稳固结构，管理部门与人员职责界限分明，工作程序和内容经过仔细的规定，各部门的权责关系需要经常做出适应性调整，等级结构非常严密，组织设计中强调的是部门间的横向沟通，而不是等级控制。

②战略。战略在两个层次上影响组织结构：一是不同战略要求不同的业务活动，从而影响管理职务的设计；二是战略重点的改变，会引起组织的工作重点改变，从而引起部门与职务在组织中重要程度的改变，这就要求对各管理职务及部门之间的关系做出相应的调整。

③技术。组织的活动要利用一定技术水平的物质手段进行。技术设备的水平不仅影响组织活动的效果和效率，而且会影响组织活动的内容划分、职务的数量和工作人员的素质要求，加强信息处理的计算机化必将改变组织中的会计、文书等部门的工作形式和性质。

④规模与组织所处的发展阶段。规模是影响组织结构中一个不可忽视的因素。

组织的规模往往与组织的发展阶段相联系，伴随着组织的发展，组织活动的内容会日趋复杂，人数会日趋增多，活动的规模越来越大，组织的结构也须随之而经常调整。

（3）组织设计的原则

组织所处的环境、采用的技术、制定的战略、发展的规模不同，所需的职务和部门及其相互关系也不同，但任何组织在进行机构和结构设计时，都需要遵守一些共同原则。

①目标任务原则。组织设计的根本目的就是实现组织的战略任务和经营目标，组织结构的全部设计工作必须以此作为出发点和落脚点。组织结构及其每一部分构成，都应当有特定任务和目标，并且这些任务和目标应当服从实现组织整体目标的要求。

②责、权、利相结合的原则。责任、权力、利益三者之间是不可分割的，它们必须是协调的、平衡的和统一的。权力是责任的基础，责任是权力的约束。有了责任，权力拥有者在运用权力时就必须考虑可能产生的后果，不敢滥用权力；利益的大小，决定了管理者是否愿意接受权力和担负责任的程度。有责无权、有权无责，或者权责不对等，或者权责不协调、不统一，都会使组织结构不能有效运行，难以完成自己的目标任务。总之，责任、权力、利益必须相统一，这一原理适用于组织中的任何一个层次，特别是高层管理。

③分工协作原则及精干高效原则。完成组织的任务目标，离不开企业内部的专业化分工和协作。因为现代组织的管理工作量大、专业性强，分别设置不同的专业部门，有利于提高管理工作的效率。在合理分工的基础上，为保证各项专业管理工作的顺利展开，以实现组织的整体目标，各专业部门必须加强协作和配合。但由于随着分工的深入，会增加管理组织机构的单位和人员，增加管理组织的横向幅度，使管理的协调任务加重、协调难度加大，因此在设置组织结构时，既要有分工又要有协作。

④管理幅度原则。管理幅度是指一个主管能够有效地指挥下属成员的数目。由于受个人精力、知识、经验条件的限制，一个上级主管所管辖的人数是有限的。同时，从管理的效率角度出发，不同组织的管理层次和管理幅度也不相同。

⑤统一领导和权力制衡的原则。统一领导是指无论对哪一种工作来说，一个下属人员只应该接受一个领导人的命令。权力制衡是指无论哪一个领导人，其权力运用必须受到监督，一旦发现某个机构或者职务在运用权力时有严重损害组织的行为，可以通过合法程序，制止其权力的运用。

统一领导和权力制衡原则要求在组织设计或调整时，要特别注意处理好以下关系：一是正确处理直线经理与职能经理的关系。对直线经理管辖范围内的某项业务，职能经理必然拥有部分管理权，这时很可能出现双重领导。为避免多头领导和无人负责的现象，应实行首长负责制。二是在同一层次领导班子中，必须明确主辅关系，副职必须服从正职，正、副职之间是上、下级关系。三是一级管一级。即各个管理层应实行每级领导和逐级负责。一般情况下不应越级领导，否则会影响下级领导人的威信，挫伤他们的积极性。此外，在组织的高层中还必须形成权力制衡机制。因为在组织的中、下层，其上级自然形成权力制衡。但在企业这一类经营组织中，其最高层没有上级，必须设立专门机构，如公司中的股东大会、董事会、监事会。

⑥集权与分权相结合的原则。在进行组织设计和调整时，既要有必要的权力集中，又要有必要的权力分散，两者不可偏废。集权是社会化大生产的客观要求，它有利于保护企业的统一领导和指挥，有利于人力、物力、财力的合理分配和使用。而分权则是调动下属积极性、主动性的必要条件，有利于基层根据实际情况迅速而准确地做出决策，也有利于上层领导摆脱日常事务，集中力量办大事。集权与分权是相辅相成的。

2.组织结构的形式

从传统管理到现代管理，企业组织结构有多种模式。了解这些模式的特点，有利于选择适宜的组织结构形式，建立具有本企业特点的组织结构框架。

(1) 直线制结构

直线制是组织发展初期一种简单的组织结构模式。直线制组织结构的特点是没有管理的职能，企业依照由上至下的权力划分实施指挥。这种形式的优点是结构简单、权责明确、指挥统一、工作效率高；其缺点是没有专业管理分工，要求领导者具有多方面的能力，且领导者每日忙于日常工作，无法集中精力研究战略问题。

(2) 职能制组织结构

职能制是科学管理之父泰勒首先提出的，其特点是按专业分工设置管理职能部门，各部门在其业务范围内有权向下级发布命令。每一级组织既要服从上级指挥，也要听从几个职能部门的指挥。

(三) 人员配备

组织设计仅为系统提供了可供依托的框架，这一框架要发挥作用，还须由人来操作，在设计了合理的组织机构和结构基础上，还须为这些机构的不同岗位选配合适的人，只有通过人来操作，这一框架才能发挥自身的作用。

1.人员配备的任务

人员配备是为每个岗位配备适合的人，其任务可以从组织和个人两个角度进行考察。

（1）从组织需要的角度进行考察

设计合理的组织系统不仅要能有效地运转，而且要不断发展。为每个岗位配备合适的人员不仅能保证系统正常运转，而且能维持人员对组织的忠诚，从而为组织的发展提供后备人才。

（2）从组织成员需要的角度进行考虑

留住人才，不仅要留住其身，还要留住其心。一方面，人员配备可以使每个人的知识和能力得到公正的评价、承认与运用；另一方面，可以使每个人的知识和能力不断发展，素质不断提高。知识和能力能否得到公正的评价将影响个人工作的积极性、主动性，知识与技能的提高不仅可以满足人们较高层次的心理需要，而且往往是通向职务晋升的阶梯。

2. 人员配备工作的程序

要合理地进行人员配备，通常要做好以下工作：

（1）确定人员需用量

人员配备是在组织设计的基础上进行的。人员需用量的确定主要以设计出的职务数量和类型为依据。职务类型提出了需要什么样的人，职务数量则告诉我们每种类型的职务需要多少人。

（2）配备人员

职务设计和分析指出了组织中需要具备哪些素质的人。为了保证提供职务的人员具备职务要求的知识和技能，必须对组织内外的候选人进行筛选，做出最恰当的选择。

（3）制订和实施人员培训计划

人的发展有一个过程，组织成员在明天工作的表现需要在今天培训；组织发展所需要的干部要求现在就开始培训，维持组织成员忠诚的一个重要方面就是使他们看到在组织中发展的前途。管理人员培训无疑是人员配备中一项重要的工作。

3. 人员配备的原则

人员配备过程中必须遵循以下原则：

（1）经济效益原则

组织中人员配备计划的拟订要以组织需要为依据，以保证经济效益提高为前提，它不仅不能盲目地扩大职工队伍，更不能单纯为了解决职工就业，而是要以保证组织的正常运营为目的。当组织发展感到人员不足时，应该首先挖掘内部的潜力，提高劳动生产率，通过人员余缺调剂来解决。

（2）因事择人原则

因事择人就是员工的选聘应以职位空缺和实际工作的需要为出发点，以职位对人员的实际要求为目标，选拔、录用各类人员。因为人事任用的目的是谋求人和事之间的有效配合，因此，只有从实际的职位需要去选拔合理人才才能实现这一目标，否则必然导致机构臃肿、人浮于事、工作效率低下。

（3）量才使用原则

简单地说，量才使用就是根据每个人的能力大小而安排合适的岗位。行为科学关于个别差别的原则告诉我们，人的差异是客观存在的，一个人只有处在能发挥其才能的岗位上，才能做得最好。量才使用的原则要求管理者充分掌握每位员工的基本条件，尽量把每个人安排到适合的工作岗位上，使其聪明才智得到充分发挥。

（4）程序化、规范化原则

员工的选拔必须遵循一定的标准和程序。科学、合理地确定员工的选拔标准是聘任优秀人才的重要保证。只有严格按照规定的程序和标准办事，才能真正选聘到愿为组织发展作出贡献的人才。

第二章　非公有制经济的分类

第一节　个体工商经济

一、个体工商业经济的界定

（一）个体工商业经济与个体经济

当人们提及或谈论"个体工商业经济""个体经济""个体工商户""小生产"等名称的时候，往往是从它的所有制性质上引出的。

个体经济是劳动者在个人私有生产资料的基础上，从事个体劳动和个体经营的一种私有制经济。个体经济是个人占有生产资料，因而属于私有制经济。但是，它是以自己劳动为基础的，因而不剥削他人劳动，不具有剥削性质。既是私有者，又是劳动者，这是个体经济的显著特点。

（二）个体工商业经济与非正规部门经济

当一些研究者将个体工商业经济归入微型企业的类别时，一些研究者又将个体工商业经济归入了"非正规部门"。"非正规部门"这一概念是于20世纪70年代初，由国际劳工组织首先提出来的。"所谓非正规部门，指的是城镇中以个体或家庭经营为基础的小规模的经济部门"。非正规部门的劳动者分为四大类：①个体雇主，如雇用少量人员的个体餐馆、个体服装店的所有者；②个体雇员，即受雇于个体雇主的；③受雇于个人和家庭的服务人员，俗称保姆和钟点工；④自我雇用者，如自行车修理工、三轮车车夫和一般个体工商户等。

从企业的角度来看，近十年来，随着高科技的发展，分散部门又可分为传统的分散部门和现代的分散部门两类，它们的共同特点是：自雇用或只有少量雇员，生产规模很小；独立生产，提供独特的产品；所需要投入的资本量较小，容易进入或退出；多为劳动密集型，包括体力劳动密集和脑力劳动密集；容易躲避政府有关管理部门的监督；有些工作的流动性较强，工作时间具有的不确定性；容易开拓新的就业领域。

显然，目前出现的"微型企业""非正规部门""分散部门"等新概念与我们长期使用的"个体经济"的概念和定义出现了互相重叠的情况。那么，这些概念之间是否存在差异呢？

首先，概念有不同的侧重点。例如个体工商业经济是侧重从所有制性质上定义的，强调个人占有生产资料，自己劳动。微型企业是侧重从企业经营规模上区分的。

一些国家往往以雇用工人人数来分类。制造业中20人以下，商业服务业中5人以下的企业定义为微型企业。但是，也有个别国家从企业经营规模上区分"正规组织"和"非正规组织"。在印度，"正规组织"是指有雇员10人以上的国有和私营经济组织，而10人以下为"非正规组织"。"非正规部门"是一个综合了所有制、经营规模、经销方式等多个因素、范围更宽泛的概念。按国际劳工组织提出的概念，最初主要是指以自谋职业方式为特点的，现已经发展成三个类别：第一类为小型或微型企业类；第二类为家庭型企业；第三类为独立的服务者。每一类别的基本特点是，第一类可视为正规部门的延伸，其一个部门通常通过承包或分承包协议与正规部门联系在一起。这类企业绝大多数为独立的，但主要面对低收入者市场。第二类为家庭型企业，其活动大多由家庭成员承担。第三类为独立的服务者，包括家庭帮手、街头小贩、清洁工等，他们同时还被称为随意劳动者。

可见，非正规部门经济组织的基本特点是，组织水平低，生产规模小，稳定性差，资本和劳动基本不分离。因此，就上述特点来看，它同我国通常所指的"个体工商业经济"的概念十分一致。所以，对"个体工商业经济"的界定包含三层含义：①从所有制结构来看，是"以生产资料个体所有制和个体劳动为基础的"一种私有制经济；②从经营规模来看，又可视为"微型企业"，是一种从事商品生产和商品交换的小规模经济形式；③从经营方式看，又是分散的、不正规的，接近于非正规部门经济。从研究个体工商业经济的资本和劳动构成，以及研究这类经济在解决就业、社会资源配置和社会经济可持续发展的角度来看，仅以所有制形式为特征来定义"个体工商业经济"的概念，其意义会越来越小，而使用"非正规部门"这一国际上通用的概念会显得越来越重要。另外，如果说"个体工商业经济"概念同国际上的"非正规部门""分散部门"相似或类同的话，那么目前或者说在以往相当长一段时期中使用的"个体工商业经济"概念仅仅是"传统的非正规部门"或"传统的分散部门"，它没有将"现代的非正规部门"或"现代的分散部门"包括进去，因为现在的劳动密集型企业也包括脑力劳动密集型企业。再者，传统与现代的区别不仅反映在生产的手段、内容和过程，而且还表现在资本的投入量上，因而以传统的资本投入量或者说以雇用工人数量来界定个体经济似乎已显得不够全面和科学，因为科学技术的进步使全社会的生产从手段、形式、内容和过程都发生了根本的变化。这些都决定了"个体工商业经济"的概念在原来的意义上做相应的延伸或者变化，是合乎历史发展要求的。所以，个体工商业经济是指一种以生产资料的劳动者个体所有制为基础的，主要依靠劳动者自己及其家庭成员的劳动，进行商品生产，组织商品交换，包括提供各种服务的小规模经济形式。从事这种个体生产经营活动的个人和家庭，称为个体工商户。它的质的规定性包含以下四项内容：一是建立在生产资料劳动者个体所有制基础上的小私有制经济；二是以劳动者及其家庭人员劳动为主的一般不具有剥削性质的经济；三是一种通过商品买卖获取利润，以满足自己生活需要的小商品经济；四是一般为分散的、非正规的小型经济单位。个体工商户在一定意义上或者确切地说，其中的很大一部分可以称为"微型企业"，因为具有了一般"企业"的特征，但还有相当大的一部分是不够格的"微型企业"。个体工商户与非正规部门生产经营单位比较接近，但两者仍然存在若干差别。

二、个体工商业经济的特点

个体工商业经济在相当长的一个阶段里是已经被人们淡忘的一种经济形式。然而改革开放以来，它的快速发展及对国民经济发展和社会稳定所发挥的积极作用，使人们不得不对它的存在、发展及未来重新进行思考。

个体经济的存在和发展是有其客观必然性的。生产力决定生产关系是马克思主义政治经济学的最基本原理。由于我国的社会主义生产关系是建立在资本主义没有充分发展，即生产力不发达基础之上的，具体来说就是城市和农村都以手工生产为主要生产方式，到处都充斥着汪洋大海般的个体小私有经济。这些就造成了我国生产资料公有制的生产关系与尚未发育成熟的生产力之间的一系列矛盾。

众所周知，我国的基本国情是人口多、耕地少、底子薄，自然资源相对于人口来说很不足。怎样在这种具体国情下创造和建设社会主义，要根据中国的实际情况，搞符合中国实际的以公有制为主体、多种所有制经济并存的所有制结构，在坚持公有制为主体的条件下，发展个体工商业经济就是其中的一项重大举措。个体工商业经济具有以下特点：

(一)工具简单和以手工劳动为主的特点

个体工商业经济是以简单工具和手工劳动为基础的生产方式，因而它同我国目前较低的生产力发展水平相适应。只要有简单的工具和技术就可以投入生产，可以搞简单的加工生产，可以搞传统的手工艺，可以搞饮食业、服务业、修理业、运输业、商业，可以摆摊设点、走街串巷，可以自产自销，可以零售批发，还可以搞种植、养殖业，等等。同时，各地区间经济发展的不平衡使不同技术水平的个体工商业并存或梯度发展。

(二) 分散、多样和灵活的特点

个体工商业经济具有分散性、多样性和灵活性的特点。分散性是指个体工商业经济可以分散进行,它可以在城镇搞,也可以在农村搞;可以在家里搞,也可以在集市上搞;可以一个人搞,也可以几个人一起搞。多样性是指可以生产和经营的内容很多,范围很广,只要市场需要的都可进行生产经营,特别是品种、规格繁多的小商品,多达几万、几十万种,还会随着新的需要源源不断地产生许许多多新的品种;可以提供的服务也是很多的,而且随着生产力的发展和人们收入水平的提高,也会产生许多新的服务。灵活性是指随着市场供求变化,可以灵活地调整自己生产的规模、品种、规格乃至经营方式,也包含随着科学技术的进步会随时改革自己的生产方法、降低成本、提高效率等。

个体工商业经济在经营和运作上分散、多样、灵活、易变的特点,决定了个体工商业经济能满足多种层次人们日常生活的广泛需求。在社会主义初级阶段,大多数人的生活水平不是很高,但由于社会阶层是多层次的,不同阶层的收入又是不同的,这就决定了他们的需求是多层次的,进而他们的生活消费水平也是多层次的,即使是中、低层次的人们也有多种广泛的需求;随着收入水平的进一步提高,这种不同阶层不同人的消费层次还将进一步拉开。个体工商业经济能灵活地适应这种不同阶层不同收入和不同层次消费的要求。在农村,这种分散、多样、灵活、易变的个体工商业经济有一个更加广阔的发展空间。总之,不同层次、不同地区、不同收入的不同消费需求,决定了个体工商业经济在一个很长的历史时期具有广阔的生存空间和发展前景。

(三) 管理成本低或几乎不需要管理成本的特点

在一般情况下,个体工商业经济生产资料的所有者、经营管理者和劳动者是三位一体的,而且一般不设置管理机构的,因而管理成本是很低的。如果把个体工商业视作非正规部门,那么按非正规部门的三个类别来看,家庭类企业和微型企业中,投资者就是经营管理者,甚至也是劳动者;而非正规部门的第三类则没有生产和管理的分工,劳动和资本的角色几乎是同一个人扮演的。这些都决定了个体工商业经济的管理成本是很低的,有时甚至不需要管理成本。

第二节　私营经济

一、私营经济对国民经济的积极作用

(一) 满足人民群众多方面的需要

私营经济企业生产了大量物质产品和服务产品，满足了人民群众多方面的需要。目前，私营经济已进入了除少数国家垄断或限制的部门以外的全部国民经济部门，生产着成千上万的物质产品和劳务产品，满足了人民群众各种各样的需要。社会主义国家在经济发展中碰到的最头痛的问题之一："短缺"及其所造成的人民群众长期的住难、吃难、行难等，在公有制经济和包括私营经济在内的非公有制经济的共同努力下很快得到了解决。

(二) 促进国有企业等公有制企业的改革和社会主义市场经济的形成

私营经济的存在与发展，对于加快国有企业和其他公有制企业的改革也发挥着重要的积极作用。一是非公有制经济特别是私营经济成了公有制经济的竞争对手，营造了一个市场竞争环境，迫使公有制企业必须加快改革；二是非公有制经济特别是私营经济企业灵活的市场经营机制及其适合于市场的一些管理方法，成了公有制企业改革借鉴的一个现成参照系；三是非公有制经济特别是私营经济，为一部分中小型国有企业和其他公有制企业的联合、兼并、嫁接、租赁和拍卖等提供了现成的对象和有效途径；四是非公有制经济特别是私营经济提供的大量就业岗位，为国有企业改革分流冗员、吸纳社会失业人员创造了有利条件。

改革开放以来的实践证明：私营经济对国民经济的积极作用是巨大的，是别的经济成分不可替代的。所以，私营经济是有利于社会主义现代化建设和社会主义力量增强的，因而它是社会主义的"帮手"，私营企业主也是社会主义建设者。当然，私营经济的存在和发展也会产生一些不利于社会主义事业的弊端。但是，利大于弊。在中国共产党和人民政府的领导下，我们完全有条件、有可能把弊端及其消极作用降到最低限度。可见，任何对私营经济的怀疑、偏见、担心都是没有根据的。

二、大力发展私营经济的对策与措施

第一，抓认识。就是要进一步提高认识，统一思想。要把发展私营经济提高到国有企业改革能否深化的高度上来；要把发展私营经济提高到能否抓住历史机遇的高度上来；要打破束缚私营经济发展的框框，只要不违背法律政策，就不要做任何

限制。

第二，抓改革。就是要深化国有企业产权制度改革。国有大中型企业改制目标是建立现代企业制度，重点是改革产权制度，实现制度创新。国有小企业可以采取出售、兼并、租赁、承包、股份合作制等多种形式，加快放开搞活国有小型企业的步伐，从而为私有经济的发展创造更大的空间。

第三，抓政策。就是要全面落实发展私营经济的政策。一是加强法制建设。制订大力发展私营经济的规划，为长期以来名不正言不顺的"戴红帽"私营企业"摘帽"正名，还原其本来面目，确立其法律地位，从而最大限度地解决和发展私营生产力。二是破除所有制歧视，强化服务意识，提供各种咨询服务，为私营经济的大力发展创造良好的社会环境。

第四，抓规范。就是要以克服私营经济自身存在的缺陷为重点，抓规范。国家对个体经济、私营经济实行引导、监督和管理。这就要求我们，一是要充分发挥市场在资源配置中的基础和导向作用，引导私营企业明确市场定位，确定经营策略，壮大经济规模，适应市场竞争；二是要改变私营企业传统落后的经营管理方式。

三、农村贸易繁荣在城镇化建设过程中的积极推动作用

第一，推动乡镇规模扩大，增加城镇人口城镇化，简单地说就是指城镇的产生和生长扩大过程。这一过程通常有两个方面的含义：其一是人口城镇地区集中和城镇人口自身的增长；其二是农村地区向城市地区的转变。这一过程的实质就是在总人口中城镇人口比例的增加。私营经济的发展与繁荣一方面增加了城镇的店面，增加了城镇人口，扩大了城镇规模；另一方面除了城镇各类个体私营经济不断壮大、繁荣，很多行政村聚集的地方餐饮、百货超市、装饰等一系列店面也不断地增加与壮大，久而久之就会发展成一个新的小城镇，推动了城镇化进程。

第二，推动当地收入方式和产业结构的完善。农村私营经济的繁荣一方面推动了许多农民收入方式的转变，使得很多当地居民的角色由原来的农民转变为个体私营商户，他们的生存方式、生存部门也由农业转变为商业或者服务业；另一方面个体私营经济的繁荣也增加了二、三产业在当地经济的比重，使得当地的产业结构也变得更完善、更合理。

第三，进一步推动当地工业化。私营经济的繁荣将会从两个方面推动当地的工业化与城镇化进程。一方面个体私营经济的发展带来的是，农民通过在市场上与交易各方的交往，可以开阔视野，提高商业素质，能够更好地发现农村特色产品的商机，再依托自身的资金、人脉、销售经验等优势在当地发展特有农产品的加工；另一方面正是由于个体私营经济带来的与外地客户的交往，使得外地的客商能够更多

地了解当地的特色与优势，加快当地的招商引资工作，推动当地的工业的发展。

第四，推动当地交通、教育、医疗等公共基础设施的建设。随着个体私营经济的发展，小城镇人口不断增加，小镇人民对交通、教育、医疗等一系列公共基础设施的需求不断增加。因为面对越来越强的社会需求，当地政府在强大的压力面前必须加快公共基础设施的建设，满足当地人民的需求。如果政府在教育、医疗等公共设施领域的投资不够，那么面对强大的市场需求，必将出现私营的学校、医院等私营部门来代替政府完成当地的公共设施建设工作，而公共基础设施无论是由政府还是个人来建设、完善，都将促进当地的城镇化进程。

四、政府在私营经济推动城镇化过程中应扮演的角色

第一，加强宏观调控，确保经济结构合理化。合理化的经济结构与产业结构是城镇化过程中的一项重要指标，但是由于发展中国家城镇内部工业原动力不足，因此乡镇产业多是第一产业为主，第二产业微乎其微，第三产业相对较弱。所以无论是在招商引资过程中还是在积极鼓励当地农民自主创业的过程中都需要将重点放在二、三产业上，在推动当地工业化的同时推动当地产业结构与经济结构的合理化。

第二，加强交通建设，完善农村商贸物流体系。交通事业的发展状况直接影响到农村商业贸易物流的发展，影响到个体私营经济的发展，更影响到当地工业的发展。而农村商贸流通体系的发展状况直接影响到当地乡村贸易的发展，以及当地特色农产品加工业、工业企业的发展，甚至有的学者认为与交通有着很大关系的农村商贸流通业是解决当下"三农"问题的重大课题，而无论是乡村贸易还是当地的工业企业，他们的发展情况都将直接影响到本地的城镇化进程，所以需要加强交通建设，发展农村商贸物流产业。

第三，确定城镇发展方向，合理规划城镇建设。私营经济的繁荣必将促进城镇店铺的增加，城镇规模的扩大，并且还会带来当地工业企业的增加，但是随着城镇规模的扩大及工业企业的引进，如果想实现城镇的可持续发展，避免出现重复建设、环境污染、产业结构不合理等问题，政府一方面必须根据本地情况确定本镇的发展方向，确定本地的主导产业、支柱产业，重工业、轻工业、服务业、旅游业还是其他行业；另一方面则是要提前做好城镇布局规划工作，明确居民区、商业区、工业园区、公园、绿化带的空间布局。只有这样才能使本地的城镇化进程更合理、更有效。

第四，积极推动农村小额信贷体系的建设。尽管在私营经济发展的过程中，农村金融业蓬勃发展，为私营经济的发展提供很大程度的资金支持，极大地推动了个体私营经济的发展，但是由于农村金融体系的不完善包括贷款资金有限、手续麻烦、

流程烦琐等缺点，所以很多私营经济由于资金不足而影响了自身的发展。而小额信贷作为以农村为区域建立的目标完全不同于传统银行的一种金融制度非常适应私营的资金需要，其具有季节性、短暂性、灵活性等特点，并且还能够充分利用私营手中剩余的资金。因此积极推动农村小额贷款体系的建设与发展，能够进一步推动农村私营经济的发展与乡村贸易的繁荣。

第三节　外商投资经济

一、外商投资经济概述

国外投资者根据中国有关涉外经济的法律等以合资、合作或独资的形式在大陆境内开办企业而形成的经济类型。

外商投资经济是指国外投资者根据中国有关涉外经济的法律、法规，以合资、合作或独资的形式在大陆境内开办企业而形成的经济类型。

（一）外商投资经济的形式和性质

中外合资经营企业是指我国政府批准，外国的公司、企业、个人或其他经济组织同我国有关的部门、公司、企业或其他经济组织，在我国境内共同投资、共同经营、共负盈亏、共担风险的企业。这种企业一般采取有限责任公司的形式。企业双方，一般是由中方以土地、厂房折价和现金入股，外方以设备、资金入股。中外双方按其股份分取收益，合同期满后，外方股份退出，企业全部为我国所有。中外合作经营企业是指中国和外国双方根据协议和合同，各自以法人身份共同投入资本兴办的企业。而这些协议和合同的签订，必须经过我国政府批准，并受我国法律管辖和保护。这种企业一般是由外方提供资金、技术、装备、材料等，而中方只提供土地、资源、厂房、劳务和现有设备等。双方按照合同规定合作经营、进行利润分配，但中方不负亏损责任。合同期满后，企业全部归我国所有。中外合资经营企业和中外合作经营企业，从本质上来说，它们是社会主义条件下国家资本主义性质的经济，即社会主义国家能够加以限制和利用的资本主义经济。外商独资企业是指外国的公司、企业、个人或其他经济组织，经我国政府批准，在我国境内单独投资兴建的企业。独立经营，自担风险。我国为企业提供土地和劳动力，并收取租金和税金。这种企业是属于资本主义性质的经济。

（二）外商投资经济的地位和作用

在社会主义社会，外商投资经济是从属于社会主义经济的。这是因为在国民经济中占主体地位的不是外商投资经济，而是社会主义公有制经济，同时，外商投资经济是根据我国现代化建设需要、经过我国政府批准，遵守我国有关政策法令建立起来的，因而是社会主义国家能够加以控制和利用的。

在社会主义市场经济中，外商投资经济是我国社会主义经济必要的和有益的补充。它有利于利用外国的资金、设备、人才等资源，可以弥补我国资源相对不足、资金短缺的问题，加快现代化建设；有利于引进先进技术和科学管理方法，可以提高我国生产技术水平和管理水平，有利于扩大生产规模，既可以为社会提供更多的产品，满足社会生产和生活的需要，又可以扩大就业，增加劳动者的收入，改善生活，还可以增加国家财政收入，为现代化建设积累资金；有利于提高我国经济管理干部、技术人员和熟练工人队伍的素质与水平，还有利于扩大出口，增加外汇收入；有利于参与国际竞争，提高国际竞争能力。

二、鼓励外商投资企业技术开发和创新

对外商投资设立的研究开发中心，在投资总额内进口的自用设备及其配套的技术、配件、备件，可免征进口关税和进口环节税；外国企业向我境内转让技术，可以免征营业税，经批准还可免征企业所得税；外商投资企业取得的技术转让收入免征营业税；外商投资企业技术开发费比上一年增长 10%（含 10%）以上的，经批准，允许再按技术开发费实际发生额的 50%，抵扣当年度的应纳税所得额。对符合条件的、已设立的国家鼓励类外商投资企业、外商研发中心、先进技术性和产品出口型外商投资企业进行技术改造，进口技术、设备、配件免征进口关税和进口环节税，采购国产设备，可全额退还国产设备增值税并按有关规定抵免企业所得税。

三、进一步扩大服务贸易的对外开放

进一步推进商业、外贸、金融、保险、证券、电信、旅游等领域的吸收外资工作。外商投资零售商业企业的地域已扩大到全国省会城市、直辖市和经济特区，在总结经验的基础上，外贸吸收外资的试点范围也将进一步放宽。

四、鼓励外商投资的新举措

允许符合条件的外商投资企业在 A 股、B 股市场上市；扩大跨国公司的经营范围；简化外商投资企业设立的审批手续，对不涉及综合平衡的国家鼓励类外商投资

企业，不论金融大小均可在省级政府审批；取消对外商独资企业进口设备的价值鉴定；清理并调整不利于吸收外资的有关政策规定；等等。

五、未来合理利用外商直接投资的对策建议

尽管外商直接投资对我国经济可持续发展和经济安全会产生负面影响，但外资对一个国家经济发展的积极作用仍应得到肯定。只要我们采取合理措施，相信外商直接投资会给我国带来巨大收益。

(一) 适当控制引资规模

我国应将外资的引入和经济增长结合起来，应随着我国 GDP 总量规模的扩大，国内建设资金的需要，适当地加大对外商直接投资的引入，但不能超出自身建设的需要，也不能盲目脱离现有的经济基础。引资规模还应结合国内不同市场的竞争程度加以考虑。提高引资质量，应综合考虑出口、就业、技术等因素。吸引的外资应有利于出口，增加就业，并能提供我国亟须的技术，提高我国自主的技术创新能力。此外，吸引外资还应考虑是否有利于国有企业的改造。要达到控制引资规模、提高引资质量的目的，一个非常重要的举措是改革目前的干部政绩考核体制。GDP 指标考核干部政绩，会造成对外商直接投资引入数量的冲动，而不会考虑外资质量。因此，应该用包含更多风险和成本的绿色 GDP 指标来衡量干部政绩。

(二) 优化引资结构

随着我国在 FDI 引资规模的扩大，我国 FDI 结构对经济可持续发展的影响也越来越大。FDI 引入的结构问题可以从 FDI 来源、FDI 在整个外资中的比例、FDI 的内部结构、FDI 在地区和产业当中的分布等几个方面加以分析。应当继续鼓励外资与国内企业的合资，鼓励外资以合资成立子公司、并购等方式进入中国，鼓励外资参与国有企业的重组改造。当然，在一些我国企业已经获得长足发展的领域，我国也鼓励外资以绿地投资的方式进入中国，创造一个具有竞争性的市场。我国都应该加以鼓励对待外资的进入方式，但在不同领域，应进行不同程度的引导，在具体措施上进行灵活调整，但应注意以市场方式进行，而不是政府具体干预。应该加强产业政策的制定。一个有秩序的开放的市场，才会使外商直接投资更好地服务于我国特殊的国情。产业政策的制定，既要保护核心领域的产业安全，控制外资的进入，也要促使三次产业之间合理均衡发展，并在空间上进行规划，避免地区发展差异拉大。

（三）坚持独立自主能力

只有国内企业的强大，才可能使外商投资企业使用更先进的技术；也只有国内企业的强大，才能够真正发挥外商投资企业的作用。国内外许多案例表明，国内有与跨国公司相竞争的企业，跨国公司才会转移先进技术，也才会以合理的价格出售产品。坚持独立自主、自主创新，就是要求我国培养自己的跨国企业，拥有自己的独立品牌。只有这样，我国才能够在任何情况下，抵御别国的封锁和控制。历史的事实一再说明，将希望寄托于以盈利为目的、受政治制约的跨国公司是不现实的。

第三章　区域经济与管理多维探索

第一节　区域经济概述

一、区域经济的含义与特征

(一)区域经济的含义

作为区域经济学的研究核心——区域经济，是具有鲜明区域特色的国民经济，亦是指在经济上有密切相关性的一定空间范围内的经济活动和经济关系的总称。它是以客观存在的经济地域单元为基础，按照地域分工原则建立的具有区域特点的地域性经济。

从上述这个意义上讲，区域经济和经济区域本质上是一个概念（因此人们在进行区域经济分析时往往不加区别地使用区域经济和经济区域），所不同的仅是使用的角度不同。

当使用经济区域这个概念时，可以说，它是以区域为系统，经济区域只是其中一个子系统，并与其他子系统如行政区域等相互并列。它往往比较注重如下四个方面的共同特征：一是发展条件的类似性，即区域内自然条件和社会经济条件等大致类似；二是发展方向的相对一致性，由于有相类似的生产发展条件，区域经济发展在大的方面就有较一致的发展趋势和发展方向；三是经济结构的开放性，类似的发展条件和发展方向使其形成了具有全国或大区域意义的区域生产专门化部门，这种部门并不仅仅为区域服务，而是根据经济的内在联系面向全国或高一层次的大区域，因而形成了区域开放性的经济结构；四是经济联系的合理性，即在区域内外形成了合理的交通网络，生产联系较为合理，商品流通渠道畅通等。这四个方面的特征是经济区域自身特征的反映，也是地域组织按经济区域原则合理进行社会生产的客观依据。

(二)区域经济的特征

1.区域性

区域性是区域经济最基本、最显著的特征。因为经济的发展，不论是工业、农业、商业和运输业等，都要落实到一定的区域，并受该区域的自然、技术和经济社会等条件的影响。就地域空间范围而言，区域经济有狭义与广义之分：狭义上仅指一个国家内较之国民经济低一个或几个层次的区域性经济问题；广义的区域经济不仅研究一个国家内的地域分工，而且包括全球性的国际分工。区域的范围可以是一国（包括狭义的区域经济），也可以是跨国的。国际区域空间范围无限扩大后，最终便成为全球经济。

2. 差异性

差异性即不同区域所具有的各种经济发展要素，如地理位置、自然资源、生态环境、技术条件和经济社会发展水平等，总是各不相同的。这种差异性实质上反映了各区域经济的优劣势，也是决定区域经济发展不平衡的一个重要因素。

3. 开放性

区域经济是一种充分承认并利用不同区域所具有的各种经济要素及其程度上的差异，注重区际之间的流通与交换的开放式经济。此外，它还具有不断强化自身输出、输入功能和扩张功能的作用，使得商品生产和商品流通向更高层次发展，创造了形成统一区域市场的条件，进而使不同区域经济各扬所长、各避所短、相互补充、协调发展。

4. 综合性和系统性

区域经济是一个相对独立而内部又有着密切联系的有机系统。因此，任何区域的经济，尽管各具特色，各自具有不同的支柱行业和骨干企业，但都具有一定的综合性和系统性，即要综合考虑多因素、多部门、多行业和多企业之间的系统协调。这就要求各区域应当成为各具特色、互相开放和相互补充、相互促进的经济综合体（区域经济系统）。

5. 权益性

就狭义的区域经济而言，任何区域的经济发展战略都必须受制于整个国民经济的发展战略，并为国民经济发展战略服务；而从广义的区域经济来说，考虑任何国家的国民经济都具有区域经济的性质，在非特殊情况下并不受制于高一层次的国际区域经济发展战略并为之服务。相反，任何区域经济的发展战略，都必须为谋求本区域经济社会发展和居民福利而服务，因而具有权益性。因此其战略目标应当是充分发挥本区域优势，扬长避短，努力进取，以激励本地区劳动者和经营者的积极性。

6. 社会性

区域经济的实质是构成生产过程各种要素的空间组合，构成社会生产和再生产的各种要素，如生产、流通、分配和消费各个环节的空间分布和再分布。它不仅反映了人和自然的相互关系即生产力，而且反映了生产过程中人与人的相互关系即生产关系。它不仅体现了生产的自然属性，而且表明了生产的社会属性，是两者在空间上的有机综合和辩证统一。

值得指出的是，区域经济的社会性决定了区域经济不仅要研究生产力，而且要研究生产关系。但是，它并不是一般的研究生产力和生产关系及两者之间的辩证关系，而是侧重于研究生产力和生产关系在空间上的有机结合与辩证统一。从这个意义上讲，研究区域经济学必须以辩证唯物主义和历史唯物主义为指导。

二、经济区域的要素与区域经济功能

（一）经济区域的构成要素

1. 经济中心

经济中心是经济区域三大构成要素的核心，它的形成是区域由一般的自然区或行政区发展为经济区域的重要标志。

经济中心是区域经济活动的场所和中心点，这个中心点就是城市。区域经济的空间聚集指向于城市（主要是由于城市具有聚集经济效益的作用），而城市作为区域的经济中心，是商品经济条件下区域经济空间聚集运动的结果。所谓区域经济的空间聚集运动，首先表现为商品交换活动的空间聚集，随着交换活动的空间聚集规模的增大，城市也随之产生。可以说，没有交换的空间聚集，也就不可能有区域经济中心。随着科学技术的进步和社会生产力的发展，劳动的社会分工表现在地域空间，是物质生产的空间聚集。从农业中分离出来的手工业最早向城市聚集，使城市由过去那种物质集散地的交换型的经济中心，发展为包括交换和生产等在内的区域经济中心。

应当指出，区域的经济中心还具有三个空间特征：一是层次性，在不同的地域范围内，城市的聚集能力不同，其经济吸引力或辐射力也就不同，从而形成多等级、多层次的经济中心；二是选择性，也就是说，区域的经济中心是城市，但不是所有城市都是经济中心；三是区域经济中心并不是区域地理几何中心，而是区域经济活动中心。明确这三个特征对认识经济区域的空间结构是有益的。

2. 经济腹地

经济腹地是经济区域三大构成要素的基础。没有经济腹地，就不会有经济中心，也就没有区域经济的存在。

从经济学的观点来看，腹地是经济运动地域格局的一种依托。也就是说，经济运动在地域空间展示出某种具有内部联系的格局。这种格局的基本态势是经济运动的空间聚集趋势——指向于同一经济中心（城市）。很显然，诸多经济运动的空间聚集共同指向于同一经济中心的那样一块地域范围，就成为这个经济中心的经济腹地。由此可以看出，经济腹地是经济中心吸引力和辐射力所及的地域范围，并载负着具有内在联系的经济运动，而且这些经济运动又具有共同运动指向、共同经济中心的地域范围，并同经济区域的周边范围相一致。

此外，经济腹地还具有三个重要的经济特征：一是经济运动的多元性。这是经济腹地的基本特征，也是区域经济运动的基础。虽然其是多种多样的经济运动，但大体上包括多种生产要素的运动、多种生产部门的经济运动和多种经济形式的运动三大类型。二是多元运动的相关性。这是指经济腹地的生产要素、生产部门和经济形式在发展运动过程中相互关联的特征。实际上，经济腹地内的任何一种经济运动都是一种多元要素的复合运动。经济腹地作为这类复合经济运动的地域依托，多元经济运动的相关发展便成为它的重要特征。三是由经济运动的规律及影响所形成的层次性。前面已经指出，区域的经济中心具有多层次的空间特征，在不同地域范围内，由于作为经济中心的城市的聚集能力不同，从而形成了多等级、多层次的经济中心。与此相对应，经济腹地也就具有多等级、多层次的特征。这个特征在区域经济发展中具有重要的作用，在区域经济分析中是一个不可忽视的因素。

3. 经济网络

经济网络包括以下四层含义：

①经济网络实质上是生产者之间的经济联系，即生产者在经济活动中的交往关系。而经济系统的活动，是通过经济联系的渠道实现的，这种渠道的物质构成是交通运输网络和邮电通信网络。作为一个经济区域，沟通经济中心和经济腹地的经济联系渠道，必须依托于交通、通信网络。如果没有这些网络，经济区域就不可能形成。因此，作为区域的基本构成要素，交通、通信网络是必不可少的条件。

②经济网络有多种形式。因为生产者之间的经济关系表现在多方面，经济关系本身就是多种多样的，由此而形成的经济网络就不可能只有一种形式，而是多种形式。一般而言，经济网络主要分为两种，即横向网络和纵向网络。横向网络指的是地区之间、部门之间、企业之间和生产者之间的经济联系；纵向网络指的是国家、地区、企业、生产者之间的经济联系。从具体类型来看，经济网络还包括生产协作网络、物质流通网络、技术开发网络、信息情报网络、交通运输网络和邮电通信网络。

③经济关系的多样性决定了经济网络的复杂性。经济网络不仅包括横向网络和纵向网络，还包括大网络和小网络（如全国性网络和地区性网络），经常性网络和暂时性网络等。

④各种经济活动中的交往关系层层相连、纵横交错，形成了区域范围内的网状

的经济联系。多种多样的经济网络构成经济区域的神经网络 (经济网络系统)，正是通过这些上下相连、平面相交的网络，将经济区域结成一个经济有机体。此外，经济网络作为经济联系的系统，其含义又具有以下三个特征：一是客观性，即它不是出自人们的主观愿望，也不是出于政府和任何集团的规定，而是区域经济运动发展到一定程度的客观产物；二是有序性，即经济运动的空间展现并不混乱，并在经济中心和经济腹地之间形成有序的经济运动；三是依托性，即它的形成和发展依托于作为经济联系渠道的交通、通信网络。这里必须注意，"系统"虽然依托于"渠道"，但有"渠道"并不都能形成"系统"。现实生活中我们到处可见，有些城市之间或城市与区域之间尽管有交通、通信网络相沟通，但二者的经济运动并不能构成一个有序的系统，因为它们并不属于同一个经济区域。

(二) 区域经济的功能

1. 集聚功能

区域经济的集聚功能，是区域经济系统对生产要素和经济活动的集聚，是在区域经济机体的运行过程中，经济区域内部自我循环、自我完善、自我增值的一种能力或作用。由于区域经济系统的运动具有取得最大规模效益的要求，而这种要求的一个显著特点是加速了生产要素的合理组合和经济活动的地域联系，并不断地将零散的生产要素聚集到区域经济系统中。这种区域经济的集聚功能并不仅仅存在于区域经济发展的某个时候，而是区域经济发展长期存在的重要功能。

区域经济的集聚功能，包括以下三种经济区域特有的效应：一是共生效应，经济区域是一个有机的区域经济整体，它内部的多层次、多部门、多企业之间是有机地联系在一起的，它们共存于同一区域经济系统内，相生相养和生存发展；二是互补效应，围绕着主导部门的要求，经济区域内的经济联系把相关的部门和企业结合为一体，并相互依存、相互适应；三是整体效应，区域经济的整体性使它形成了一种更大的新的经济力量，并能提高资源利用率、节约劳动时间、节约投资等。

2. 增长功能

区域经济的增长功能，是区域经济系统所具有的经济力量不断增长的一种能力或作用。其经济力量的增长，主要表现在两个方面：一是对资源开发利用能力的增强，二是经济强度的提高。对资源开发利用能力的增强是区域经济的外延增生，它表现为区域经济活动容量的增加和地域范围的扩展；区域经济强度的提高是区域经济的内涵增生，它表现为生产要素质量的提高和经济活动效益的提高。这里需要指出，资源的开发利用不仅仅是土地、矿产等自然资源的开发利用，而且包括人力等社会资源的开发利用；区域经济强度的提高是以技术进步为主动力，以劳动生产率的提高为主要表现，它不仅表现为区域经济总量的增加，还表现为区域经济中各种相对量的提高。在科技进步的条件下，区域经济的这种内涵增长功能的作用将越来越突出。

3. 优化功能

区域经济的优化功能，是区域经济系统所具有的优化经济结构的功能。这种优化表现在两个方面：一是生产要素组合、布局的地域优化，也就是说，区域经济系统总是要求区域生产力的合理布局，其中也包括以发展经济运动的横向联系和分工协作为特征的社会生产的地域组织；二是区域产业协调发展的结构变化，也就是说，区域经济系统总是要求区域产业结构的协调发展，从而努力保持一个良好的区域产业结构。由于区域产业结构与区外有一定的联系，只能是突出区域优势产业的协调发展，而不是区内各产业的平衡发展。区域经济系统的优化是质与量并进、以质为主的发展选择，系统的选择机制经常不断地进行各种各样的调节，使区域经济能够持久、全面地发挥优化功能。

应当指出，以上功能的正常发挥，是区域经济机体（系统）运行的一个重要条件。在区域经济功能正常发挥的条件下，经济区域的经济能量可以充分地释放出来，外界的经济能量能够吸收进来，这就有助于区域经济机体顺利地进行，有助于经济区域内部结构的完善和巩固。如果区域经济功能的发挥受到阻碍，说明区域经济机体运行的外部条件发生了变化，或者是经济区域内部结构不完善，这就会促使经济区域的结构相应地改变和调整，以适应已经变化了的环境，使其能正常地发挥功能。

第二节　区域经济发展规划

一、区域经济发展规划概述

在对区情进行评价和区域经济发展战略进行制定的基础上，为了更好地发挥各经济资源的功能，促进区域经济系统的协调，必须对区域内各生产要素的优化组合进行研究，即进行区域经济发展规划的研究。区情分析是区域经济发展规划的前提，区域经济发展战略的制定是区域经济发展规划的基础，而区域经济发展规划则是区情分析和区域经济发展战略制定的继续和保证。

区域是由自然、经济、社会、文化等多种因素相互作用、相互联系而构成的一定范围的空间物质体系。区域经济发展规划是指以经济发展战略为指导，对一定区域范围内的国民经济发展和土地资源等的利用所做的总体部署。

区域经济发展规划是一个区域比较长远和全面的发展构想，是描绘区域未来经济建设的蓝图。区域经济发展规划的主要任务是，根据规划区域的发展条件，从其历史、现状和发展趋势出发，明确规划区域社会经济发展的方向和目标，对区域社会经济发展和总体建设，包括土地利用、城镇建设、基础设施和公共服务设施布局、环境保护等方面做出总体部署，对生产性和非生产性的建设项目进行统筹安排，并提出实施政策。区域经济发展规划的目的在于充分、高效、综合地利用资源，合理地布局生产力和城镇职能分工，发挥区域的整体优势，达到人和自然的和谐共生，促使区域社会经济快速、稳定、协调和可持续的发展，从而获得最佳的经济效益、社会效益和生态效益。其实质就是对一定地域系统进行调控，为实现区域未来的发展目标和经济建设的总体蓝图而选择、制订最佳的行动方案。

二、区域经济发展规划的内容

(一)区域产业发展规划

1. 第一产业发展规划

第一产业是指以自然资源为劳动对象的产业，其中主要是农业和矿业。

(1)农业的规划布局

农业是利用动植物的生长、繁殖来完成生产过程，其生产对象是有生命的生物。动植物在完成生长、繁殖的过程中，往往受到自然条件的严重制约，在不同的区域，农业生产的类型、结构、方式和管理措施都是不同的。因此，农业生产不仅是经济再生产的过程，也是自然再生产的过程；农业生产的布局不仅受经济规律的制约，同时对区域内的自然条件依赖很大。

影响农业生产的自然条件主要是光照、土地和水分三大类。因此，在区域农业规划布局中必须对区域自然条件、自然资源的分布规律进行分析及评价，了解农业自然资源数量、质量、利用程度和开发潜力，以及评价农业生态环境优劣和演化趋势，因地制宜。合理布局各种资源就成为规划布局的主要任务。影响农业生产的经济技术条件主要包括劳动力条件、农业技术装备程度、农艺技术和耕作制度、种植方式等。

自然条件的地区差异性和社会经济发展的不平衡性，决定了各个区域农业发展水平和农业生产结构的地区分布千差万别。农业生产要按照自然规律和经济规律办事，就一定要坚持因地制宜的原则，宜农则农、宜林则林、宜牧则牧，扬长避短，发挥区域优势，这样才能合理、充分地利用光照、水土资源，避开自然灾害，取得良好的社会经济效果。

（2）农业生产基地规划布局

农业生产基地和农业生产集中区规划布局是在充分研究区域各种农作物生物学特性及其对生产环境的要求的前提下，并结合区域自然条件，划分出各种农业部门的适宜区和适生地，集中种植形成以商品性生产为主的农业生产地区。

每一种农作物对自然条件都有一定的选择性和适应性。按农作物适应区域划分，确定农业专业化生产基地，按部门分成四类：一是种植业专业化生产基地（包括粮食和经济作物）；二是林业生产基地；三是畜牧业生产基地；四是渔业生产基地。

（3）区域采矿业规划布局

采矿业的劳动对象是矿产资源。按第一产业的定义，仍属第一产业范围。但其产品是第二产业，特别是作为国民经济工业化的重要原料。采矿业在区域产业规划布局中，往往起着与农业一样的基础作用，其规划布局要根据矿的区域性特点因地制宜，集中建设区域性矿产基地。采矿业在区域规划布局状况受到区域矿产资源的储量、质量、开采条件及区内外市场等因素影响。矿产资源储量是资源开发利用评价的最基本指标，也是确定矿山开采业规模的依据。矿产资源质量的好坏直接影响开采利用价值和开采利用方式。因此在进行规划时，其评价应结合可预见的矿石开发利用技术进行。

矿产资源的开采条件，包括矿产的地质条件和地理条件。矿产的地质条件好坏是决定能否开采和矿石开采成本高低的重要因素。矿产地的地理条件包括区位，交通，矿山开采所需要的动力、建材、劳动力及原有经济基础等，这些均须认真地评价。

矿石的市场需求及需求量大小是决定能否开采的关键指标。矿产品只是一种原材料，不能直接投入人们生活消费领域。大部分矿产品有用成分含量低，不适宜陆路长途运输，因此规划区内外的需求量和合理运输半径就成为采矿业的生产布局和开采规模的依据。

此外，对采矿业的规划布局来说，加强区域地质勘探规划也是采矿业规划布局的重要内容，应给予足够重视。

2. 第二产业发展规划

第二产业是以矿产品或农副产品为原料的加工、深加工的产业部门，包括原材料工业（初步加工业）、加工制造（组装）工业及高新技术工业等部门。前二者又称传统工业部门，后者又称新兴产业部门。不论是传统工业还是新兴工业，在区域产业规划布局中的要求各不相同。

①原材料工业（初步加工业）主要是以矿产品为原料的初步加工业，包括冶金工业、化学原料工业（基本化工、有机化工）、建筑材料工业等。

②农副产品为原料的初步加工业主要为轻工业，按其生产对农副产品的依赖性

分为：全部以农副产品为原料的加工，如粮油加工、制糖、卷烟、酿酒、乳畜品加工等；大部分以农副产品为原料的加工（如纺织、造纸、香料、皮革等），以及部分依赖农副产品为原料的加工（如生物制药、文化用品等）。

③加工制造（组装）工业。加工制造（组装）工业是为国民经济各部门制造各种机械设备、提供技术改造的物质基础部门，是国民经济工业化过程中的主要组成部分。其行业众多、产品庞杂、生产结构复杂。各行业部门之间在性质类型、生产规模、工业用地及发展要求等方面均有很大差别。但在区域规划过程中，加工制造工业的布局仍有共同的特点和布局要求。

④高新技术产业。高新技术产业是相对于一般技术或传统产业而言的。它是以当代科学技术和新兴生产技术武装生产出高新产品的部门，不仅生产硬件（物质）产品，也生产软件（信息）产品，这些产品既有第二产业的，也有第三产业的。

高新技术产业的研究开发、生产制造、销售服务等环节紧密结合在一起，它具有研究开发程度大，资金、人才投入比例高的特点，在区域经济发展中具有明显的战略性、风险性、增值性和渗透性的特点。

高新技术产业作为一种新兴的、带动性大和布局要求很高的产业，其合理的布局形式是建立高技术园区（高新技术区）。

3.第三产业规划布局

广义的第三产业是为人们生产、生活和社会发展提供服务，以满足更多需要的产业，所以又被称为服务业。随着社会经济的发展和人们生活水平的提高，人们的闲暇时间增多，满足人们精神需要的信息产业、旅游业、文化娱乐业、体育保健业等也成为第三产业的重要组成部分。此外，其他的服务部门如金融、保险、仓储、咨询、租赁、广告等部门无一不是在第一产业、第二产业高速发展中为满足其服务需要而产生的。

按照德国经济学家克里斯泰勒（Christaller）中心地理论，以城市为核心，以商业市场（第三产业）为中心地的等级体系区位研究，商业市场的区位规模、影响范围及提供服务的性质都与门槛人口保持一定的数量关系，并形成区域空间不同等级的服务体系。从另一角度提出建立市场网络的理论体系，认为各个较高级别的市场区服务的中心地，按一定格局分布并构成有序排列的中心地体系。

由于第三产业涉及的行业庞杂，门类多样，其规划布局要求也不尽相同，在具体进行规划布局时应对不同门类行业分别对待。区域第三产业应根据区域第一产业和第二产业发展水平的需要和区域人口、劳动力数量因地制宜地进行。但是，第三产业主要集中在各级城市和乡镇中，而城乡人口规模和人均收入水平又往往是区域第三产业规划布局的重要依据。

(二) 区域城镇体系规划

1. 城镇体系的概念及特征

城镇体系是指在一定时期与范围内，以中心城市为核心，由一系列不同等级规模、不同功能、相互密切联系的城镇组成的有机整体。

城镇体系具有整体性、等级层次性、发展动态性等共同特征。

2. 城镇体系规划的任务、目标与内容

(1) 城镇体系规划的任务

综合评价城镇发展条件；制定区域城镇发展战略；预测区域人口增长和城市化水平；拟定各相关城镇的发展方向与规模；协调城镇发展与产业配置的时空关系；统筹安排区域基础设施和社会设施；引导和控制区域城镇的合理发展布局；指导城市总体规划的编制。

(2) 城镇体系规划的目标

城镇体系规划要达到的目标，是要通过区域人口、产业和城镇的合理布局，协调体系内各城镇之间、城镇与体系之间，以及体系与其外部环境之间的各种经济、社会等方面的相互联系，运用现代系统理论与方法，努力促进区域社会、经济、环境综合效益最优化，实现体系整体利益的不断增长。与区域国土规划相比，城市规划工作的有序性、规范性和滚动性特点更为明确。因此，城镇体系规划工作作为城市总体规划的组成部分，要为各城镇总体规划修编提供依据。

(3) 城镇体系规划的内容

①制定城市化和城市发展战略。包括确定城市化方针和目标，确定城市发展与布局战略。②协调和部署影响省域城市化与城市发展的全局性和整体性事项。包括确定不同地区、不同类型城市发展的原则性要求，统筹区域性基础设施和社会设施的空间布局和开发时序；确定需要重点调控的地区。③按照规划提出的城市化与城镇发展战略和整体部署，充分利用产业政策、税收和金融政策、土地开发政策等政策手段，制定相应的调控政策和措施，引导人口有序流动，促进经济活动和建设活动健康、合理、有序地发展。④确定区域开发管制区划。从引导和控制区域开发建设活动的目的出发，依据区域城镇发展战略，综合考虑空间资源保护、生态环境保护和可持续发展的要求，确定规划中应优先发展和鼓励发展的地区，需要严格保护和控制开发的地区，以及有条件的许可开发的地区，并分别提出开发的标准和控制的措施，作为政府进行开发管理的依据。⑤确定区域城镇发展用地规模的控制目标。省域城镇体系规划应依据区域城镇发展战略，参照相关专业规划，对省域内城镇发展用地的总体规模和空间分布提出控制目标；并根据各地区的土地资源条件和省域

经济社会发展的总体部署，确定不同地区、不同类型城镇用地控制的指标和相应的引导措施。⑥确定乡村地区非农产业布局和居民点建设的原则。包括确定农村剩余劳动力的途径和引导措施，提出农村居民点和乡镇企业建设和发展的空间布局原则，明确各级城镇与周围农村地区基础设施统筹规划和协调发展的要求。

（三）区域基础设施规划

1. 基础设施的概念

基础设施又称基础结构，有广义和狭义之分。在我国的通用文件上，基础设施一般是指狭义的工程设施和硬件设施。而基础结构从经济结构角度考虑，具有广义性，泛指工程技术设施和公共服务设施。

基础设施作为相对于主体产业而独立存在与发展的一个系统部门，和社会化大生产发展是密不可分的。社会生产力越高，基础设施系统也愈加完备。基础设施与工农业生产相比，具有公共性、两重性、系统性、长期性、间接性的特征。

2. 基础设施的作用

基础设施的重要作用体现在以下五个方面：

①基础设施是社会经济活动正常运行的基础；

②基础设施是社会经济现代化的重要标志；

③基础设施是经济布局合理化的前提；

④基础设施是拉动经济增长的有效途径；

⑤基础设施是国防建设的组成部分。

3. 区域基础设施规划的主要内容

区域基础设施一般指四大系统：交通运输系统、给水排水系统、动力系统和通信系统。

（1）区域交通运输规划

交通运输规划的内容应包括客货运量及流量、流向的预测；运输方式结构的确定；提出交通运输网的基本方案；选定重大交通工程项目（如高速通道）及其具体布局，以及工程修建时间和造价估算等。

交通运输规划步骤一般包括以下程序：客货运输与交通网现状的调查与分析；未来客货运量、流量、流向预测；客货运量在各种运输方式间的合理分配；运输网规划和主要建设工程项目的基本方案；估算投资、修建时间和经济效果分析。

（2）区域交通网规划

①铁路网规划。铁路网是由线路、车站与枢纽所组成的网络，是满足区内外联系的主要交通方式。铁路网规划是为了满足区域经济社会发展和生产力布局的需要，

根据自然环境和社会经济特点及铁路技术要求，构筑一个与其他发展方式协调发展的高效安全、送达顺畅的铁路网系统。铁路网规划的内容一般指线网规划（新线建设、旧线改造）、站场规划（车站选址、枢纽布局）以及牵引动力和高速铁路等环节组合而成的新旧结合、干支结合的铁路系统。

②公路网规划。公路网是由线路和车站组合而成的交通网络。公路网规划的内容包括公路线路经济选线、线路走向和等级、车站位置与规模的确定，以及建立合理的路网结构等。公路网规划的原则包括：充分满足综合运输网布局的要求；深入城乡腹地，与铁路、水运有机结合，为扩大区域的交通联系提供保障；充分考虑社会经济建设和国防的需要。

按照我国交通运输部发布的公路工程技术标准，公路分级要按照使用任务、功能和适应的交通量分为高速公路、一级公路、二级公路、三级公路、四级公路五个等级。

③区域给水、排水规划。水利是国民经济的基础设施和基础产业，区域给水、排水规划是合理利用和保护水资源，保障经济持续发展和居民生活用水，减少洪涝灾害，克服水资源危机的战略措施。

区域供水系统是区域供水规划的重点，是在对城镇生活用水、工业用水、市政环境工程用水及农村用水量进行科学预测的基础上，对水源建设、水厂建设、管网铺设、输配水工程、污水处理及水资源管理进行科学合理的规划布局。

城镇和工业区的排水规划布局可以采用合流制，也可采用雨污分流制。由于工业污水和生活污水对环境的污染日趋严重，一般都采用雨污分流排放制。其规划步骤为污水量预测—污水管网规划—污水处理厂设置。

④区域电力规划。电力是国民经济的动力能，是一种清洁的二次能源，便于传输、转化和控制。由于电力反应快速、不能存储，因此电力系统自动化程度高、安全可靠性高、系统协调性高。电力规划必须满足国民经济和人民生活廉价、安全、质高的电能供应和经济合理的输配电网络系统建设的需要。

电力规划的主要内容包括：一是发电厂、变电所及输配电网络系统状况和用电负荷、能源结果及分布等基础资料收集和分析；二是需电量预测；三是根据需电量预测，规划电源建设；四是根据电网结构和范围，制订电网规划；五是根据安全、经济的要求，确定高压线走向。

⑤区域电信规划。电信规划是依据全国电信发展战略和本地区社会经济现代化的需要制订的电信系统总体战略布局。

(四) 区域环境规划

1.区域经济特征分析

区域环境规划对谋求经济、社会和环境的协调发展，保护人们健康，促进社会生产力持续发展及资源和环境的持续利用，发挥着重要的作用。结合区域特点，应加强区域经济特征分析，主要有以下六点：

①资源状况及分布分析；

②产业结构及布局分析；

③生产力布局分析；

④生产力发展水平分析；

⑤人口和社会意识分析；

⑥突出区域环境要素分析，包括气象要素分析、自然地理要素及生态状况分析、污染形式分析等。

2.区域环境规划的主要内容

(1) 社会、经济、环境状况与评价

通过环境调查与评价，认识环境状况，发现主要环境问题，确定各环境问题的重要性及造成环境污染的主要污染源。环境评价包括自然环境评价、经济和社会评价、污染评价。

(2) 规划的指标及指标体系

环境规划的指标类型主要有社会经济指标、环境质量指标、污染物总量控制指标、环境建设与环境管理指标、环保投资指数等。

(3) 环境功能区划

功能区是指对经济和社会发展起特定作用的地域或环境单元，主要有工业环境功能区、科技开发功能区、居住环境功能区、重点环境整治功能区、预留商住环境功能区、预留工业环境功能区、农业环境功能区等。

(4) 污染控制规划

①工业或行业污染控制规划。主要内容有：布局规划；确定允许排放量或削减量；对新建、改建、扩建项目确立新增污染物排放量和去除量；对老污染源治理项目提出治理对策，确定污染物削减量；制定工业污染排放标准和实现区域环境目标的其他主要措施。

②重点城镇环境综合整治规划。主要内容有：根据区域环境的条件，实行功能分区，合理部署居民区、商业区、游览区、文教区、工业区、交通运输网络、城镇体系及布局等；能源规划包括推行无污染、少污染燃料，集中供热，实行煤气化、

电气化等；水资源保护和污水处理规划；垃圾处理规划；绿化规划；等等。

③大气污染和水污染控制规划。主要内容有：明确具体的大气污染控制目标；优化大气污染综合防治措施；划分水质功能区，监控断面，建立水质管理信息系统；水质目标和污染物总量控制规划，治理污水规划。

(5) 生态规划

生态规划是应用生态学的基本原理，根据社会、经济、自然条件，提出不同层次的开发战略与发展决策，合理地布局和安排，保证自然资源得到最适当的配置，保护环境，实现可持续发展。

生态规划特别强调协调性、区域性和层次性，需要充分运用生态学的整体性原则、循环再生原则、区域分异原则，融生态规划、生态设计、生态管理于一体进行编制，主要内容有自然资源保护规划、自然保护区规划、城镇生态规划、农村生态规划和生态农业规划。

(6) 区域环境规划实施的措施

环境规划实施的保证措施主要有以下四点：

①环境规划必须切实纳入国民经济与社会发展规划体系；

②环境规划与环境管理制度相结合；

③环境规划实施的政策与法律的保证；

④环境规划实施的组织管理。

(五) 区域土地利用规划

1. 土地利用的概念

土地利用是人类最基本的经济活动，是人类通过一定的行为，以土地为劳动对象，利用土地的特征来满足自身需要的过程。土地利用可以是一项生产性活动，如种植作物、养殖牲畜等；也可以是一项非生产性活动，如修建住宅等。人类土地开发利用不应该是简单地向土地索取，而应是土地开发、利用、整治和保护于一体的综合性行为。

(1) 土地概念

土地是人类生存最基本的生产资料，是社会物质财富最基本的源泉。按土地的存在状态，可分为原生土地和人工化的土地。原生土地是指未经人的协助而自然存在的土地。原生土地的价值是指自然资源的价值。人工化的土地是指人的劳动与自然土地结合后的已利用土地，使土地由劳动对象、自然资源和生态环境要素经过劳动的加工、改变，而逐渐成为劳动资料 (生产资料)、生态经济要素和商品经济要素。

（2）土地资源的特性

①稀缺性。土地是人类不能用劳动创造的自然资源，又是任何其他东西不能替代的生存空间、生活环境和生产要素。土地天赋的承载功能、养育功能、资源功能是人类劳动和资本无法取代的，由此也决定了土地资源供给的有限性和稀缺性。

②永久性。土地物质是自然界生态系统中物质循环、能量转换和信息传递的载体。永久性是指只要利用合理，土地资源就可以被持续利用和反复利用。

③区际差异性。由于地球各地的光、热、大气、水分、植被及地形千差万别，各个区域的土地资源质量和特性也存在很大差异，这就成了确定土地利用方向和土地登记分类及其价值的客观依据。

2. 土地的需求与供给

土地的需求与供给是土地利用和土地利用规划的核心问题。

（1）土地的需求

土地需求是人类为了生存和发展而利用土地进行各类生产与消费活动的基本需要。为了保障有限土地资源能够满足人类对土地无限需求，必须对区域城镇发展和其他各项事业用地进行预测和控制。

（2）土地的供给

土地的供给是在一定技术、经济、环境条件下，对人类有用的各种土地资源的数量，包括已利用和未利用的后备储量总和，也包括无弹性的自然供给和有弹性的经济供给。

在区域规划中，土地资源的供给应当从区域整体的角度，从社会效益、经济效益、生态效益三个方面综合考虑。

（3）土地供需矛盾的焦点

土地资源的稀缺性与人类对土地资源需求的无限性，决定了土地供需之间的紧张矛盾。这个矛盾集中反映在农业用地与非农用地之间的比例关系上。在我国特殊国情条件下，解决土地供需矛盾必须坚持三个基本原则，即一要吃饭，二要建设，三要保护环境。这三者的位置不能颠倒，也不要混乱。

3. 土地类型与土地利用分区

（1）土地类型

土地分类是科学利用土地的重要环节，也是进行科学空间规划的基础。根据分类的目的、属性和不同条件的要求，可以将土地分为多种类型：根据地貌特征分类，如山地、高原、平原等；从农业开发利用的资源角度分类，如耕地、草地、林地等；土地适宜性分类；土地利用状况分类。

（2）土地利用分区

土地利用规划就是土地空间规划，它的核心是各类用途的土地在空间上的布局。而土地利用分区规划是控制土地利用空间分布的有效手段。

①土地利用分区的概念。土地利用分区是指以土地利用现状和土地资源的适宜性为基础，结合社会经济发展和生态环境保护的需要，按土地利用方向的不同，将规划地区划分出不同的用地区域。通过土地分区，能更好地体现土地利用的社会效益、经济效益和生态效益；能够从空间布局上落实用地指标，协调产业间用地的矛盾，为各个产业的发展提供长期稳定的用地条件及土地用途管制的直接依据。

②土地分区的依据。土地分区的任务就是划分各种用地区，规划各种用地区的土地基本功能，确定各种用地区土地利用的原则、限制条件和管理措施。土地分区的主要依据是：国民经济和社会发展战略；土地利用现状；土地资源适宜性评价结果；产业结构调整和地域布局规划；土地需求量预测结果；各类用地调整指标；部门用地布局规划；与土地利用有关的法律、法规。

4. 土地资源保护规划

（1）土地资源保护的必要性

土地资源是有限的，而当今社会，自然灾害和人为不当的活动使大量土地流失，使人口与土地的矛盾越来越突出，耕地减少的速度不断加剧等问题的出现要求我们必须加强对土地资源的保护。

（2）土地资源保护规划的基本原则

①因地制宜安排各种类型的用地。严格控制城镇发展用地规模，充分挖掘现有建设用地的潜力；调整村镇居民占用地，部分退宅还地。

②坚持适宜的土地开发和利用强度。积极开发土地后备资源，增加土地利用面积。

③应用生物技术保护生态环境。

④合理安排用水，促进水土保持。

⑤加强土地资源管理。进行土地整理、整治，增加耕地面积，提高土地生产潜力。

第三节　区域资源配置与利用

一、区域资源的合理配置

(一) 区域资源合理配置的概念

1. 资源使用的时间

资源在不同的时间价值不同，其原因主要包括五个方面：①资源利用技术的变化导致资源产出率提高，因而同量的资源经生产过程以后，可以产出更多的社会产品和提供更多的服务；②资源的赋存状态及获得资源的成本发生了变化，从而导致资源在不同时期的价值或效益产生差异；③在资源需求方面，随时间推移而引起的变化亦会影响资源的效益，某种资源随着新用途的发现会大大增加其价值，而有些资源，则由于新发现的资源具有明显的优势而被淘汰；④由于社会心理因素引起的资源效益变化；⑤许多资源的生产和消费都是一个时间过程，必须做出合理的时间安排。从经济效益角度来看，资源配置必须考虑时间的最优性。

2. 资源配置的数量概念

资源配置的数量，包括增量与存量、平均量与边际量两组概念。资源存量是指一个地区、一个部门的某种资源的拥有量；资源的增量是指在一定的范围（地区、部门或企业）内及一定时间内某种资源的增加量。增加量是对存量的调整。经济学需要计算平均成本和平均收益，也要计算边际成本和边际收益。因此，资源配置考虑经济效益必然要求注重资源投入的边际效果，而不仅仅是计算其平均效果。

(二) 区域资源合理配置的一般原则

根据前面的分析，在有限的资源条件约束下，要取得尽可能大的效益，实现资源配置的目标，资源配置要遵循下述原则：

1. 社会效益原则

一种资源分配符合上述经济效益原则，并不能代表资源的合理配置问题的全部内容。合理资源配置还必须考虑到用资源产出的产品和提供的服务与社会需求如何更好地适合的问题，不仅要求最有效地进行生产，同时也要求社会最有效地分配生产和服务，实现最有效地消费。不解决分配和消费过程中的效益问题，生产中的效益或经济效益就不能最终实现。

关于社会效益问题，即如何通过改进分配，通过对需求的各种价值判断来提高资源利用的整体效益，人们以前未能给予较多的关注。西方经济学中关于消费者效率或社会福利，讨论的出发点是所谓消费者的"效用"问题。他们认为全部的社会福利应该是全部消费者效用的总和。而资源的合理配置的准则就是应该使效用总和最大化。消费者的效用与其所享用的消费物品的数量、品种有关，也与消费者的收入有关，由消费内容及收入决定的效用的表达式，称为消费者的福利函数。社会的福利函数则是全社会中消费者福利函数的总和。经济资源的合理配置问题考虑社会效益的标准，除了分配与消费方面的因素，还有社会文化、社会保障和社会稳定等方面的效益。

2. 生态效益原则

资源配置的合理性包括对生态环境的自然要求。具有高效益的最大产出和公平的分配并不能保证对生态环境的充分保护，因而不是资源合理配置的充分条件。资源利用的经济社会效益和生态效益的总体，是资源合理配置的完整的评价指标。

一个具体的资源配置方案必须全面衡量各种效益并进行利弊的权衡，只有发展那些综合效益高的项目，按综合效益的原则实行资源分配，社会资源才可能实现最优配置。

二、区域资源合理配置的外部环境优化

（一）深化价格体系改革，促进资源优化配置

资源的优化配置包含生产高效率、消费高效率和分配高效率三个方面内容，意味着产出不仅在实物总量上要达到最大化，而且在结构上必须与社会需求相适应，在分配上不致产生外部不经济行为，即通常所说的"帕累托效率状态"。在市场经济条件下，资源的流向是由利益取向决定的，商品生产的产量与结构、商品交换比率、商品的消费实现都以合理的价格体系为前提。当价格失真、价格体系扭曲又得不到及时调整时，资源的流向仍以价格为导向，背离价值和供求的价格就会误导经济生活，高效率生产、高效率消费、高效率分配就不复存在，导致资源的短缺与浪费并存。

为此，需要做以下三个方面的工作：

①大力培育市场体系，理顺商品价格关系。国家不仅要缩小直接定价的商品范围，通过生产价格引导资源配置，而且要打破地区封锁和行政区划限制，建立全国统一的大市场。

②积极发展期货市场，促进价格稳定和信号真实。

③重视宏观预警系统建设，建立全国市场信息网络。建立全国的市场信息网络，加强区域市场之间的联系，能迅速地将市场的价格信号准确无误地传递到四面八方，有利于及早地反映市场供求、发现市场交易违规行为。

(二) 实现资源的合理流动

实现资源的合理流动对区域资源的优化配置有非常重要的意义。

1. 有利于充分发挥社会资源的效益

所谓资源的有效配置，从表面上来看，表现为其资源的合理分配、使用；从深层次来看，则表现为其使用效果，即能否达到取得最佳使用效率的最终目的，能否以最少的消耗获取最大的产出效益。

社会主义市场经济体制建立后，市场所具有的比较利益的原则为社会资源的合理流动提供了条件，使社会资源与企业之间可以"双向选择"，企业可以通过市场获得对己有用的社会资源，社会资源也可以在市场上由其"主人"选择更有利于发挥效用的企业 (主要是价格机制的牵引)。实现社会资源的合理流动，对像我国这样一个资源匮乏、使用效率低下的国家来说是十分有利的，也是十分迫切的。

2. 有利于实现区域资源的合理流动

实现区域资源的合理流动可以使资源的流动不再受行政手段的制约，而是依据市场的需要进行合理的流动。缺少人力、技术、信息资源的地区可以通过引进人才、引进技术、引进设备等有效地开发和利用地区物产资源；缺乏物质资源的地区，也可以凭借资金优势，通过输出人才等引入物产资源，从而进一步发挥人才资源的优势，形成相互推动、相互促进、相互支持的良性循环机制。

3. 有利于社会资源的合理流动

这从客观上对市场的发育、健康状况提出了很高的要求，即要达到实现资源合理配置的目的，没有一个健康、完善的市场是不行的。资源的合理流动也以其内在的要求反作用于市场，促进市场体系的建立和市场机制的健全。

三、区域资源的开发利用

区域资源的开发利用，是在资源综合考察评价的基础上进行的，它是资源综合评价成果的应用。

(一) 资源开发的含义与目标

1. 资源的开发

社会需求的一切产品，都是由各种资源因素的配合及其生产能力的综合作用所形成的，或者说，是通过劳动与自然的物质变换而产生的。有一些生产要素，如日光、土地、水、劳动力等进入生产过程以后成为生产资源，但它们在生产过程中变换的主要是自身的生产服务能力及其具有的生产能力，而非其自身实体的转换。还有一些资源，比如矿物、肥料等，在生产过程中，不仅提供自身的生产服务能力，而且自身在利用过程中也一并转为一些产品。可以这样认为，资源的开发，就是在资源形成产品和生产力以前所施加的投入及采取的措施，或通过投入使天然资源转化为可利用的资源。开发包括把自然的生态系统转化为人为的生态系统的全部过程。

具体地说，资源开发的内容包括以下四点：

①确定开发的方向，以期达到利用的最大综合经济效果；

②建立开发利用组织，即对资源进行合理利用的组织，以协调人与自然，发展生产与自然、环境的关系，它是一个多维的、综合性的范畴；

③资源、劳动力和设备的筹集过程；

④资源开发过程中所采取的各项措施。

2. 资源的利用

资源是形成产品和生产力的基本组成部分，是增加社会财富最重要的因素和源泉。因此，如何做到经济合理地利用和分配区域的每一种资源，实质上是一个综合性经济问题。所谓资源的利用，就是人们使形成生产能力的资源加入生产过程，产出人们所需要的各种产品的过程；而资源的合理利用，则是指使生产过程中资源的分配和利用得当，以达到资源占用量和消费量较少，而所得产量能够持续地增长。

资源的开发是利用的前提，利用是开发的归宿。在实际生活中，开发和利用没有明显的界线。区域资源合理开发利用的综合概念，是指在经济区域范围，对资源的合理开发、利用、保护和管理，以实现利用的最大效果。

3. 区域资源开发利用的目标——经济配置

区域资源开发利用的目标，是经济合理地配置资源，达到效益最佳。具体可以分为三种情况进行说明：

(1) 恒定资源

包括太阳能、潮汐能、风力、水力、核裂变能等。因为它们的数量是固定的、长久的，应尽量加以开发利用。目标是采用先进技术，保证最大限度地开发利用，并提高经济效益，保持资源和社会生态环境质量。

(2) 限量资源

主要是指矿产资源，它们的数量是一定的，利用是一次性的。开发利用时，应采用新技术和加强回收等综合措施，节约使用，延长使用期限，尽量利用再生资源作为替代资源，以减少其消耗。

(3) 再生资源 (生物资源)

比如草原、森林等，这种资源只要保护得当，利用合理，永远可利用。但利用不合理，会使之趋向退化，乃至枯竭，变成限量资源。因此，对再生资源应保护利用，因为它关系着资源能否再生、人类社会能否继续生存繁衍等大问题。

（二）区域资源开发利用原则

1. 社会性资源的优先开发原则

所谓社会性资源优先开发原则，是指开发利用大资源，必须从开发利用社会性资源入手，只有通过社会性资源的优先开发，才能实现大资源的最佳效益。这一原则的根据包括以下三点：

①在大资源中，自然资源是先赋的、既定的，而社会性资源是可以通过人类劳动智慧创造出来的。优先开发社会性资源，可以在一定程度上突破自然资源对社会发展的约束。

②与自然资源相比，社会性资源在推动社会进步中起着越来越大的作用。随着社会性资源的不断继承、积累和扩展，社会生产力不断提高，社会经济实力不断增强，人类认识世界和改造世界的能力也将不断增强，这将使人类利用自然资源的能力大幅提高，使资源得到更有效的利用。社会性资源的日益丰富和不断开发，将使人类对自然资源的依赖性越来越小，对社会性资源的依存度越来越高。

③任何自然资源能否获得经济、合理、有效的开发利用，归根到底是由人才、科技、资金、制度等社会性资源条件决定的。自然资源是一种自然物，它不能自动化为社会财富，只有与一定的社会资源相结合，才能转化为物质财富，或得到有效的利用和保护。不同质量和数量的社会资源和自然资源的组合及组合方式的不同，都会产生不同的经济效果和社会效果。

2. 以战略资源为核心的开发原则

各种资源的特性、功能不同，它们在社会发展中的作用也不同，我们把那些对社会发展具有战略意义的、决定性的稀缺资源称为战略资源。在大资源系统中，战略资源的支撑力最大，对社会的发展具有决定性的意义，直接影响社会发展的速度和质量，关系到一个国家或地区的前途与命运。因此，在大资源开发利用中，必须以战略资源为核心，通过重点开发战略资源，推动社会的迅速发展。就全球范围而言，当今科学技术正成为经济发展和社会变革的最大推动力，是具有普遍意义的战略资源，与科技发展密切相关的人才资源的战略意义也随之加强，任何国家和地区必须把发展科技、培养人才、加大人力资本投资作为开发资源中优先考虑的问题。就区域范围而言，特定地区的优势资源对这一地区社会发展的支撑力最大，它们构成了区域性的战略资源，必须把握特定区域的发展情况，这些资源也构成了区域性战略资源，也必须重点突破这些资源的瓶颈，从而实现发展的大跨越。

3. 自然资源的永续利用原则

①充分利用大资源的替代性和互补性特点。或寻找自然资源的替代资源，或通过资源的优化组合，提高自然资源的利用率和产出率，以延长自然资源的寿命。

②运用资源产权制度的特殊功能。在自然资源产权方面，强调明确权属，以资源的收益和成本一体化为原则，防止资源利用的外部性的产权不明引起的过度利用。

③在自然资源类型开发利用方面。对耗竭性自然资源要特别注意节约，最大限度地提高并适当控制其利用率；对可更新资源，其利用强度以更新能力为最高阈值，以保证其更新功能的正常维护；对于非耗竭性资源（如阳光、风力），要大力使用。

④科技发展生态化。现在许多人都在谈论知识经济，认为知识资源的核心——科技的发展最终可以实现自然资源的持续利用，其实不然。科学技术是一把双刃剑，也是造成资源和环境危机的理性工具之一，能实现自然资源持续利用的科技体系只是生态化的高新科技，即与生态发展相适应的科技，其应用过程中，不对生态环境构成危害或能够提高生态环境质量。因此，在发展战略上，科技发展应以生态化为目标。

4. 资源配置的三大效益相统一原则

过去，由于习惯于把资源理解为经济资源，又把经济资源进一步归结为生产要素，因此，人们往往把资源配置片面地理解为生产要素的配置，资源配置的目标主要着眼于经济效益目标，不论利用什么样的资源、采取何种资源组合方式，只要能够促进经济增长，都要给予鼓励，而配置的效果是否危害生态利益和社会利益则得不到合理的考虑。这种传统的资源配置观导致了资源配置实践中的经济、社会和生态环境发展失调，危及人类的生存环境和社会发展的全面性、持续性。在这样的背景下，大资源配置的目标就不应仅仅考虑经济增长的目标，还要考察生态效益目标和社会效益目标，把三种效益和目标统一起来。具体地说，资源配置的目标既要保证当时的经济增长，以满足当代人平均生活水平不断提高的要求，保证社会各子系统的协调发展，维持社会有机体的动态平衡，又要保护和维护生态系统的正常功能，为经济社会的持续发展奠定良好的生态环境基础。

要实现资源配置三大目标的统一，必须依靠有效的资源配置方式，即"计划为主，市场为辅"的资源配置模式。从宏观上说，资源配置是区域间和跨代之间的资源分配，是不同社会领域间的资源分配，涉及众多利益主体的关系。只有通过计划方式，统筹兼顾，才能保证资源配置既能满足当代人的利益，又能满足后代人的利益；既满足人类的需求，又不损害大自然的利益，满足自然万物的生存需求，达到配置效益最大化，实现经济社会的可持续全面发展。而资源配置的市场方式依靠市场上灵敏的价格信号反映供求比例的变化，公平竞争的市场环境，可以使各种资源朝着最有利的部门和地区流动,从而保证资源的效率。市场配置方式对于经济资源、科技资源和部分人才资源等这些能带来市场价值的资源的配置是有效的。但是,对其他资源来说,其配置效果就没有那么明显了。况且,市场对资源的调节也是一种事后调节,从价格形成、信号反馈到产品的生产有一定的时滞,人们根据价格的波动来决定自己的经济活动往往是被动的。它着眼于短期利益和局部利益,不利于长远的、整体性的社会发展。

第四章　县域经济的发展

第一节　县域经济发展的基本概念

一、县域经济的特点

(一) 基础性

县域经济在整个国民经济大系统中处于最基本层次,是国民经济的区域基础和基本支柱。

首先,县域经济的基础性表现在农业的基础性方面。关于农业部门对整个国民经济的基础性增长贡献,著名俄裔美国经济学家库兹涅茨（Kuznets）将其归纳为以下四种形式:

①产品贡献,即非农业部门的扩大强烈地依赖于本国的农业,农业不仅保持粮食供给的持续增长,而且是制造产品(如纺织品)的原料。

②市场贡献,在经济发展的早期阶段,因为经济强烈地偏重农林,农业人口不可避免地成为构成本国工业品国内市场的重要组成部分,国内市场既包括生产资料市场,也包括消费资料市场。

③要素贡献,即农业被认为是向其他经济部门投资的主要资本来源。另外,农业发展的过程也是剩余劳动从农业向非农业方面转移的过程。

④外汇贡献,即通过增长国家的出口收入或扩大进口替代品的生产,国内农业可以对平衡海外支付作出贡献。

农业不但为国民经济提供发展所需的产品、市场、要素和外汇贡献,而且农业发展更是工业发展的先决条件。

其次,县域经济的基础性表现在县域是工业资源的基地,县域资源是国家资源的基本构成部分,土地、矿藏、森林、生物、水源等自然资源大都集中在县域。没有县域资源在国家资源中的合理配置,就没有国民经济的快速发展。以农副产品为原料的食品业和轻工业,以矿物质为原料的重工业和新兴产业等,大都依赖于县域资源的支撑。同时,县域广大农村为经济发展提供了充足的劳动力资源。可以说,社会生产力发展的生产要素主要源于县域。

最后，县域经济的基础性表现为是自然资源的基础。县域面广量大，面积占国土面积的绝大部分，许多自然资源和矿产资源也主要分布在县域。县域经济的基础性最后表现为生态的基础。县域（未含县级区）占总国土面积的92%，显然，生态基础也是靠县域所提供的。特别是对中国西部地区的县域来说，生态的基础性更为明显，县域的生态状况直接关系本县域乃至下游地区的生态安全，直接影响着整个国民经济。

（二）农村性

农村性是县域经济的另一个基本特征。县域经济的基础和主要构成部分是农村经济，县域经济的主体劳动者是农民，农业在县域经济中占有极为重要的地位。离开了农村、农业和农民也就不称其为"县"。"县"实际上就是跟农村和农业联系在一起，抓县域经济很大程度要抓农业问题，抓农业先进化的建设，所以如果是某一个地方没有农业农村了，那么这就意味着它的城镇化完成了，它就变成城镇了。县域经济农村性的特征主要分为以下两个方面：

一是县域主导产业的农业性特征。虽然县域经济的发展方向是改造农业，将农业改造成为具有现代经济特征的工业或服务业，但历史上或当前，农业仍将在县域经济中占有极为重要的地位，农业仍然是县域经济主要的就业渠道和重要的收入来源，其他部门的经济活动或多或少都与农业生产相联系。

二是县域经济运行的波动性特征。由于农业生产活动的对象是生命有机体，生产周期长，受光照、雨水等自然条件所限，客观上存在丰歉年轮，存在着人为不可控的因素，不比工业生产过程中更多地处于受控状态。因此，不可控因素造成县域经济不稳定，起伏变化较大。

（三）地域性

县域经济的另一个重要性质是地域性。这是指县域经济在空间上具有一定的范围，在地理上具有一定的位置和相互间可明确分割的行政界限。县域经济由于其所依托和存续的县域地理位置、资源条件和所在的经济区位及发展基础的不同，不同县域经济存在着明显的区域性差异。南方与北方、沿海与内陆、城郊与市区都会有着明显的差别，从而也为不同的经济存量和不同的发展速度提供着重要的基础性条件。因此，就县域经济的空间定位而言，有着地域性的特点。各地各县由于历史、地理和自然条件等方面的原因，使县域经济千差万别，形成了鲜明的地域特点，如资源优势、区位优势等。县域经济还有自己的经济优势，包括产业部门优势和产品优势等，可以说县域经济又是特色经济。

县域经济由地域性而引起的一个重要特征是其发展的不平衡性。由于历史、现实及资源禀赋等不同，造成了县域经济发展的不平衡性。这种不平衡性表现出明显的地域性，就是发达县域基本集中在东部地区，而不发达县域则主要集中在西部地区。东部沿海地区县域经济比较发达，已经或基本步入了现代化的前列，而广大中西部地区，县域发展相对滞后，绝大多数国家级贫困县分布在这些地区。

县域经济由地域性而引起的另一个重要特征是历史的延续性。某一地域经济的发展总是或多或少地带着历史的痕迹，县域经济的发展离不开县域历史基础、历史条件。一些地理位置优越、自然禀赋好的县域，经济往往先发展起来，一些自然条件严酷、天灾人祸较多的县域则往往发展很难。因此，县域发展的现状则更多地受制于地域的历史延续性。要取得突破性进展，需要付出更多的努力。谋划、发展县域经济必须充分考虑这一因素。

(四) 综合性

一个县域的经济实际上是整个国民经济的缩影，尽管不同的地方有不同的特色(县域之间的发展存在差异性)，但是从国民经济的角度来看，县域经济是一个相对完整的经济运行体系，是县域范围内生产力与生产关系的总和，既包括农业、工业、商业、交通运输业、建筑业等产业部门，又包括计划、财政、税收、物价及教育、文化、卫生等职能部门，是综合各产业包括生产、交换、分配、消费、再生产的各个环节和一、二、三产业集经营与管理于一体，集生产和非生产性活动于一体，集各部门乃至社会单位于一体的国民经济小系统、小网络。

县域经济因综合性而具有系统性特征。县域经济中的各构成因子共同结合为有机的整体、有序的系统。譬如，县域经济中的农业，其产前、产中、产后，生产、加工、运销各环节，构成有机的运作系统，商贸、财税、金融等各业也是如此，各行业各部门各团体间共同构成一个相互联系、共同运作的有机系统。

县域经济因综合性而具有整体性特征。县域经济结构完整，一、二、三产业同在，农林牧副渔，工商建运服，一应俱全，其工农、城乡政企、生产福利、社会保障等各种社会关系和要素及结构共同构成有机的县域经济整体，使其结构功能具有明显的整体性。

县域经济因综合性而具有复合性特征。中国的县域经济中既包括城市(城镇)经济，又包括农村经济；既存在国有经济，又有着大量的集体经济，个体、私有和混合经济。中国长期以来所存在的城乡二元结构体制，在县域经济中完整地、典型地存在着。

(五) 系统性

县域经济中的各种构成因子共同结合为有机的整体、有序的系统。全县犹如一台庞大的机器，牵一发而动全身，无论是行业还是部门、规模企业还是个体业户，它们相互联系、相互依存、互为条件、循环呼应，共同构成了不可分割的有机体。

(六) 开放性

因为县域有行政这一概念界限，所以首先要考虑，它是开放经济，很多发展得好的县域经济，都是配置了国内的资源，甚至是全世界的资源来支撑这个地方的发展。所以在研究这个问题、讨论这个问题的时候，要充分考虑县域经济的这种开放性特征。

市场经济是以市场导向优化配置资源的开放型经济，县域经济作为社会主义市场经济的重要组成部分，也必然具有开放性的特点。而且随着社会主义市场经济体制的不断完善，经济区域化的社会分工不断加强和经济全球化的发展，这种开放性也会不断加强。

(七) 不稳定性

由于县域经济总量相对较小，产业依存更大，容易受到政策影响和行政干预，如果选对了，少数的大项目就可以使县域经济总量迅速扩张、快速增长；但如果思路有偏差，决策有失误，也会造成县域经济的下滑或退步。因此，县域经济的发展往往具有不稳定性。

二、县域经济的地位

县域经济是统筹城乡经济社会发展的基本单元，是国民经济的重要组成部分，县域经济在国民经济中处于承上启下的地位。县域经济既是城市经济与农村经济的连接点，也是宏观经济与微观经济的结合部，其地位主要体现在以下两个方面：

第一，县域经济是国民经济的重要组成部分。县域经济是国民经济发展的基石。不论从经济发展还是社会进步来看，县域都是整个国家的基础。县域经济占 GDP 的一半以上，县域经济加快增长，可直接增强国力。县域经济的加快发展既可为国家提供更多税收，又可缓解或根本解决县、乡财政的困难，减轻或消除国家财政负担，这都会有效地增强国力。县域经济的主体是农业、农村和农民。农业是县域经济的主体或重要组成部分，农业为国民经济的发展提供食物等基本消费品，提供原料。县域农村面广量大，面积占整个土地面积的绝大部分，许多重要的自然资源和矿产资源分布在县域农村，重要的生态基础也是靠县域农村所提供的，县域农村是国民经济发展的基本依托，直接影响着整个国民经济发展。农民是国民经济发展潜在丰富的劳动力资源。县域人口占总人口的很大部分，县域拥有和滞留着大量的劳动力，是大、中城市劳动力的后备军。

第二，县域经济是三次产业的基地。县域是推进城乡一体化的基本平台。由农业、农村、农民而引起的"三农"问题是拉大城乡差距的根本原因，经济发展的终极目标就是实现城乡一体化，消除二元经济结构，促进社会共同富裕。"三农"问题已成为国家和政府工作的重中之重，成为全社会关注的焦点问题。但是，农业、农村、农民基本上都在县域，解决"三农"问题不论有多少政策、措施，其最终的落实也主要在县域。县域经济将是解决"三农"问题的基本平台，也是推进城乡一体化的基本平台。县域经济的发展状况如何，直接关系"三农"问题的解决力度和解决程度，也关系到城乡一体化的推进程度。

县域资源是国家资源的基本构成部分。土地、矿藏、森林、水源等自然资源大都集中在县域，没有县域，农业就是无源之水、无本之木。不能合理配置县域资源，国民经济就不可能又好又快发展；没有县域资源做依托，以农副产品为原料的食品业和轻工业，以矿产资源为原料的重工业和新兴工业，原料基础和支撑就无从谈起。另外，广大农村为国家建设提供了充足的劳动力资源，可以说，社会发展的生产要素，主要源于县域。

三、县域经济发展的含义

县域经济发展可以定义为：在县域内国内生产总值或经济收入增长的基础上，实现经济资源的充分持续利用，以提升县域产业结构，改善居民生活方式，提高居民生活质量的定向动态过程，是在科学发展观指导下的全面、健康、协调、有序、优质、高效、可持续的发展。

第一，县域经济要协调有序地发展。县域经济发展中的经济、社会、人口、环境、自然、生产加工、教育、科研、推广等诸多因素，协调有序发展是从简单到复杂、从无序到有序的过程。协调的目的是减少系统负效，提高系统整体输出功能和整体效应，经济与环境协调度是衡量经济不同发展阶段环境状况与经济发展水平之间关系的指标。体现在以时空为参照系，经济与环境作用的界面特征应该是相互协调的，共同形成有序的系统，和谐有序地发展提升。

第二，县域经济要优质、高效地发展。县域经济的发展不仅是量的提高，更应该尽可能将现代科技手段与传统实用技术结合起来，以优质为第一目标，最大限度地节能增效，通过不断提高产品品质来提高经济效益。

第三，县域经济要坚持可持续发展。县域经济发展既要满足当代人的要求又不危害后代人的需求。不能以牺牲环境和掠夺资源为代价，发展既要保持在自然和生态的承载力范围之内，保持和稳定自然资源质量，维护和不断提高环境质量，又要力争使经济效益最大化。

第四，县域经济要坚持以人为本的发展。县域经济发展的目的是最大限度地满足人不断增长的物质生活和精神生活的需要，最大限度地满足人们不断增长的对生存环境（包括生活环境、生产环境、生态环境）的需要；县域经济发展的手段首先是充分尊重人，最大限度地调动广大劳动者的生产劳动积极性。人的积极性的调动和发挥，一靠体制机制、政策，二靠科技、教育、人的综合素质的提高。发展理念决定发展的思路和成效，按照科学发展观的要求，发展县域经济社会事业，必须牢固树立和始终坚持科学发展观。

四、县域经济的发展要素

县域经济作为相对完整的发展单元，受到各类发展要素的约束与影响，这些发展要素影响和决定着县域经济的发展方向、发展速度和竞争力强弱。县域经济发展要素包括自然条件和自然资源要素、人口、资本、技术、结构和制度等。

（一）自然条件和自然资源

自然条件也称自然环境，是人类赖以生存的自然部分，包括影响人类生产、生活和生存的大气圈、水圈和生物圈等。自然资源是指在自然条件中能被人类利用的部分，包括地壳的矿物岩石、地表形态、水资源、太阳能、热能及生物圈的动植物资源。自然条件和自然资源是生产力的重要组成部分，其对县域经济的影响，首先表现在劳动生产率方面。矿产资源的丰饶度直接决定着资源的开采成本和劳动生产率。地貌条件则对农业劳动生产率有明显的影响，在不同的地貌条件下，每个劳动力的耕种面积，劳动生产率变动都相当大。地理位置对劳动生产率的影响也很大。以城市土地利用为例，城市不同区位的地价差别很大。从城市商业中心区向外，地价依次递减。其次，县域经济自然条件和自然资源直接影响着县域内农业与采矿业的发展及布局。农业和采矿业的劳动对象是直接的自然资源，农业结构以种植业为主，还是以畜牧业为主，直接取决于县域内的自然条件。自然资源也间接影响着县域内原材料加工业和其他加工业的发展与布局，由此影响着县域内产业结构的形成和发展。县域发展资源型加工型工业结构，或者发展加工型经济结构基本取决于域内的自然资源状况。但需要明确的是，拥有丰裕的自然资源和良好的自然环境并不必然带来经济的增长。

(二) 人口

人口是全部社会生产行为的基础和主体。人口的数量、质量、结构及流动与县域经济发展水平相互影响、相互制约，是影响县域经济发展的重要因素。人口要素包括县域人口规模和县域劳动力两个方面。县域劳动力是指县域内人口总体所具有的劳动能力的总和。人口数量越多，可投入的劳动力数量也就越多。人口数量对县域经济的影响表现在劳动力投入的增加，可以提高县域经济的产出水平，在一定的技术条件下，投入经济活动的劳动力越多，所生产的产品就越多，经济增长就越快。人口数量影响还表现在投入要素的结构方面，为了充分利用劳动力数量，一般采用劳动密集型产业，克服资金的约束。而在劳动力短缺的县域，可以发展资本密集型产业，克服劳动力短缺的约束。人口的质量指人口的体质、智力、知识和技能的总和。现代经济增长理论认为，人的素质、知识、技能是经济增长的关键。县域人口质量的提高将推动整个县域经济增长。因此，人口大县并不等于经济强县，而一般来讲经济强县人口质量相对较高。

(三) 资本

资本是指以机器、设备及厂房为主的物质资本。在现代经济发展中，资本、自然资源和劳动力是生产投入的三个基本要素。在县域经济发展中，自然资源由于其地域性而作为恒常要素，不会对县域经济发展产生决定性影响，劳动力要素在各个县域，都是比较充裕的，一般不会成为经济增长的约束要素，而资本存量的多寡，特别是资本增量形成的快慢，则成为促进或阻碍县域经济增长的决定要素。

(四) 技术

在现代经济增长中，技术扮演着越来越重要的角色，没有技术进步的经济不可能实现永久增长，实现经济持续增长的重要途径是技术升级。技术一般可以分为节约劳动的技术、节约资本的技术和中性的技术。从实现技术进步的途径来讲，一是研发，二是引进。就不同的县域来讲，由于自然条件和自然资源、劳动力资源等要素的差别，技术对各个区域的影响也是不一样的。对发达县域来讲，资本相对充裕，在技术的选择上就应该选用节约劳动型技术。而对大多数欠发达县域来讲，目前宜采用节约资本型技术，特别是对西部的大部分县域来讲，资本是一种相对稀缺的要素，劳动力则相对丰富。采用节约资本型技术，节约资本，所需投资少，能加快资本积累，在较短时间内产生经济效益，对县域经济的尽快启动具有重要意义。

（五）结构

县域经济的发展不仅意味着产出数量的扩大，更意味着经济结构的变化。经济结构的变化对县域经济发展意义更为深远。从产业结构变化来讲，一般的趋势是：第一产业比重显著下降，第二产业尤其是第三产业的比重有明显上升。当前县域经济多是以第一产业为主导产业的农业经济，从资源开发型向资源加工型产业转移，从生产主导型向服务主导型转移，提高第二、第三产业比重，促进产业结构升级是县域经济的发展方向。从就业结构来讲，劳动力主要从第一产业向第二、第三产业转移既是县域经济发展升级的需要，也是建设社会主义新农村的需要，将以农业为主业的农民从土地上解脱出来是县域经济发展的重要任务。结构变化对县域经济发展的影响将是深远的。

（六）制度

制度是一个涵盖范围很广的范畴，不仅包括体制、政策和法规，而且还包括道德、伦理、观念和习惯。制度对经济增长的重要作用在于降低交易费用，从而提高经济增长的质量。由于不同县域的道德、伦理和观念存在差异，各县域在对政策法规的理解、适应和应用方面就会出现差别，因而造成县域制度创新的能力不同。东部地区县域经济发展快于西部地区，一个重要原因就在于东部地区具有较强的制度创新能力，具有较强的开放意识和创业精神，抓住有利机会在体制改革方面进行超前实验。县域内制度创新的程度可以从县域内市场对资源配置的基础性作用发挥的程度来看，如果市场配置资源的力量在一个县域发挥得充分，可以认为这个县域的制度创新能力较强；反之，则少。西部县域经济的发展，需要大力倡导制度创新，推进市场化进程。

第二节　县域经济发展的相关理论

一、增长极理论

增长极理论是法国经济学家佩鲁（Perroux）基于不平衡经济发展规律和技术及地区资源稀缺状况提出的，它主要建立在抽象的经济空间上。佩鲁认为经济空间并不是平衡的，而是存在于极化过程之中，经济增长首先出现和集中在具有创新能力的行业，而不是同时出现在所有的部门。所谓增长极就是在一定时期内对区域经济增长起支配作用和推动作用的经济单位或空间区域。经济的增长先发生在增长极上，然后通过某种方式向外扩散，对整个经济发展产生影响。在此基础上，经过一些学者的研究，这一理论有了进一步的发展。区域经济学者把佩鲁的增长极概念和思想引入区域经济研究之中，并且与地理空间概念融合起来，就形成了解释区域经济增长过程和机制的区域增长极理论。在区域经济发展过程中，经济增长不会同时出现在所有地方，而是首先在少数区位条件优越的点上，并会使得经济增长围绕最初的增长点集中，不断发展成为经济增长中心，即增长极。

增长极有以下特点：在产业发展方面，增长极通过与周围地区的经济技术联系而成为区域产业发展的组织核心；在空间上，增长极通过与周围地区的空间关系而成为支配经济活动空间分布与组合的重心。关于区域经济发展，瑞典经济学家缪尔达尔（Myrda1）提出了发达地区增长极对周围地区有着不利影响的极化效应和有利影响的扩散效应。由于区域的大小不一样，相应的增长极也有规模等级之分，增长级的形成有赖于具有创新能力的企业和企业家群体的存在，所在区域既要有集中相当规模的资本、技术、人才以形成规模经济的能力，又要有较好的区位环境条件。

增长极通过极化与扩散效应而对县域经济活动产生影响作用。极化效应是指增长极的推动性产业吸引和拉动周围地区的资本、技术与人才不断趋向增长极，即向极点聚集，从而加快增长极自身的成长，却使得这些地区经济受到制约，两地之间的经济发展差距扩大。扩散效应是增长极向周围县域进行要素和经济活动向外输出或转移，从而刺激和推动周围县域经济的发展。增长极的极化效应和扩散效应的综合影响称为溢出效应。如果极化效应大于扩散效应，则溢出效应为负值，结果有利于增长极发展；反之如果极化效应小于扩散效应，则溢出效应为正值，结果对周围县域经济发展有利。一般来说，在增长极的初级阶段，极化效应是主要的，当增长极发展到一定规模后，极化效应削弱，扩散效应则加强，再进一步发展扩散效应逐渐占主导地位。

就县域经济发展而言，增长极理论对研究县域经济具有一定的指导意义。一方面，县域经济将以增长极为核心，建立适宜的产业和产品结构；另一方面，增长极的形成，必然改变县域内原有空间平衡状态，形成县域经济发展差异。县域经济的发展，就千方百计创造形成新的增长极的有利条件，利用好增长极的溢出效应，改变县域产业结构和空间结构对县域经济发展产生积极影响。

二、点轴开发理论

点轴开发理论，是在增长极理论的基础上，提出的非均衡发展理论，是运用网络分析方法，把国民经济看作由点、轴组成的空间组织形式，即"点"和"轴"两个要素结合在同一空间。点即增长极，轴线即交通干线，因此点轴开发理论是增长极论的延伸，它也是以区域经济发展不平衡规律为出发点的。

点轴开发理论的中心思想是在全国或地区范围内，随着连接各中心地理的重要交通干线，如铁路、公路、河流航线等，确定有利的线状基础设施轴线，对轴线地带的若干个点予以重点发展，形成优势明显的投资环境，使产业和人口向交通干线聚集而形成新的增长极。随着经济实力的增长，发展轴线逐步延伸，将以往不作为发展中心的点确定为较低级别的发展中心。点轴系统理论的实质就是把经济活动在地理空间上所呈现的点状分布和线状分布有机结合起来，形成各个地区相互沟通，各种资源相互传输的网状区域经济体系。

从区域经济成长的过程来看，这种轴线首先主要是为工业点服务的，但轴线一经形成，对人口、产业也具有吸引力，吸引人口、产业等主要要素向轴线两侧集聚，并产生新的点，点轴贯通就形成了点轴系统。点轴开发理论充分考虑了区域发展的规律性，是更为成熟的区域发展理论。在地区工业有所发展而发展程度不高，地区经济布局框架还未形成的情况下，可运用点轴开发模式来构造地区总体布局的框架。与增长极开发不同，点轴开发是一种地带开发，它对地区经济发展和布局展开的推动作用，要大于单纯的增长极开发。点轴开发理论更适合于对县域经济发展的指导。

三、波特的钻石理论

钻石体系的四大关键要素为生产要素、需求要素、相关产业和支持产业，以及企业的战略、结构和竞争对手。这些要素，创造了企业竞争的一个基本环境，每个决定因素都会决定产业国际竞争优势的形成。两个辅助要素为机会和政府。

①生产要素，一个国家在特定产业竞争中有关生产方面的表现。生产要素包括人力资源、天然资源、知识资源、资本资源和基础设施等。按照在竞争优势中生产要素所占有的重要性，分为基本生产要素和高级生产要素。其中天然资源、气候、地理位置、初级劳工等属于基本生产要素；现代化通信的基础设施、高级技术人员及各大学研究所等研究成果属于后者。

②需求要素，主要是指国内市场对该项产业所提供产品或服务的需求。由于每国市场对不同产业都具有影响力，因此内需市场借着它对产业发展的动力，强迫企业不断创新从而提高竞争力和竞争优势。

③相关产业和支持产业的表现。一个国家或区域想要获得持久的竞争优势，就必须具有在国内或国际上有竞争力的相关产业和上下游产业。一种产业之所以能够获得竞争优势，是由于其在本国有为相关产业提供创新与升级的优势，而其获得竞争优势的方式是及时为相关企业提供最低成本的投入，不断与下游产业合作，促进下游产业创新，促进信息在产业内的传递，从而加快整个产业的创新速度。

④企业的战略、结构和竞争对手。企业怎样创立、组织和管理，国内竞争程度如何，是决定其竞争力的重要因素。国家体制和社会价值观对企业的建立、组织、管理和竞争都会产生较大影响。企业需要国内竞争对手，竞争越激烈，越有助于产业竞争优势的形成。

⑤机会。作为竞争条件之一的机会，从国家竞争力角度来看，一般与产业所处的国家环境无关，也并非企业内部的能力，甚至不是政府所能影响的。多是指发明创造活动的突破、重大技术非连续性的进展、国际环境的突发性变化、自然灾害的发生等突发事件，这些足以打破或改变原有的产业格局，为一国或地区企业代替另一国或地区企业获得竞争优势提供可能。

⑥政府。政府所处的角色应当是市场竞争的催化剂与挑战者。若在一个产业达到较高的竞争水平，需要政府的鼓励与支持，政府应该为产业或企业的发展创造一个良好的环境。与此同时，政府和其他关键要素之间具有互动关系，一方面，政府所制定的相关产业政策会影响到生产要素，政府也能对上游和相关产业环境产生影响；另一方面，政府的政策制定也会受到环境中其他关键要素的影响。

四、县域经济发展实现模式理论

县域经济发展实现模式是对某种类型县域经济条件相同或相似的某些方面提供借鉴、采纳、吸收的体系描述，以供决策层提高对县域经济发展趋势预测的理论概括。县域经济发展实现模式的形成，并不是人们的主观意愿决定的，而是有其客观依据。首先，县域生产力水平和生产关系状况从根本上影响着县域经济发展实现模式的差别；其次，各县环境特别是发展软环境与资源条件的差异也在很大程度上影响着县域经济发展实现模式的差别；最后，县域经济结构特征也是县域经济发展实现模式的重要判断依据。

五、县域经济发展中的辐射理论

县域经济发展中的辐射是指经济发展水平和现代化程度相对较高的地区与经济发展水平及现代化程度相对较低的地区进行资本、技术、人才、市场信息等的流动，以及思想观念、思维方式、生活习惯等方面的传播。根据辐射的方式分类，经济辐射可以分为点辐射、线辐射和面辐射。这三种辐射均有不同类型的县域经济发展可与之对应。

以点辐射为主的县域经济。点辐射一般以大中城市为中心向周边县域推开，与周边县域形成一种互补关系。在点辐射过程中，初期是周围县域资本流向中心城市加剧周围县域资本边际效率的下降，相对周围县域资本边际效率将提高，对其来说将开始回流，周围县域经济发展进程因而加快。技术、人才、思想、观念和思维方式也基本上遵循这样一种流程。

以线辐射为主的县域经济。线辐射一般以铁路干线、公路干线、大江大河及大湖沿边航道和濒临沿海的陆地为辐射的带状，向两翼地区或上下游地区推开。铁路干线、公路干线等即为辐射干线。在线辐射中，资本要素的流动规模基本同于点辐射，只是其辐射的范围和程度较之点辐射更为宽广。

以面辐射为主的县域经济。当中心城市与城郊型县域经过一段时间的资本交换、共同加快发展的过程后，随着两者综合经济实力的不断增强，从而成为一个对周边其他县城资本产业吸引力的辐射区域中心，进而向其他地区产生辐射，即为面辐射。

区域经济发展中的辐射理论对县域经济发展具有重要的指导意义。首先，依据这一理论可以有效提高各县域中关于道路、交通、通信等基础设施规划与建设的科学性；其次，对研究和掌握县域经济之间的互补性提供了一种更具效率的思路；最后，对小城镇建设布局提供了制定措施的理论依据。此外，对于正确引导县域间、县域与中心城市间的劳动力流动和就业提供了决策依据。当然，这种理论对研究和实现经济发展进程中的县域合作也具有非常重要的启发性。

第三节　县域新型城镇化发展创新模式

一、县域新型城镇化的内涵

新型城镇化的内涵十分丰富，其中以人为本、低碳节约、格局优化、新技术引领四点非常重要。

①以人为本。以人为本在哲学层面上是对传统城镇化的扬弃。传统城镇化把物质财富的增加作为实现手段和追求目标。新型城镇化以人的城镇化为核心，推进人的全面发展和社会公平、正义、和谐，人是城镇化的主体。在理论层面，以人为本是对传统城乡二元结构的突破。新型城镇化突出城乡统筹、工农互惠，强调城乡要素平等交换和公共资源均衡配置，大中小城市和小城镇协调发展，城镇化和新农村建设协调推进，摒弃了"城市偏向"和"忽视乡村"的发展思维。在实践层面，以人为本是在对中国城镇化条件慎重考量的基础上，最大限度地实现人的城镇化、最大限度地保障人权的有效途径。在人多地少、农村人口数量庞大的特殊国情下，应有序推进农村人口向城镇流动和农业转移人口市民化，稳步推进城镇基本公共服务覆盖常住人口，充分尊重农民在城乡居住上的自主选择权，宜城则城、宜乡则乡。

（2）低碳节约。新型城镇化将生态文明理念全面融入城镇发展过程，构建低碳节约的生产、生活和消费方式。首先，经济活动要节约集约，产业发展和城镇建设要节约集约利用土地、水和能源等资源，强化资源循环利用，发展环境友好型产业，推动环境友好型生产改造，降低污染排放；其次，发展绿色交通，加快发展新能源、低排量交通工具，完善公共交通体系，提高公共交通出行比例；再次，推广绿色建筑，最大限度地提高建筑能效；最后，推崇简约适度、文明和谐的生活方式，慢生活、简出行，培育绿色低碳的生态文化。

（3）格局优化。新型城镇化以城镇体系和城市内部空间结构、格局和形态优化为基础。根据资源环境承载能力，优化空间布局，构建科学合理的城镇体系；依据城镇化发展阶段，优化城市内部空间结构，实施组团式发展，合理定位组团功能，增加组团内部联系，减少组团间通勤，以多中心组团为节点，构建城市综合交通体系；顺应城市发展趋势和生态文明新要求，通过规划引导、市场运作，培育各具特色的卫星城（镇），疏散中心城区功能，提高城市生产和生活效率，推动城市与生态环境良性融合。

（4）技术引领。城市发展周期与经济技术周期紧密相连，城镇化过程必然留下当时产业和技术进步的烙印。蒸汽革命及之后的电力、化学革命，引起大量产业和人口向城市集聚，城市数量和规模迅速增加，进入"生产型城市"的发展阶段。20世纪后，以分工和专业化为基础的福特主义出现，实现了大批量生产并形成快速运输网络，促进了城市扩散，带来城市向生产和服务并重转变。之后信息技术、微电子技术广泛应用，以弹性专业化和精益生产为特征的后福特主义出现，使城市完成了从生产型到服务消费型的跨越。当前，物联网、大数据、云计算、移动互联等新一代信息技术正在深刻改变城市的生产和生活方式，产生诸多与此相适应的城市发展模式，智慧城市即是其一。新型城镇化应当应用智慧城市理念进行城市规划和建设，把技术和人有机结合，建立城市智慧管理系统，提升城市建设和管理的智能化、精准化，促进城市生产、流通、服务高效运作，促进城市健康可持续发展。

二、中国县域新型城镇化发展的模式提炼与创新

（一）县域新型城镇化对县域经济发展的作用

县域新型城镇化是我国全面建成小康社会的重点，也是未来中国新型城镇化的主要阵地，对我国经济社会发展具有重要意义。

第一，县域新型城镇化是城乡一体化发展的重要途径。当前，我国大城市人口承载力越来越接近饱和，特别是受大城市高门槛、高房价和高生活成本的多重压力

影响，大量农村人口很难通过"异地转移"进入大城市实现市民化。通过提高县城和小城镇的建设质量与管理水平，增强产业和优势要素聚集能力，提升城镇品牌和经济实力，能够就近吸纳农业转移人口，短时间内打破城乡二元结构，加快县域城乡统筹发展进度。通过县域新型城镇化建设和相关配套制度改革，引导更多的农业转移人口落户城镇，提高城镇化水平，并协调推进现代农业发展，是加快城乡一体化进程的有效途径。

第二，县域新型城镇化是工农融合发展的重要载体。县城和小城镇作为县域产业、要素、资源配置的空间集聚载体，在城镇和农村各种要素配置流动中发挥着枢纽作用。产业空间布局关系到区域发展方向和功能定位，对人口空间流动发挥着引导作用，人口集聚和产业结构调整又会对城镇功能提升不断提出新的要求。通过不断拓展城镇和农村的产业及公共服务功能，加速农村人口职业分化和土地资源的聚合，提高农业生产的规模化、专业化、集约化、机械化水平，发展高效生态现代农业，并与城镇二、三产业协调联动、融合发展，形成商、工、农一体化的现代产业体系，可有效促进县域产业结构优化升级。同时，各具特色的资源禀赋和人文地貌又会形成诸多特色鲜明的县域经济板块，打造区域特色产业新优势，为城乡、工农融合发展提供动力支撑。

第三，县域新型城镇化是新农村建设的重要引擎。县域新型城镇化是以城乡互动、工农互惠、文化传承为主线，将更多先进的技术和要素向农村配置，以城镇建设带动农村建设的新模式。在新型城镇化引领下，村庄建设将更加注重延续历史文脉、保留特色风貌，增加现代化基础设施和公共服务资源的配给，提高农村居民生活居住的舒适度和幸福感。

(二) 中国县域新型城镇化发展创新模式的总结提炼

提炼发展创新模式的根本目的是总结形成解决县域新型城镇化建设的方法体系，构建中国县域新型城镇化发展创新模式的总体架构，使各地区更容易系统梳理发展思路、针对性设计发展路径，推动制度创新。

新型城镇化的根本动力来自城镇化进程的推动和基于县域特色资源的产业化带动，加快县域新型城镇化建设的核心内容在于"产业发展、城市建设、制度创新"三个方面，为此，县域新型城镇化建设的顶层设计仍然需要从发展战略着手，将城乡统筹和发展战略结合起来，以"城市价值提升、区域角色转换、城市功能建设"为总体战略的着眼点，进行区域的城乡统筹规划、特色经济发展规划和制度创新设计，构建形成"战略为势，产业为本，规划为纲，创新为魂，金融为器"的系统性破题路径。中国县域新型城镇化创新发展模式架构的总体架构为"以城乡统筹为基本出发点、推动两大结合、强化三大建设、构建四大体系"。

1.县域新型城镇化发展创新模式总体架构示意图

（1）目标："六个一体化"是新型城镇化模式创新、制度创新的目标。"六个一体化"指城乡规划一体化、城乡产业一体化、城乡市场体制一体化、城乡基础设施一体化、城乡公共服务一体化、城乡管理体制一体化。"以城乡统筹为基本出发点"是指以"六个一体化"为目标，构建新型城乡关系，强化县域中心城市的引领、服务、示范作用，促进小城镇特色化发展，强化内生发展动力和区域协同，有效平衡经济发展与生态环境、经济效率与社会公平之间的关系，把生态文明理念和原则全面融入城镇化全过程，走集约、智能、绿色的新型城镇化道路。城乡统筹体现了新型城镇化建设的区域共生理念和系统性思维。只有改进农业、改善农村、改变农民就业方式，才能从根本上提高城镇化的质量；只有统筹开发城乡资源、提高农业效率及发展方式，才能使县域经济拥有更大的创新发展空间；同时，也只有推动农村机制体制创新，借助城乡建设用地占补平衡，才能使城市获得更多的建设空间。

（2）关键："推动两大结合"是新型城镇化模式创新、制度创新的关键。

将解放农村劳动人口与促进就业结合起来。一方面，以特色农业产业化、农村城镇化提高耕地效率、转变生产方式，推动农业现代化、集约化、高值化、生态化，解放劳动人口；另一方面，以新型城镇化培育和链接内外部消费市场，推动县域产业结构升级，以一、二、三产业有机联动、城乡互动的方式，有效推动特色农副产品精深加工及农业生产经营链条的延伸，最大限度地使现代农业与现代物流、文化创意、智慧旅游、健康养老等新兴产业相结合，打造"文旅商智""康旅商智"等创新型产业链条，促进就业、促进农业转移人口市民化。

将土地改革与金融创新结合起来。土地问题是农民问题的核心，土地和金融是解决新型城镇化的两大关键要素，无论是深圳模式的集体土地入市、嘉兴模式"两分两换"，还是重庆的"地票"交易、成都的土地产权交易市场，国内新型城镇化的成功案例都离不开对土地制度和金融工具的创新。深化统筹城乡土地制度改革，建立耕地保护基金制度，创新集体建设用地使用、地票交易与土地流转模式，探索国家级土地联储机制及某种程度的土地指标市场化分配机制，推进土地使用权、经营权的市场化、金融化。

（3）层面："强化三大建设"代表了新型城镇化需要重点建设完善的三个层面。一是城市建设层面。重点需要强化城乡基础设施建设、园区基地等产业发展载体建设、新农村建设、城市重点功能区建设。二是市场建设层面。重点培育基于县域资源和县域产业发展要求的要素市场、服务市场及产品市场，构建对外沟通联系渠道，强化县域经济的对外辐射力和影响力，使县域经济依托特色资源及周边城市群实现在全国乃至全球范围内配置资源。三是制度建设层面。结合本区域新型城镇化建设需要，重点推动区域土地制度改革、户籍制度改革、城乡统一的基本公共服务制度改革、城乡一体化的社会保障制度改革，探索新型农业合作机制、城乡基础设施多元化投入机制，农村金融及科技创新机制、城乡统一的劳动就业与培训机制、精简高效的行政管理体制及机制。

(4) 谋划："构建四个体系"是从新型城镇化的战略高度总体谋划。"构建四个体系"包括城镇化系统规划体系、城镇化建设运营体系、特色产业发展体系、新型农业经营体系。

城镇化系统规划体系是县域新型城镇化建设的基本行动纲领。重点包括县域新型城镇化的总体理念、战略路径、核心载体、重点产业、主要举措、关键政策等，突破传统城市空间规划的局限，实现城镇化的经济发展路径与城市建设路径相统一，实现城市发展与新农村建设相协调，实现区域资源的有效整合与区域价值的最大化提升。

城镇化建设运营体系是新型城镇化建设的实施主体。重点构建有效调动政府、市场及广泛社会积极性的开放环境，借助金融创新、引入多方力量参与新型城镇化建设中。重点搭建投融资平台、完善城市信用体系、创新金融工具、防控新型城镇化运营风险，重点开展新农村建设、城市新区建设、产业园区、交易市场及文化旅游等功能载体建设。

特色产业发展体系是县域新型城镇化建设的根本支撑。重点构建由特色产业资源、特色产业品牌、特色产业龙头企业、特色产业发展载体、特色产业集群关联体系、特色产业鼓励政策共同形成的特色产业发展创新及对外服务的功能链条。

以"六个一体化、两大结合、三大建设、四大体系"为核心的特色经济拉动下的新型城镇化创新发展模式，为我国县域地区推动新型城镇化建设搭建了基础性的发展架构。然而，我国县域新型城镇化的本质是一个发展过程、社会变革过程，其真正挑战在于具体问题的解决和有针对性的路径探索。

中国的新型城镇化是一个漫长的发展过程、变革过程，应该从长期着眼，构建良好的政策导向和发展环境，从解决各地区新型城镇化的根本性问题入手，一点一滴、循序渐进地走具有地方特色的新型城镇化道路。

2. 县域新型城镇化发展模式

我国先后出现过各种新型城镇化的改革尝试，如广东模式、天津模式、成都模式，以及江苏模式和浙江模式。

(1) 广东模式。广东模式又可以分为两条主线：一是珠三角模式，即以乡镇企业和民营企业集中的中心镇为发展依托，通过产业集聚带动人口集聚，进而实现城市周边地区的快速崛起；二是山区模式，即围绕着县城，发展专业镇。

（2）天津模式。天津的小城镇发展主要分为四种子类型：都市扩散型、整体推进型、开发拓展型和"三集中"型。其主要做法是将农民的集中居住与城镇化、产业化有机结合。乡镇政府主导的"以宅基地换房"，先解决搬迁农民的安置问题，然后通过土地集约增值的收益发展地区产业，解决农村居民的就业问题。

（3）成都模式。成都是典型的大城市带大郊区的发展模式。其主要做法是对土地确权颁证，建立农村土地产权交易市场，设立建设用地增减指标挂钩机制。以发展较好的区域作为起步点，确立优势产业，形成以市场为导向的产业集群。另外，再配以农民的公共服务和社会保障，提高农民的生活水平。

以共同性来分析，将之总结为：工业向产业园区集中，农地向集约经营集中，村民向新型社区集中和土地有偿转让使用。鉴于此，《21财经情报》研究员认为，三地的共同经验可能会集中整合，作为全国性规范推出。

显然，这样做可以将工业作为城镇发展的推动力，转移从农业生产中释放的劳动力；将耕地集中化，便于现代农业和规模经营的开展；将农民向社区集中，解决改善农民的生活水平，促进第三产业。在发展的过程中，土地的增值又为地方政府提供了基础建设所需的启动资金。

值得注意的是，不仅三个样本各有差异，单个样本内部也有差异，比如广东模式中有珠三角模式和山区模式。

3.我国县域城镇化发展的典型路径剖析

城乡一体化统筹发展路径。城乡一体化统筹发展是加快建立改变城乡二元结构体制机制的需要，是探索建立构建和谐社会体制的需要，也是探索中西部地区新型城镇化发展模式的需要。城乡一体化统筹发展路径是指立足于以人为本的科学发展观，坚持城乡统筹，促进要素的合理流动和优化配置，使城乡居民拥有平等的权利、义务和发展机会，实现城乡经济社会全面、协调、可持续发展。

都市边缘及城市群区域发展路径。城市群是城镇化健康发展的主体形态，是新型城镇化发展的战略依托。都市边缘及城市群区域走的是一条"外生型"城镇化道路，它以外部经济带动、外来人口推动和区域规模扩张为发展动力，通过制度创新、地缘优势和组织保障，使得城市群范围内的中小城市更好地实现新型城镇化。长三角、珠三角的中小城市和小城镇发展得好，就与这两个区域城市群壮大有非常密切的关系。在这些区域发展过程中，涌现出以新苏南模式、珠江模式、温州模式等为代表的具有区域特色的城镇化发展模式。

特殊资源地区发展路径。特色资源包括矿产资源、旅游资源、边疆、口岸、贫困地区、交通优势资源、民族地区、革命老区等。通过特色资源，形成资源集聚、要素集聚、产业集聚，从而形成以特色资源为基础的优势产业，对县域经济的发展起到引领和带动作用，推动县域城镇化发展进程。

现代农业化发展路径。农业是我国大部分县域最主要的经济部门。对于以农业为重点的县域而言，现代农业化是推进城镇化的重要引擎。在城镇化的过程中，农业现代化是至关重要的一环，但是农业一般都被地方政府作为弱质产业，其发展得不到足够的重视，从国内几个农业发展相对较好的县域来看，农业的发展程度直接影响到城镇化的水平和质量。

城镇化发展较好的县域地区往往集中在政策高地、资源高地、大城市群周边，通过对地区特色政策资源、产业资源的深度挖掘和利用，借助外源和内生双重动力，寻找到自身独特的新型城镇化建设路径。特别是现代农业发展路径的总结和提炼，将对我国更广大地区的新型城镇化建设有重要的借鉴意义。

第五章 煤矿企业经营管理的内容

第一节 煤矿经营管理概述

一、经营和经营管理

(一) 经营

在市场经济条件下，社会生产过程由企业的直接生产过程和产品的流通过程两部分组成。企业不仅要组织产品生产所需要的人力、物力资源，使用经济有效的方法生产出产品，更需要利用流通过程，使产品在对自身最有利的条件下销售。所有这些活动统称为经营活动。

从广义的角度来说，经营活动是指企业在实现预期目标过程中的供、产、销的全部活动；从狭义的角度来说，经营活动是指在流通领域企业的经济活动。日常生活中人们所理解的经营活动，一般是从狭义角度理解的经营活动。

(二) 经营管理

从活动的空间范围角度，企业的全部经济活动可以分为生产过程和经营过程两部分。其中，生产过程的目的在于充分利用企业内部现有条件，以最高的生产效率、最经济的做法将企业产品生产出来。经营过程的目的在于准确了解外界态势，使企业生产活动与变化的外部环境相匹配，制定科学有效的经营目标、经营战略，使企业能够通过经营活动获取更多的经济效益。

与经营活动类似，经营管理亦可从广义和狭义的角度进行区分。广义的经营管理是指企业生产过程、经营过程的总体管理；狭义的经营管理是指企业对经营过程的管理。

在目前市场经济的条件下，面临残酷的市场竞争，企业经营问题成为每个企业管理者不得不思考的问题。企业通过市场配置获取资源，通过调研市场、预测市场来了解顾客需要，正确地制定经营战略，科学地开发和生产产品，科学地处理企业内部条件、外部环境、企业目标之间的动态关系，使企业能够最有效地利用企业内部条件和资源，从市场中获取最佳经济效益。经营以此成为管理的重心。

二、企业的经营思想和经营目标

(一) 经营思想

企业经营思想是指企业经营目标实现过程中指导生产活动的指导思想。

企业经营思想受社会经济条件影响，在一定的经营条件和环境下形成和发展，由企业生产经营的目的决定。不同的社会制度和生产关系下会产生不同的经营思想。企业最基本的经营思想是以市场需求为导向，充分了解市场需求，充分利用企业现有条件，获取优质的产品和服务满足市场的需要，从生产经营活动获取最佳经济效益。

企业经营思想的确立，应当充分考虑投资者、企业经营者、用户、职工等利益相关者之间的关系，牢牢把握一切为用户服务的思想，正确处理企业效益与社会效益的关系，当前利益与长远利益之间的关系，企业发展速度与企业效益之间的关系，牢牢把握市场观念、服务观念、创新观念、效益观念和竞争观念，企业面向全球，以创新性的经营吸引市场，充分满足市场需求，切实提高企业的核心竞争力。

创新性的经营管理是企业在行业中占据优势地位的要求，创新性的经营管理包括技术创新、产品创新、管理体制创新、管理方法创新、管理手段创新、经营理念创新。只有不断创新、不断进取的企业才能够在残酷的市场中获得生存的机会。

(二) 经营目标

经营目标是指在一定时期内，一定内外部环境下企业预期要达到的经营成果。

经营目标能够充分体现企业经营思想和经营方向，是企业一切生产经营活动的立足点。企业在不同的市场时期会制定不同的经营目标，一般包括企业市场目标、企业利益和职工利益目标、对社会的贡献目标、企业发展目标、企业形象目标等。

企业经营目标是企业各层次的职工通过一系列的生产经营活动完成，企业目标实现过程中各部门应当充分依据本部门的要求和特点，制定各自的战略目标，从而形成整体的目标体系。在企业经营目标体系建立过程中，应当保证把握事关企业成败的关键性问题，合理地制定企业目标的水平，确保在企业发展过程中能够激励和调动员工的积极性，协调各目标，最大限度地量化各目标，同时确保经营目标能够适应企业条件的变化和外界市场形势的发展。

三、经营方针

经营方针是指企业实现经营目标和贯彻经营思想的指导方针，主要针对企业发展某一时期中的战略性问题，根据具体情况制定原则和策略。相对于经营思想，经营方针更加具有针对性和现实性。在企业经营方针制定过程中，应当充分了解企业的经营环境，考虑自身的客观优势，从而制定出既能适应市场需求，又具有自身特点的经营方针。

企业经营方针的基本内容主要包括以下内容：

(一) 企业的经营方向

企业的经营方向重点在于明确企业的目标市场，确定企业产品的服务和发展方向，明确企业的服务对象。企业经营者在制定企业经营方向时，应当充分了解企业内外部的客观形势，坚决把握企业经营方向与某段时期的救急措施之间的区别，充分考虑企业自身特点，最大限度地发挥自身优势从而获取最大收益。

(二) 企业经营重点

经营重点是指企业在经营过程中应当充分突出企业的某一特色，如质量、价格、交货期限、售后服务、产品品种等，形成自身竞争优势。在残酷的市场竞争中，若企业在质量、价格、交货期限、售后服务、产品品种方面均为上乘，企业定能获得充分的生存空间，但由于企业内外部客观条件限制，企业往往选择某一特定方面进行突破，比如常见的以廉取胜、以质取胜、以快取胜等。

(三) 企业技术发展

企业应当制定系列的方针对涉及企业技术开发方式、资金筹措、社会技术发展水平等问题进行指导。技术开发方式由企业自行研究、引进技术和购买专利；资金筹集可以采取国家投资、各方集资或者发行股票等方式；技术发展水平包括最新技术、先进技术、一般技术。企业应当充分考虑自身的生产条件、技术力量、科研水平、资金来源及资金筹集成本等客观条件制定方针。

四、煤矿企业精细化经营管理

(一) 精细化管理的内涵

精细化管理是在传统管理模式的基础上，从管理的宏观层面到微观层面纵横交错地进行精细化管理，通过精细化管理的应用最大限度地降低企业的成本，增加企业经营管理的收益，进而使得企业能够有效地获得在竞争上的优势。煤矿企业的精细化管理要求其应把精细化管理应用到管理的方方面面，在管理过程中应做到安全管理、生产过程、经营管控、地面管理及考核体系的精细化等。

(二)煤矿企业经营管理中应用精细化管理的必然性

从我国煤矿企业的现有情况来看,采掘业本身的性质决定了煤矿企业的生产条件的艰苦,工作的时间相对其他行业来说也较长,加之矿工群体所具有的一些特殊性,导致煤矿企业的现场管理一直是粗放化的特点。而精细化管理模式的应用能够改善煤矿企业的粗放化管理模式,通过精细化管理能够有效地提高矿井的采煤、掘进、机电及运输等诸多生产环节与相关岗位的安全质量管理工作的效率。通过实施精细化管理,煤矿企业可以通过全过程监控的方式对影响生产安全质量管理诸多环节的细节因素进行管理,最大限度地通过管理上的制度、规范与标准等的实施,持续消除煤矿企业在经营管理中存在的不安全、降低质量,以及影响企业经济效益的隐患性问题。

(三)煤矿企业精细化管理的应用策略

煤矿企业在精细化管理的应用中,应从企业经营管理的实际情况出发,结合自身的情况,确定精细化管理应用的关键点,在一般情况下,煤矿企业精细化管理的应用策略涉及以下内容:

1. 确立精细化管理的理念

精细化管理的真正贯彻离不开管理理念的支撑,企业应将精细化管理的理念与意识贯彻到煤矿经营管理的不同环节中,企业的管理者与企业员工应积极主动地参与到精细化管理中。企业确立精细化管理理念的途径包括培训与宣传强化等方式。

2. 分层次地贯彻实施精细化管理

煤矿企业在实施精细化管理过程中可以通过分层次的方式来实施,进而提高精细化管理的控制与执行力度。煤矿企业在精细化管理中分为决策层、执行层与实施层,由决策层制定煤矿企业的发展战略与思路,执行层制定与精细化管理相关的制度、标准与考核体系,实施层则负责实施。实施层与执行层不断的对精细化管理应用过程中出现的问题通过互动的方式不断地完善与修改,进而实现管理目标。

3. 注重管理途径与方法的合理应用

煤矿企业精细化管理的应用中应从自身的实际情况出发,确定合理的切入点。在确定关键突破口的基础上,确定相应的处理途径与方法。煤矿企业常用的途径与方法包括设备管理精细化、安全管理精细化及成本管理精细化等。在精细化管理过程中,通过落实责任、加强培训与宣传等方式,确保精细化管理能够执行到位。通过企业考核体系的完善来不断地推进煤矿精细化管理的深入发展。

第二节 市场调查与市场预测

一、市场的概念

市场的概念可以追溯到人类开始出现分工时，伴随人类分工的出现，商品交换同时出现。最初的市场是人们为满足自身生活需要，按照一定的约定，在某一地点某一时间进行物质交换。伴随商品经济的发展，市场的概念同时进行发展。从广义的角度来说，市场是商品交换关系、商品交换行为的总和；从狭义的角度来说，市场也称为传统的市场，只指商品交换的场所。

伴随商品生产的发展，现有的商品交换不再局限于有形商品，同时还包括信息、技术、知识、证券等无形商品。商品交换也不仅仅局限于固定场所，即时买卖的方式，类似合同订货、远期交割、贸易洽谈等形式相继出现。

传统市场突出的是交易场所，现代市场更加注重于消费者，若商品有买家接受则表明该商品有市场，反之则无市场。

市场则主要是从卖家的角度来研究买方行为。从这一角度思考，市场主要由购买力、消费者、购买欲望三要素组成，三大要素缺一不可、彼此密切相关。在开拓产品市场时，应当通过企业广告等措施招徕消费者，用商品证实价格的标定，在这些前提条件下，成功建立买卖关系，即形成市场。

二、市场的分类

市场系统是一个复杂的有机整体，在企业研究市场、提高效益过程中必须对市场进行科学的分类。按商品流通地域分类，可将市场分为国内市场和国际市场；按商品流通环节分类，可将商品分为批发市场和零售市场；按经营对象进行分类，可以将商品分为商品市场、劳务市场、金融市场；按商品用途分类，可将市场分为生产资料市场、服务市场和消费资料市场。

以上分类只能说是对市场进行比较笼统的分类，企业若要确定自身的目标市场，还须对市场进行细分。市场细分主要是指企业根据消费者差异性的需求，将整体市场划分为多个消费者群体。其目的在于帮助企业选择合适的目标市场，根据具体情况制定策略。企业可以在市场细分的前提下，充分考虑自身优势，选择合适的目标市场，进一步研究具体消费要求，确定企业的具体策略。

三、市场调查

(一) 市场调查的概念

市场调查主要是利用科学的手段、方法，收集、研究和分析与市场营销相关的信息，为市场预测和经营决策提供可靠的依据。在市场经济条件下，企业需要加强信息调查工作，系统地收集信息资料，正确地认识、掌握、研究市场变化规律，准确地进行市场预测和经营决策，从而改善企业经营状况，提高企业效益。

(二) 市场调查的内容

对企业而言，但凡对企业生产经营有直接或者间接影响的信息资料都应被收集、分析和研究。总的来说，主要包括以下五个方面：

1.市场环境调查

市场环境调查又可称为宏观市场调查，主要是对企业的目标市场环境进行调查分析，其主要内容包括政治环境、经济环境、社会文化环境和自然地理环境等。

2.消费者需求情况调查

消费者需求情况调查是市场调查的一项主要内容，主要是对影响消费的因素、消费者购买动机、购买能力、购买行为开展调查分析，对目标市场消费趋向、需求情况、市场需求数量进行把握。

3.竞争对手情况调查

竞争对手是指目标市场内能够生产与本企业类似或者相关产品的企业。在残酷的市场竞争中，若能充分了解竞争对手的情况，则能够在未来的竞争中获取优势地位。竞争对手情况调查的内容主要包括竞争者的数量和规模、竞争者的发展变化趋势和市场占有率、竞争者的竞争手段和策略、竞争者优劣势等。

4.市场营销组合调查

市场营销组合调查是企业在市场调查中综合运用的各种可能的市场营销手段和策略，主要包括价格、产品、促销和地点四个方面。

价格调查主要是指企业对价格策略实施效果、价格需求关系的调查；产品调查主要是调查消费者对本企业产品的种类、特性、质量标准、包装设计等因素的认可程度；促销调查主要是对企业广告信息、广告媒体效果、促销方式、公共关系活动方式开展调查；地点调查主要是指对企业产品营销渠道的调查。通过市场营销组合调查，企业能够确定营销组合策略，获取最佳经济效益。

5. 新产品开发调查

新产品开发调查的目的是了解并掌握消费者对新产品的要求和意见、消费者对新产品价格承受能力、新产品的上市时机，以及新产品的广告宣传方式等。

（三）市场调查的程序

鉴于企业市场调查的不同目的，相应的市场调查的程序、范围、要求、内容也相应不同。一般情况下，市场调查可分为三个阶段、七个步骤。

1. 调查准备阶段

调查准备阶段可分为两大步骤：首先是确定问题，调查人员需要根据企业内外部的信息资料，确定存在的缺点或漏洞；其次是非正式调查，该步骤又可称为试探性调查，该过程主要是根据前一步骤确定的问题，通过访问专家、内部人员调研、用户意见征询等方式确定问题的实质和调查主题。

2. 正式调查阶段

正式调查阶段主要分为三大步骤，分别是制订调查计划、调查组织准备、实地调查。调查计划主要包括调查的目的内容、调查对象的确定、调查项目的拟定、调查方法的选择、调查人员的安排、人员组织分工、调查进度的安排、调查费用预算等；调查组织准备工作的内容主要包括调查人员的培训、调查物资的调配、调查问卷的设计等；实地调查即调查人员依据调查计划的时间、地点、内容进行实地考察。

3. 调查结果处理阶段

调查结果处理阶段主要有资料整理分析和调查报告提取两大步骤。

（1）资料整理分析

该步骤主要是对前面两阶段获取的资料进行整理，检查评判资料，对资料中存在的问题进行处理，得出调查的误差并评价调查结果。

（2）提出调查报告

该步骤主要是根据调查资料，系统性地分析说明所调查的问题，并得出科学合理的结论。

（四）市场调查的方法

1. 询问法

询问法的主要方式是对调查对象进行询问。按照与调查者接触的方式，可以分为面谈法、电话询问法、问卷法。

①面谈法主要是采用家访或者座谈的方式进行市场信息收集。面谈法收集资料快速，能够立即获得调查者的答复，还可以在调查过程中互相探讨，资料可信度可

以根据调查者的态度进行分析。但是面谈法的调查结果容易受调查人员水平的影响，同时，面谈法会花费大量的时间和费用。

②电话询问法是采用与调查者通电话的形式进行市场信息的收集。电话询问法相对于面谈法方便快捷、费用低。但是，这种方法调查内容有限、调查时间有限，并且容易受到抵触。

③问卷法是指调查人员依据调查计划设计调查问卷，请被调查者回答问卷内容，从而进行市场信息收集的方法。该方法具有调查面广、费用低、调查者有充足的时间思考问卷内容、问卷内容隐秘等优点。该方法的缺点在于问卷回收率低，复杂问题不适合该方法。

2. 观察法

观察法是指调查人员在调查现场直接观察调查对象从而获取信息资料的方法。该方法在使用过程中，由于被调查者不会感到自身在接受调查，因而信息资料更为客观真实。但是该方法获取的信息资料只能反映客观事实，对于造成客观事实的原因和动机难以体现，有时对于一些信息资料需要较长时间进行观察。

3. 实验法

实验法是指企业在确定几项变化因素后，开展小规模实验，对调查对象进行观察分析，从而对市场发展趋势进行了解。该方法客观、科学，资料数据准确，但是耗时长、费用大。

询问法、观察法、实验法各有所长，在企业实际市场调查中，企业应当根据调查内容的性质、特点等因素科学选取调查方法。

四、市场预测

(一) 市场预测的内容

1. 市场需求预测

市场需求是指消费者购买的需要。企业产品市场需求量预测是市场预测的主要内容。环境因素和促销效果是影响市场需求的两大主要因素。其中，环境因素主要包括政治环境、经济环境、文化环境等。

在市场环境一定的条件下，市场需求与促销效果呈正相关关系，但当市场需求达到一定程度以后，促销代价再大，市场需求量也不会有太大的变化。此种情况下的市场需求量称为市场潜量，即一定市场环境下市场需求量的最高限度。市场需求受市场环境的影响，不同的市场环境下市场需求相应地有所不同。

2. 市场占有率预测

市场占有率是指市场中某种特定商品销售量与市场上该商品总销售量之间的比率。市场占有率的大小反映该企业在该市场领域的竞争力。在稳定的市场需求量的情况下，企业市场占有率的提高反映该企业销售量的增加。

3. 技术发展预测

技术的发展对产品的开发有着重要的促进作用，同时也对本企业产品生产有着有利或不利的影响。企业若想在竞争中获取优势地位，必须积极把握科技发展动态，时刻站在技术发展的前沿，不断地提高企业核心竞争力。

(二) 市场预测的方法

市场预测结果与市场预测方法有着极其重要的联系，总的来说，市场预测方法可以分为定性预测法和定量预测法两类。

1. 定性预测法

定性预测法是预测者使用个人的分析、判断能力及自身经验，分析、推理、判断影响变化的各种因素，从而对市场在未来一段时间的发展趋势进行预测的方法。当定量分析条件不足时，采用定性预测法可以通过分析市场未来发展变化性质预测市场在未来一段时间内的发展趋势。定性预测法主要包括以下五种方法：

(1) 类推法

类推法即根据类似事物或者已知相关因素的变化来推测发展趋势。例如根据产品的发展趋势来预测市场需求，根据替代产品的销售情况来预测本产品的市场需求情况。

(2) 经理人员意见法

经理人员意见法即由企业经理人员根据企业财务、生产、销售、市场研究人员报告确定预测值的方法。

(3) 销售人员意见法

销售人员意见法即充分掌握销售人员的意见，综合分析销售人员的一手销售资料，从而做出预测值的方法。

(4) 用户意见法

用户意见法即把握主要用户预测期内的品种和数量的需求，分析用户的需求变化趋势，确定预测值的方法。

(5) 德尔菲法

德尔菲法是通过函询的调查方式进行。该方法的主要过程是邀请10～40名有关专家，专家根据企业人员提供的相关资料，依据关于本行业多年的经验及专业知识对未来一段时间的发展趋势进行预测并提供理由，然后不记名寄给企业人员。企业人员收集整理专家意见后，匿名反馈给每一位预测专家，专家根据第一轮的情况，重新提供预测情况并提供理由，然后寄给企业人员。企业人员整理专家意见后，再匿名反馈给每一位专家。三至四轮反复预测后，一般可以得出较一致的结论，从而得出较为满意的预测结果。

2.定量预测法

定量预测法又称为数学预测法，该方法主要是依据企业过去的统计资料，使用数学方法进行分析计算，从而定量化测算企业未来的发展变化。该方法主要分为时间序列分析法和回归分析预测法两大类。

（1）时间序列分析法

时间序列分析法即按照发生时间顺序排列过去的历史资料，得到一组以时间为序的数列，统计、计算、分析该数列，从而确定事物发展趋势并得到下一期将达到的水平。

①简单平均法。简单平均法即计算观察期的算术平均值，并以此作为预测值，其计算公式如下：

$$Y_{t+1} = \bar{X} = \frac{X_1 + X_2 + \cdots + X_t}{t} = \frac{\sum_{i=1}^{t} X_i}{t}$$

式中：Y_{t+1}——第 $t+1$ 期的预测值；

X_t——第 i 期的观察值；

$\bar{X}$——t 期的平均值；

t——观察值的个数（资料期数）。

简单平均法操作简单，但是预测误差较大，且该误差受资料期数和变动趋势影响，所以在一般预测工作中较少使用该方法。

②移动平均法。移动平均法不像简单平均法一样将所有资料进行算术平均，该方法认为远离预测期的资料意义有限，甚至会给数据结果的准确性带来不利影响，该方法在使用过程中将远期资料排除，使用最接近预测期的几期观察值的平均值。其一次移动平均的计算公式为：

$$Y_{i+1} = M_i^{(1)} = \frac{X_i + X_{i-1} + \cdots + X_{i-n+1}}{n} = \frac{\sum_{i=i-n+1}^{i} X_i}{n}$$

式中：$M_i^{(1)}$——第期的一次移动平均值；

n——移动期数。

③加权移动平均法。加权移动平均法相对于以上两种方法而言最大的特点是考虑了不同时期观察值对预测值的不同影响程度，其中，越靠近观测期的数据对预测值的影响越大。为使预测结果更为准确，计算过程更加简练，加权移动平均法将移动期内不同时期的数据按照影响程度赋予相应的权数，然后计算其平均值。其计算公式为：

$$Y_{t+1} = W_t X_t + W_{t-1} X_{t-1} + \cdots + W_{t-n+1} X_{t-n+1}$$

式中，W_t——第 t 期观察值的权数（$0 \leqslant W_t \leqslant 1, \sum W_t = 1$）。

④指数平滑法。一般情况下，下一期的预测数是介于本期实际数与预测数之间的某一个数值。基于此观点，指数平滑法即使用本期预测数加上一个采用平滑系数调整后的本期实际数与预测数之差，从而得出下期的预测数。即：

$$Y_{t+1} = Y_t + \alpha \left(X_t - Y_t \right)$$

式中：Y_{t+1}——第 $t+1$ 期的预测值；

Y_t——第 t 期的预测值；

X_t——第 t 期的实际值；

α——平滑系数（$0 \leqslant \alpha \leqslant 1$）。

由上式可得到指数平滑法的基本计算公式：

$$Y_{t+1} = \alpha X_t + \left(1 - \alpha \right) Y_t$$

平滑系数 α 是介于 0 和 1 之间的一个数，其具体大小可依据过去预测值与实际值差额设定。对于过去预测值与实际值差额较大的情况，α 应适当取大值；反之，则取小值。平滑系数越小，预测数相应越平滑，所以在实际工作中，倾向于取较小的平滑系数。指数平滑法预测汇总，只需具备本期预测值、平滑系数和本期实际值三个数据即可确定下期预测值，因而计算简单、易行。

（2）回归分析法

回归分析法即通过因变量与自变量之间的关系来进行预测的方法。

在回归分析法中，回归曲线是用于描述因变量受自变量影响趋势的曲线。当因变量仅仅受一个自变量影响时，称这种情况为一元回归分析；当因变量受两个或者多个自变量影响时，称为二元或多元回归分析。当因变量与自变量的变化关系呈现直线趋势时，称为线性回归分析；当因变量与自变量的变化关系呈现曲线趋势时，称为非线性回归分析。以一元线性回归分析为例。

假定 $y = a + bx$ 为代表预测变量变化趋势的方程。由最小二乘法推导可得，当

$$a = \bar{y} - b\bar{x}$$

$$b = \frac{\sum x_i y_i - \bar{x} \sum y_i}{\sum x_i^2 - \bar{x} \sum x_i}$$

时，方程 $y=a+bx$ 最能代表因变量 y 的变化趋势。回归分析法即利用回归方程 $y=a+bx$ 以及自变量的变化趋势，确定因变量 y 的预测值。

第三节　煤矿经营策略与决策

一、企业经营策略

(一)市场开发策略

1.产品开发型

产品开发型策略即在原有市场的基础上积极改进老产品或者开发新产品，用以满足客户的需要，提高市场占有率。这是一种从根本上改变企业经营状态的重要方式，此策略的实施需要投入大量的资源，若新产品能够充分适应市场，可使企业快速获取市场竞争领先地位；相反，企业需要承受重大的损失。新产品进入目标市场的时机选择十分重要，上市过早，企业的生产技术和营销准备工作不够完善；若上市过迟，则容易失去占领市场的良机。在该策略实施过程中，应当做好前期准备工作，同时看准时间迅速出击。

2.市场渗透型

市场渗透型策略即在现有市场、产品的基础上，运用科学有效的方式，提高产品市场占有率，从而提高产品销售量。该策略实施时，由于企业对市场已经有充分的了解，便于采取措施改善企业形象，提高产品声誉，在费用上，该策略可以节约市场调研和产品推销费用，降低产品成本。该策略实施主要有三种途径：一是降价的措施。降价可以提高产品销售量，或者可以利用价格竞争，提高市场占有率。二是优质服务的措施。优质的服务可以提高顾客的满意度，吸引顾客再次购买产品。三是优惠政策。在实际运用中，常用的优惠措施有买一送一、购物抽奖等。

3.市场开拓型

市场开拓型策略即企业利用现有产品开发新市场的策略。该策略实施主要包括开发新地区市场和开发原有产品新用途。该策略的优点在于由于有原有产品和市场作为依托，企业需要承担的风险相对较小。

(二) 产品开发策略

由于技术进步、市场竞争、消费者需求变化的影响，企业产品在市场中同样具有成长、成熟、衰退的过程。市场和企业经济效益的需求要求企业不断地开发新的产品。产品开发策略即企业在现有产品改进、新产品开发过程中应当采取的策略。

1. 改进现有产品策略

现有产品的改进主要是为了提高产品的使用价值，满足市场的需要，因此现有产品改造过程中产品的基本原理、产品结构及技术水平并不会出现大幅度的根本性的变化。因而在此过程中，该策略的实施具有时间短、见效快、投资少的特点。现有产品的改进应当从产品多能化、低耗化、结构简化、低值易耗化等方面进行研究与改进。

2. 开发新产品策略

新产品的开发虽然需要企业投入大量的资源，但是新产品的开发对企业的兴衰存亡具有重要影响，企业经营者必须根据企业的内外部情况，正确制定企业新产品的开发策略。在新产品开发过程中，可以从以下四个方面进行思考：

(1) 补缺策略

补缺策略即新产品开发的方向应当尽量回避目前市场中的热门产品。市场中的热门产品一般竞争极其激烈，对于那些实力薄弱、竞争能力低的企业，与大企业争夺热门产品并不现实，这些企业应当把注意力放在竞争较弱、需求稳定的产品上，加强企业管理，提高企业的组织能力，利用政府部门和消费者的支持积极成长和发展。

(2) 配角策略

在社会分工越来越细的社会化大生产条件下，企业间的联系与协作越来越密切。当企业不能在某个行业取得主导地位时，可以考虑充当主导产品的"配角"企业，为主导产品提供基础配件、服务等，依托在主导企业下进行自身发展。相比于与主导企业进行争锋，"配角"企业产品拥有更加固定的销路，风险相对较小。但在该策略实施过程中，应当注意发挥自身优势，积极扩大市场面，减少将来由于主导企业发生经营恶化问题对自身的影响。

(3) 创新策略

企业新产品的开发和换代是企业经营情况改善的主要措施。企业若想在残酷的竞争中获得优势地位，必须生产出具有自身优势的产品，从而获取市场占有率，获取经济效益。

（4）扩散策略

扩散策略的基本思想在于当企业成功开发某种产品时，应当充分利用企业的技术、市场、生产能力等宝贵资源，以产品为核心，开发一系列配套产品、延伸产品等，努力使产品向多样化发展，迅速拓展市场范围。扩散策略的具体形式有水平扩散、垂直扩散、侧向扩散等。企业应当在充分考虑自身条件的前提下，尽可能实行多元化经营策略，提高企业对环境的适应能力，保证企业的收益。

（三）价格策略

1. 新产品价格策略

（1）"撇油价格"策略

"撇油价格"又称为取脂价格。该策略是指在新产品投入市场的初期，制定较高的价格，从而快速地回笼资金，随着时间推移逐渐降低商品价格，从而吸引更多的顾客购买产品。该策略若实施得当，企业能够在短时间内获取大量收益，从而有更多的资金投入产品研发中，进而能够在市场竞争中处于优势地位。但该策略的成功实施具有一定的条件，首先，商品必须有收入高、急切渴求的消费者；其次，竞争对手少，技术、资源限制性强，具有自身技术难度、难以复制等。

（2）渗透价格策略

该策略与"撇油"价格策略正好相反，是在前期制定较低的价格，用物美价廉的商品形象吸引消费者，等到市场占有率较高的时候，逐步提高商品价格，获取更多的收益。该策略能够避免前期激烈的竞争，有利于企业批量生产，能够让企业有充裕的时间改进生产工艺，提高技术水平；但是该策略的缺点在于若在产品入市初期有吸引力更大的产品投入市场，企业亏损的风险较大。

2. 折扣价格策略

折扣价格策略的基本思想是，在考虑自身条件的前提下，在价格上给予顾客一定的折扣，加强对顾客的吸引力，从而扩大销售量。

（1）数量折扣策略

数量折扣策略即企业给予的折扣依据顾客购买商品的数量而定。数量折扣策略可分为累计数量折扣和非累计数量折扣。累计数量折扣是指企业给予的折扣依据顾客累计购买数量而定，非累计数量折扣是指企业给予的折扣依据顾客单次购买数量而定。在实际运用中，两种方法既可以分开使用也可以结合使用。

（2）现金折扣策略

现金折扣策略的思想在于当可以选择一次付款和分期付款时，对于一次付款的用户，企业给予一定的折扣。因为一次付款能够让企业快速回笼资金，让企业有足够的资金投入商品生产或其他项目。

(3) 交易折扣策略

交易折扣策略的思想在于根据中间商的功能，给予不同的折扣。一般情况下，相对于零售商，企业会给予批发商更高的折扣率。

(4) 季节性折扣策略

季节性折扣策略的思想在于对于一些存在旺、淡季的商品，企业在淡季给予顾客一定的折扣，从而提高产品销售量。

3. 心理定价策略

(1) 零头定价策略

零头定价策略的主要思想是以零头数作为商品价格结尾，而不取整数。例如取4.99 元而不取 5 元。这种定价策略能够让消费者产生价格是精确计算的感觉，对产品有更多的满足感。即使商品的价格是高于实际价格的，也会让消费者觉得价格不贵，产生价值合算的心理效果。但是企业需要认识到，不同环境和条件下消费者对"廉价"的心理定位是不同的，定价时应当充分研究消费者对价格的心理反应特点。在价格等同的前提下，一方实行购买廉价商品赠送贵重商品，另一方实行购买贵重商品赠送廉价商品，消费者会主动倾向于购买贵重商品赠送廉价商品，这是因为两种表达方式使消费者产生的心理反应是不一样的，购买便宜商品赠送贵重商品会让消费者觉得店家在愚弄消费者，而购买贵重商品赠送廉价商品会让消费者觉得是现实的，是理所当然的。因此，企业在制定价格时，应当充分考虑消费者的心理反应特点，采用消费者能够接受的价格表达形式，使企业获取更多的效益。

(2) 整数定价策略

整数定价策略与零头定价策略完全相反，即有意将尾数定为整数。整数定价策略主要适用于高档、名牌商品等消费者了解较少的商品。在交易中，大量消费者是通过价格判定商品质量。整数定价能够让消费者产生"一分钱一分货"的心理，从而促进销售量的提升。在高档、名牌商品购买者心中，身份比价格重要，整数定价并不会对销售量产生太大影响。

(3) 声望定价策略

声望定价策略的基本思想是对于那些名贵、名牌的商品，制定比同类商品更高的价格，能够刺激消费者的购买欲望。此策略适用于深入人心且具有较高信誉的商品。

(4) 习惯性定价策略

习惯性定价策略适用于那些消费者需要长期使用、长期购买的商品。对于此类商品，消费者对于价格已经形成一定习惯，企业在定价时应当充分考虑消费者的习惯，尽量少地去破坏消费者的习惯，以免引发消费者的不满而导致销售量降低。对于习惯性定价策略，由于此策略会对企业收益产生影响，一般此策略适用于社会稳定时期。

产品定价是艺术性很强的一项活动，应当根据商品特征和消费者的需求特征，在企业、市场和竞争的互动中寻求平衡点。固定不变的价格策略只能把企业引入死胡同。价格的生命力就在于其灵活性和适应性：定价无定式，要根据市场、需求和竞争状况的变动而变动，不断地研究与创新。

心理定价的方法有很多种，到底哪一种又更为灵验一些呢？事实上，各种心理定价方法并没有好、差之分，关键是要看这种定价方法是否适合于这种商品的需求特征，要充分认识不同需求特征的商品其价格对消费者产生的心理影响。某调查研究所曾选择某品牌的电饭煲和礼品两种不同类型和需求特征的商品，在同一商场内进行整数定价法和零头定价法的销售试验。消费者购买电饭煲一般是以自用为主，消费者除对商品的质量、性能要求严格外，对商品的价格较为敏感。采用零头定价法，消费者会认为，该商品价格核算准确，会产生一种没有被欺骗的良好感觉。同时，价格没有到达整数关口，消费者会感受到价格的低廉。而礼品则不然，它主要面对商品购买者与使用者分离的特殊消费群，消费者购买商品的目的不是自己使用，而是馈赠他人，所购商品主要是用于情感的表达。而这种情感的表达是否到位，关键还是看钱花得是否到位。因此，尽管礼品的整数价格高于零头价格，但消费者往往认为零头价格小气、情感表达不饱满，而情愿接受尽管多花一些钱，但可以使自己更体面一些的整数价格。这一特点在礼品上贴有价格标签时表现得更为突出。

实现利润最大化是商品经营者的主要经营目标，但是这一目标应通过科学、有效的途径来实现。作为商家就是要考虑在不损害消费者直接利益的前提下，让消费者心情舒畅地把口袋里的钱掏出来，正所谓"君子爱财，取之有道"。这就要求商家要认真地研究经商艺术，科学地选择销售形式，而其中准确地把握消费者的心理是非常重要的。商品价格是消费者心理反应最敏感的因素之一，而心理价格尤其像一根极富法力的"魔杖"，因而在价格确定上就应当深入探讨其艺术性，努力增强消费者心理上的认同感，以有利于被消费者所接受。

二、企业经营决策

(一) 决策

1. 决策及其特征

一般地说，决策就是做出抉择，决定策略的意思，这是人们对未来行为方式进行判断、选择的一种思维活动。凡是为了实现某种预定目标，面临着几种自然情况和客观条件，又有几种行动方案可供选择，这就构成了决策条件。具体地说，决策就是人们确定未来行动目标，并从两个以上可行方案中经过分析判断选择一个合理方案的过程。

决策具有以下五个方面的特征：

（1）决策是理智行动的基础。一切理智行动都应具有明确的目标和行动的方案。也就是说，在行动之前需要进行决策。没有决策的行动是盲目的、随意的、非理智的。

（2）决策要有明确的目标。决策是为了实现既定的目标而做出的。目标是判定方案是否可行的标准，是决策的出发点，也是决策的归宿。

（3）决策要有两个以上的可行方案。如果实现目标的可行方案只有一个或不存在，也就无须决策。只有当实现目标的可行方案有两个及以上时，才存在分析、比较、判断方案优劣的问题，才需要进行决策。

（4）决策要进行分析、评价和选择。每个可行方案都会对目标的实现产生某些积极的作用，同时也会带来一些消极作用和不利影响。因此，要对各个方案进行分析、评价，确定其作用与效果，并使其明确化、具体化，便于相互比较，从中选择一个合理的方案。但须指出，抽签、抓阄等决定行动方案的方法不能算作决策。

（5）决策的风险性。预测是决策的基础，决策是根据预测所做出的抉择。由于人们对未来认识的局限性，预测与实际总是存在一定的差距，因而决策都具有不同程度的风险性。这就要求决策者既要敢于承担风险，大胆决策，又要努力提高决策的准确性，将风险可能带来的损失降到最低，争取获得最大的收益。

2. 决策的内容

决策贯穿企业生产经营的各个方面及全过程，其基本内容如下：

（1）经营战略决策。经营战略决策主要包括企业的经营目标、经营方针、经营策略方面的决策，此外，还包括长期规划决策、经营组织决策等。

（2）产品决策。产品决策具体包括产品服务方向决策、新产品开发决策、老产品改进决策等。

（3）技术发展决策。技术发展决策具体包括技术改造决策、设备更新决策、科技研究与发展计划决策、新技术开发和推广应用决策等。

（4）生产方面的决策。生产方面的决策包括生产计划决策、生产组织决策、生产指挥决策、生产控制决策、产品质量决策、物资采购与存储决策等。

（5）市场营销决策。市场营销决策包括目标市场选择决策，产品定价决策，销售组织决策，销售计划决策，销售渠道选择决策，广告、推销与服务决策等。

（6）财务决策。财务决策包括目标利润与目标成本决策、筹资决策、投资决策、财务计划决策等。

(7) 人力资源决策。人力资源决策包括人力资源规划决策、人力资源教育培训决策、人力资源组织决策、人力资源评价与激励决策等。

3. 决策的分类

企业生产经营涉及企业产、供、销的各个方面。按照不同的角度，决策可以进行以下分类，见表5-1。

表5-1   企业决策类别

分类标志	决策类别	特点
决策问题的重要程度	战略决策	是关系到企业生存、发展的全局性问题的决策，重点是解决企业与外部环境的关系问题
	管理决策	是为实现战略决策的目标而进行的具体决策，重点是解决如何动员、组织企业内部力量的问题
	业务决策	是指企业日常管理业务中为实现某一局部目标而进行的决策
决策者所处的地位	高层决策	是企业最高领导层所做的决策
	中层决策	是企业中层管理人员所做的决策
	基层决策	是企业基层管理人员所做的业务决策
决策问题出现的重要程度	程序性决策	是在企业的生产经营活动中经常反复出现，且有章可循的问题的决策
	非程序性决策	是在企业的生产经营活动中不经常出现，没有固定的处理程序和方法的问题的决策
决策问题所处的条件	肯定性决策	每一方案的执行结果只有一个并且可以确定的决策
	风险性决策	每一方案都可能出现两种以上的结果，且每一种结果出现的概率是可以确定的
	非肯定性决策	每一方案都可能出现两种以上的结果，且每一种结果出现的概率是不能确定的

(二) 经营决策

1. 经营决策及其意义

新产品开发决策、重要技术改造决策、经营方式决策、重要组织机构调整的决策等。经营决策尽管只是企业决策中的一小部分，但却对企业的生死存亡有着极为重要的影响。决策正确，可以使企业沿着正确的方向前进，增强企业在市场上的竞争能力和适应能力，取得良好的经济效益；反之，如果决策失误，不仅达不到预定目标，还会给企业带来重大损失，甚至会导致企业破产。

经营决策对企业决策者的能力要求是快速判断、快速反应、快速决策、快速行动及快速修正。决策能力是企业家为维持企业生存所必须具备的基本素质。科学决策是企业家知识素质的综合体现，也是他们的主要工作。决策水平高低对企业的经营成败影响巨大。

企业家决策能力表现在：决策科学化和民主化，遵循科学决策程序，使用定量决策方法，民主决策和专家参与决策；在复杂的决策过程中，要注意理性的市场研究、理智地选择投资机会、充分的可行性研究和投资项目的评估，在多方案中选优。这就要求企业必须建立一个具有良好的知识经验结构，精诚团结、彼此信任、敢冒风险、勇于负责、虚怀若谷、不争权夺利、互相学习、不嫉贤妒能，互补性强、效率高的优秀的决策群体，以市场为导向，以企业经营为中心，正确地进行经营决策。

2.经营决策的原则

企业要科学地、正确地进行经营决策，必须遵循以下八个方面的原则：

（1）决策目标明确的原则。决策目标是决策过程自始至终围绕的一个核心内容，是构成决策活动不可缺少的基本因素，是确定方案是否可行的依据，是判定可行方案优劣的标准。因此，决策目标必须明确、具体，并且便于衡量。

（2）决策的系统性原则。决策者要有系统思想、整体意识、全局观念、统筹兼顾、全面安排，以整体目标的最优化为准绳，而不能以某一个目标的实现为依据。决策过程中要注意各系统之间的配合，局部利益要服从整体利益的要求。

（3）决策的经济性原则。经济效益是企业一切生产经营活动的核心。良好的经济效益是企业经济活动的主要目标，也是衡量一个企业经营状况的主要标准。因而在经营决策过程中，确定可行方案必须以经济效益为主要依据。同样在方案优选过程中，还要将经济效益作为重要的评价标准。

（4）决策的可行性原则。经营决策的目标必须是可以实现的，它既能适应外部环境的要求，又是企业内部条件所能达到的。决策者应谨慎从事，充分顾及社会、政治、道德等因素的限制，切不可不顾风险、贪大求全。

（5）决策的创新性原则。一个企业必须不断地注入新的经营策略、新的产品、新的经营方式，才能永葆青春。正如古语所说："问渠哪得清如许，为有源头活水来。"决策者必须积极进取，勇于开拓，敢于承担风险，富有创新精神。切不可谨小慎微，持有不求有功、但求无过的指导思想，不思进取，怕担风险。

（6）决策的科学性原则。决策是一项科学性很强的工作，必须借助大量的信息、资料、数据，依靠各种专业人员，利用各种科学的方法进行。决策不是企业领导者凭主观想象随意地"拍脑门"。当然，科学的决策也绝不是仅依赖于定量的决策手段，尤其是不切实际地套用那些定量方法，而应当把定量、定性分析有机地结合起来，才能做出正确的决策。

(7) 决策的群众性原则。群众是智慧的源泉，又是决策目标实现的基础。决策过程中要做到决策的民主化，以充分发动群众，依靠群众出谋划策，同时还要善于引导群众，把注意力集中于企业面临的主要问题上，并善于集中群众的正确意见。这样不仅能够集思广益，做出正确的决策，而且容易使决策方案被人们所接受，便于决策方案的实施。

(8) 决策的政策性原则。经营决策必须贯彻执行党和国家的路线、方针和政策，遵循国家法律、法规及各项制度。

3. 经营决策的程序

(1) 确定决策目标

确定企业的决策目标，首先，要对企业的外部环境和企业内部条件进行调查、分析，确定企业在此经营条件下应该达到的经营状态 (理想状态) 和实际达到的经营状态 (现实状态)；其次，根据理想经营状态和现实经营状态之间的差距找出企业存在的主要经营问题及产生的原因；最后，根据企业的经营问题及外部环境和内部条件的变化，确定决策目标。

(2) 可行方案的确定

可行方案是指符合企业外部环境和内部条件的要求，能够保证企业决策目标实现的行动方案。确定可行方案是经营决策的关键步骤，因为它是决策过程能否寻求到合理方案的关键所在。

可行方案的确定要经过两个阶段：一是广泛列举；二是对各方案的可行性进行分析论证，合并类同的方案，淘汰可行性较差的方案。

(3) 可行方案的选优决策

这一阶段是对各可行方案的技术先进性和经济合理性进行分析论证，通过不断地比较、筛选、淘汰，从中选取一个理想方案。如果经过比较仍找不到一个令人满意的方案时，不要草率决定，而应重新寻求新的方案，直到找出一个合理方案为止。

(4) 决策方案的实施和反馈

决策方案确定之后并不意味着决策过程的结束，将决策方案付诸实施，才是决策过程的最后阶段。决策方案实施首先须制订出实施计划。在实施过程中，要不断地检查实施效果，及时发现问题。方案实施中出现的问题，可能是实施过程本身的问题，也可能是决策目标或抉择方案的问题，还可能是方案优选过程中的问题。无论是哪一方面的问题，都必须及时反馈，以便于及时调整和采取措施加以解决。

（三）决策方法

1. 肯定型决策

肯定型决策是指各方案的实施只有一种明确的结果。这类决策问题一般可以根据已知条件，直接计算出各个可行方案的结果，然后进行比较择优。

肯定型决策在管理中常用于以下六个方面：

①量、本、利分析；

②有限资源的最优分配和利用；

③投资方案和经济效益的效益成本分析；

④生产任务的最优排序；

⑤经济批量、库存控制以及设备经济寿命的确定；

⑥投入产出综合平衡等。

2. 风险型决策

风险型决策具有以下特点：

①具有决策者期望达到的决策目标，如最大收益额；

②存在可由决策者选择的两个以上的可行方案；

③每一方案的执行都面临着非决策者所能控制的自然状态，如未来市场的销售状况是畅销还是滞销；

④各个方案在各种自然状态下的损益值是可以确定的；

⑤各种自然状态发生的概率是可知的。

风险型决策是依据各种自然状态发生的概率计算各方案损益值的期望值，并以此判断方案优劣。

风险型决策的方法有决策表法、矩阵决策法和决策树法等。决策树法是运用树状图形来分析和选择决策方案的一种方法，它具有简单、直观的优点，尤其适用于多级决策分析，是风险型决策的常用方法。

风险型决策是根据某方案在各种自然状态下的损益值和这一自然状态发生的概率，计算这一方案损益值的期望值，然后比较各方案损益值的大小进行择优的。然而概率仅仅反映某种自然状态发生的可能性。小概率事件不一定不发生，大概率事件也不一定发生。因此，依据各种自然状态发生概率计算得到的期望值进行方案优劣的判断，往往带有一定的片面性。

3. 非肯定型决策

非肯定型决策，其要点与风险型决策基本相同，区别仅在于各种自然状态出现的概率不确定，这样，就不能像风险型决策那样通过计算期望值来选择方案，而由决策者按照一定的标准，依据自己的经验和态度进行决策。

非肯定型决策采用的各种准则如下：

①乐观准则（大中取大法）。乐观准则是持乐观态度选择方案。即将各方案最有利的自然状态出现的概率视为1，其他状态皆不可能出现，以此为条件进行决策。

乐观准则的决策过程：首先找出每一方案在各种自然状态下最大损益值；然后再在各方案最大损益值中取其中大者，其所对应的方案即为合理方案。

乐观准则体现了决策者勇敢的冒险精神和企望一鸣惊人的决策思想，对客观情况总是抱着乐观的态度，总是朝着对自己有利的方向考虑问题，而事实又往往与之大相径庭，因而这种决策准则又称为冒险型决策。

②悲观准则（小中取大法）。悲观准则主要特点是对方案的选择持悲观态度，从最坏处着眼，将各方案最不利自然状态的概率视为1，认为其他状态都不可能出现，并以此为条件进行决策。

悲观准则的决策过程：首先找出每一方案在各种自然状态下的最小损益值，然后再在各方案最小损益值中取其中大者，其所对应的方案即为合理方案。

③后悔准则（最小的最大后悔值法）。后悔准则是以最小的最大后悔值为依据作为判断方案优劣的准则。

后悔值又称为机会损失值，是指在一定的自然状态下，由于未采取最好的行动方案，失去了取得最大收益的机会而造成的损失。后悔值是在某种自然状态下，各方案损益值的最大值与各方案损益值之差。

后悔准则的决策过程是先列出后悔值表，然后找出每一方案在各种自然状态下后悔值的最大值，取其中小者，其所对应的方案即为合理方案。

④折中准则。折中准则是在乐观准则和悲观准则的基础上改进而得的，又称乐观系数准则。乐观准则和悲观准则都只考虑方案遇到最有利和最不利两种极端情形。也就是乐观准则将最有利状态概率视为1，最不利状态概率视为0；悲观准则将最不利状态概率视为1，最有利状态概率视为0。如果让这两种状态的概率不是0、1两个极端值，而是介于0~1之间的其他数值，使这两种状态概率成为具有互补关系的数值，那么就可减少过于乐观或过于悲观造成的失误。折中准则就是基于这一观点，将最有利状态概率定为 α（称为乐观系数），最不利状态概率定为 $1-\alpha$，以此为权数计算各方案损益值的期望值。比较后从中选取最大的，其对应方案即为合理方案。

$$折中期望值 = \alpha \times 最大损益值 + (1-\alpha) \times 最小损益值$$

决策是一门科学，也是一门艺术。决策者必须正确掌握决策技术和应用各种辅助工具。但是仅做到这一点还不够，因为各种选择和判断终究是由人做出的，决策的正确与否，与决策者的素质、经验、才能皆有很大关系。成功的企业家能够做出正确的决策往往不是靠精确的数学计算，而更多的是凭借大多数人所不具备的智慧，凭着对事物敏锐的观察和分析能力、独特的思维方式、快捷的反应速度、准确的预测能力、丰富的社会经验和科学的推理判断方法，从变幻莫测的市场信息中捕捉事物发展的真谛，做出正确的决策。因而在掌握一般的决策技术之后还必须不断提高自己的主观决策能力，提高自身素质，才能够做出正确的决策。

第六章 煤矿企业经营要素的专业管理

第一节 人力资源管理

一、人力资源管理概述

近年来，受市场经济的冲击和影响，煤炭企业之间的竞争越来越激烈，人才之间的竞争也越来越受到煤炭企业的重视。然而，就目前的状况来看，煤炭企业在人力资源的管理中仍然存在着一些问题，如在人力资源配置上的"一线紧、二线松、三线庸"现象屡见不鲜；由于专业技术人才缺乏、人员整体素质欠佳，导致结构失衡、分布不够合理，学非所用、用非所学现象普遍存在；考核制度和管理机制不够完善，造成工人工作热情不高；等等。这些问题严重制约了煤炭企业的发展。

建立合理的人力资源信息化管理模式，有效地利用煤炭企业现有的人力资源，不仅有利于迅速提高煤炭企业的人力资源管理水平，而且对整个煤炭企业人力资源的发展也将产生深远影响。然而由于在网络化组织中，各个矿井所处的地理位置不同，具备的人力资源种类、能力、数量及所接受的任务也有所不同，因此传统的手工式管理上出现了一系列问题。而信息技术在煤矿人力资源管理中的应用，将有助于煤炭企业定义与优化人力资源管理的业务流程，提高工作效率，提高服务质量，并提供基于信息的决策支持。

二、应用系统设计

（一）系统设计目标

人力资源管理系统能够将信息技术和管理技术有机结合，使煤炭企业人力资源管理者能够从烦冗的日常事务性工作中解脱出来，从而在复杂多变的环境中应对自如。从人员聘用到员工离职，人力资源信息系统涵盖了从职位、绩效、社保福利，到培训方案等一系列工作模块，运用互联网和个人电脑，实现煤炭企业人力资源管理工作的系统化、模式化和集成化。

由于人力管理系统对实现技术的安全性、稳定性，易于维护性都具有很高的要求，因此人力资源管理系统的技术开发平台的选择就显得尤为重要。而本系统采用分布式架构，是由多个组件构成的，主要包括客户端程序、数据库端程序、服务器端程序及中间件式的组件。这些数据库端及服务器端既可以安装在同一台服务器中，也可以安装在不同的服务器中。

（二）系统设计原则

1. 实用性

系统从业务模型、功能设置、人机界面等方面充分体现对国内煤炭企业有针对性的高实用性。作为煤矿现代化管理体系的基础设施，必须适合煤矿的制度、规范、文化和习惯。以煤矿各类管理业务流程为基础，使业务人员在用系统时没有陌生感，又不能成为现实手工系统的仿真，既要基于现实，又要高于现实。

2. 整体性

应用系统实行统一规划、分析、设计，所采用的各种基础平台必须统一。数据的集中式管理，大大提高了信息的集成度，同时降低了由于分散管理带来的人员、设备和维护的成本，降低了实施的难度，节省了煤炭企业信息化的投入。统一规划的总体原则保证了企业系统的架构基础是坚实的，分步实施则使企业的投资"步步为营"，经济性的投入有效地支撑企业规模不断发展和信息化投资之间的平衡。

3. 扩展性

煤炭企业在不同时期的管理重点和内容是不一样的，而高质量的人力资源管理软件能解决企业不同时期的管理需求。这就要求 HR 软件要有非常好的可扩展性：

（1）能够定义不同类型员工的员工属性（自定义数据表、字段、代码、计算公式）；

（2）支持工作流管理体系，可以按用户不同的业务流程与角色权限定义工作流模型；

（3）提供标准统计报表的同时，提供用户自定义功能，用户可快速导出成 Excel；

（4）用户操作软件与 Excel 一样方便，保留大量 Excel 操作风格；

（5）预警设置（设置动态时间提前几天通知、数值安全警戒线提示）；

（6）实时的绩效管理体系，上司可随时了解下属每天的工作日志，随时分配工作任务；

（7）权限分配（分配人员类别、单位部门、软件菜单功能）；

（8）网络要求低，软件中采用先进的优化算法，可以减少对网络带宽的依赖。

4. 安全性和可靠性

系统必须具有很高的可靠性和安全性，这是必须具备的一个重要条件，在数据库系统和网络系统的多层管理与安全体系控制下，对系统安全系统建立的方式方法有完善的考虑。

5. 可扩充性和开放性

系统所采用的技术一方面要符合和遵守国际标准，能满足煤矿未来一定时期发展要求和扩大升级的可能性；另一方面应尽可能支持公司内现有计算机和信息资源，使现有资源得以保护和利用。

6. 易维护性

系统维护的主要目标是适用性维护和改善性维护。为了提高系统的可维护性，软件设计人员应做到：建立可维护性的开发环境；将软件的维护从开发后期提到开发初期，即在设计阶段就要考虑到软件维护的方便性。

7. 容错性

应用软件系统应具有很好的容错性，不会因错误资料等而导致系统崩溃。

（三）系统功能结构

系统建成后形成无缝连接的八个模块：职位管理、人事档案管理、劳动合同管理、社保福利管理、招聘管理、绩效管理、教育培训管理、劳保用品管理。其中提供了社保福利管理、绩效管理等业务模块的数据接口，在使用中矿微星的煤矿工资管理系统计算工资时，用户可以引入绩效考核结果、职工社保扣款信息等作为工资项目进行计算。

三、系统业务方案及实现

（一）职位管理

职位管理内容包括职务要求、任职技能要求、职能权责、考核要素、升迁办法等要素信息，可针对职务管理信息设置任意的数据表与数据字段，招聘、培训、绩效等模块都要与此模块关联。

（二）人事档案管理

人事档案管理包括职工基本信息、个人简历、家庭成员、社会关系、档案工资、社会保险、在职培训、合同变更、奖惩记录、健康记录等信息的录入、变更、多条件任意组合查询。

①员工信息。

②添加职工。

③员工调动。

④职工部门修改。

⑤员工档案管理。

(三) 招聘管理

招聘是人力资源工作中的首要环节，要从控制员工素质入手，全面提高人力资源管理水平。招聘管理的好坏直接关系到人力资本的含金量高低，关系到人力资源素质结构。

1. 招聘需求

职位空缺可通过现有数据库中职位编制数与实有人数算出，或者由用人部门根据用人需求提出。

2. 招聘计划

完成招聘需求汇总统计之后，人力资源部可以根据需求制订每月招聘实施计划。

(四) 教育培训管理

培训和企业招聘一样重要，选好才更要育好才。新的教育培训管理不是以往单一的培训记录，更多是通过流程化管理了解员工真正需要的培训管理。

1. 培训资源管理

主要是管理培训师或培训机构的信息，包括培训师或机构的资历情况、专长课程，课程介绍、费用情况、以前学员的反馈情况等。

2. 培训计划

培训计划与招聘计划有些类似，从各业务部门了解到培训需求，与年度培训预算、职位管理信息 (职务说明书)、干部储备计划 (职业生涯规划) 关联。

3. 培训管理

管理培训信息：参加的培训班名称、培训时间、培训内容、培训考试结果、培训组织单位、培训地点、培训评估信息、培训费用信息、获得证书等。

(五) 绩效管理

绩效管理是一套有系统的管理活动过程，用来建立组织与个人对目标及如何完成该目标的共识，进而实行有效的员工管理方法，以提升企业目标完成的可能性。所以绩效管理不仅包含个别员工的绩效评估，更将个别员工的绩效与部门的绩效结合，最终目的是提高企业整体的绩效。

1. 考核方式

通过定性与定量相结合的方式，根据部门设置不同的考核标准值，不同类别人员的多种考核标准，人力资源部根据定义好的考核对象、标准、权重，通过员工自助系统录入被评者各项考核分值或等级。

人力资源部根据收集的考核表，进行汇总计算，最终得出每个员工的考核分，并可公布在网上供员工查询，包括后期的员工考核面谈、生涯规划、考核反馈等。

可以通过不同业绩指标的分析计算生成指标数值，通过考核数值与薪资管理等挂钩，设置计算公式。

2.考核流程

定量考核主要以企业及部门的财务指标为主考核，将其他业务系统的考核数据源导入人力资源系统（如人力成本、材料指标与消耗、电费等），按照制度设置不同指标项的计算公式，最终与薪资进行关联。

（六）社保福利管理

社保福利管理是煤炭企业与员工共同承担员工未来风险的措施之一，也是激励员工的重要方法之一。

随着国家对社会保险制度的完善，煤炭企业对社会保险（养老、医疗、工伤、失业、生育）、商业保险等的管理需求日益强烈。

第二节　物资管理

一、物资管理的背景

物资供应管理是企业生产管理的重要组成部分，它存在于生产过程的每一个环节。作为煤炭企业的物资管理中心，担负着整个集团公司煤矿生产建设所需物资的供应、管理等工作，任务十分繁重。如何提高企业的整体管理水平，节约管理成本，合理储备物资，成为煤炭企业物资供应管理部门的工作重点。

企业管理信息化是解决当前企业管理中突出问题的有效措施，也是实现管理创新的重要途径。

二、物资管理的业务流程

物资管理系统主要实现各部门内的物资管理。厂矿级物资管理系统功能包括：物资申领、材料交旧、需求计划、物资入库、出库、物资费用限额控制和消耗分析、仓库物资调拨、预警管理及各部门材料明细物资消耗的统计分析等，从各基层单位的材料员、批料员、物资计划员到库管员全面的内部物资计算机网络化管理。

基层材料员从计算机系统申报物资计划，实现日常物资申请和物资消耗的查询分析。基层材料员通过网络申请物资时，能够看到物资的库存及本部门月度计划的实际消耗情况；物资审批员和物资计划员从网上审批物资计划与日常物资申请，他们在审批物资时能够看到实时库存和被审批部门的物资月度计划消耗情况。在系统运行初期，使用计算机料单代替手工料单，物资审批后，批料员打印计算机料单，材料员持计算机打印的料单到仓库领料，库管员录入实际发放数量，确认出库。

按照物资类别分别设置库管员的权限，每个库管员分别管理各自仓库的收发存；货到票到的录入正式入库单，货到票未到的按照计划价格暂估入库，到票后，录入"发票"信息。月末，系统提供分类汇总的当月暂估物资汇总表，用于财务的物资暂估处理，下月财务冲减前月的暂估数据，仓库不再进行冲减处理。

通过设置仓库的货位，可以按照货位查询物资存储情况；通过设置库存上下限，在库存预警查询里可以查看缺货或积压的物资详细信息。

三、系统的设计与实现

(一) 计划管理

计划管理具体包含需求计划管理和采购计划管理两个部分。需求计划管理具体经过如下步骤形成：首先，各基层材料员根据本单位所需申报需求计划，然后审批员审批、汇总各基层的需求计划；其次，库管员在此基础进行确认，相关领导进行二次审核后最终确定每种物资采购数量；最后，通过采购公司矿接口模块将最终确定的物资采购计划上报到采购公司系统中。

需求计划类别分为月度计划、补充计划、紧急计划、年度计划和单项工程计划等多种类型，用户可根据不同业务需要和阶段选择不同的计划类别进行申报。

以下以需求计划申报和计划执行分析为例详细介绍。

1.需求计划申报

基层材料员根据生产需要，填制物资需求计划申报，所需物资及其需求数量填写完毕，未提交给审批员审批前，填写计划的基层材料员若发现计划中个别信息填写有误或不完整，可以直接进行修改、补充、删除等维护性操作。基层材料员修改核对各种信息后提交计划，即直接将计划送至审批员处等待审批。物资计划送审后，基层材料员将不能再修改计划中的信息。若计划送审后发现确实需要修改，可以通知相关审批员将上报计划退回，然后基层材料员再进行修改。一般情况下，各项目的年度计划一年申报一次，月度计划每月申报一次。

2. 计划执行分析

系统除提供上述各种查询外，还有需求计划执行分析和采购计划执行分析模块。这两个模块将各种物资的入库、消耗等数据与计划相结合，可以让用户更直观地了解到计划的执行情况。

采购计划执行分析将某时间段内某部门的每种物资采购计划与该时间段内该部门的具体入库数统计出来，并计算出计划内未到货数量及到货率等相关数据，可以方便用户及时催促供应商送货。

（二）发放管理

根据工程（工作）需要和审批物资需求计划，材料员提出物资申请，仓库批料员根据库存和用户物资申领限额等对用户领料申请进行审批，通过审批后，将审批结果反馈给基层材料员，并打印料单，由仓库管理员确认并发料出库（可以是基层根据审批反馈和料单领料，也可以由仓库根据料单组织配送）。

此外，对于某些特殊情况，可以通过直接出库的方式直接领料，减少等待时间。同时也考虑到由于物资发放日期确认、物资申请错误等原因造成的物资单据错误的情况，通过冲减物资，可以冲掉原来错误的单据，重新申请单据。在申请领料管理中同时可以进行交旧处理。

1. 审批领料

在基层正式领料前，料单必须经过仓库审批员进行审批。只有经过仓库审批员的审批，基层材料员才能根据该物资单据去仓库保管员处领用物资。送审的料单如果需要主管审批，那么会被送到主管审批处等待主管审批，不需要主管审批的料单，送到审批员处等待审批员审批。若送审的料单中包括需要交旧的物资，则该料单无法审批，需要送到物资交旧处等待物资交旧。送审后，仓库审批员就可以根据库存、已审批用户物资需求计划和用户领料限额对基层申请领料进行审批。

2. 物资交旧

有些不易损耗且价值相对较大的物资，部门第二次申领该物资时，必须先按规定比例交回一定数量的旧品，才能领用新品。基层领料时可以先在查询窗口，输入查询条件，筛选出符合条件的交旧信息。在物质交旧中可以设置两种方式：单个交旧、批量交旧。系统根据材料是否需要交旧及交旧比率，结合上次申请的该物资的数量自动计算应回收数量，选择某条须交旧的煤矿经营协同管控平台记录，输入实际收回的数量，若交旧信息没有错误，则完成了对该材料的交旧。对于批量交旧的方法，可以一次输入多条记录的交旧数量，然后，将这些记录全部选中，可以一次性把这些材料全部确认交旧，相对减轻工作量。

(三) 仓库管理

仓库管理主要包括收货登记、收货确认、发票登记、发票确认、仓库调拨申请、仓库调拨审批和差异调整。以下以发票登记和差异调整为例进行详细介绍。

1. 发票登记

发票登记是仓库保管员针对估收物资后续发票来到之后的处理工作，此工作是用来核销曾经因为票据没有到来的物资，待票据来到之后，将票据信息录入系统，其中包括发票号、到票日期、到票物资明细、杂费等内容。将历史估收物资在系统中自动查询得出，将票据实际金额录入其中，提交发票后并由财务人员核对无误后，可核销历史估收的物资。

2. 差异调整

物资入库的时候，系统上显示的总金额有可能与实际物资总金额存在少许的差异，此情况大多是由于四舍五入而造成的，此时可通过此模块进行差异调整，将需要调整的物资名称，调整的金额录入系统，确认即可。

(四) 预警管理

库存预警管理，是系统对仓库库存进行实时监控，一旦库存达到库存警戒线，系统自动报警，提醒用户进行采购以补充库存或降低材料采购数量。

材料费预警设置：有效控制基层单位的材料费，系统提供部门费用及费用来源双重预警管理。一旦工区的材料超标，系统在材料申请及材料发放时都可以自动提示。

库存报警：有效防止出现库存积压或不足的现象，使库存数量保持在一个正常合理的范围内。系统可以通过历史月份的消耗情况，自动计算出库存的合理数并设定，当库存超标或者过低时系统则自动提示。

(五) 查询报表

1. 库存查询

用来查询仓库的库存量，其中条件包括仓库部门、仓库、材料名称、货位、材料编码、查询拼音、材料类别、核算级别、是否查询历史、是否查询零库存等信息。当查询条件录入完毕后，可查询出某仓库的物资类别、物资编码、物资名称、库存单位、规格、数量、单价、金额、厂家、库存上下限、月累计、年累计、最近一次入库时间、最近一次出库时间等信息，全部清晰可见。

2. 台账查询

系统台账就是明细记录表。它与手工账簿一样，主要包含三部分：收、支、存。若查询某仓库某月的台账，收货记录会全部在系统中体现出来，其中包括验收入库、调拨入库、估收入库等。支，系统自动统计本月此仓库对各部门的支出情况。存，收入－支出＋上月库存＝存。此模块具有明细与汇总查询功能，双击某一种物资的收支存，会显示出详细的收货、发货、存货的日期、单据编号、出库仓库、领用部门及金额与数量等。此模块操作方便，查询灵活，类似于手工收支存流水账。

（六）初始处理

1. 暂估初始

暂估初始是对上物资系统之前，所有到货未到票的物资录入此系统中，方便以后财务核销估收的物资，待发票来到之后，可通过发票登记、发票确认来冲销此部分物资。录入时，材料名称、数量是必输项。录入完毕后，进行保存，系统自动记入仓库库存。

2. 库存初始

系统运行初期，必须将仓库库存录入计算机，形成系统初始库存。为了保证系统正常运行，在录入初始库存的同时，企业可以进行正常出入库操作，初始库存录入完成，必须由专门人员（一般为系统实施人员）对初始库存进行记账，系统将自动平衡库存管理业务数据和初始库存数据。

3. 初始记账

初始记账是库存初始录入完毕必须做的工作，初始记账之后，相当于系统仓库建立完毕。此工作必须由系统管理员或实施人员进行操作，因为系统只允许一次记账，属于非常关键、重要的操作。

（七）期末处理

1. 月结

每月月末，系统将根据用户要求自动对库存与财务进行对账、结账。月结工作一般由财务人员操作，月结之后，本月的数据将不能修改。

2. 反结账

一般来说，结账完成后系统将自动进入下期的业务运行；但如果对账数据不平，必然影响下期运行，这时，可以通过反结账处理。待找到原因，再进行结账处理，以确保数据正常运行。

(八) 基础编码

在系统运行之初，必须进行系统初始化设置。初始库存为系统初始化业务数据。除了初始化业务数据，还有系统运行所必需的基础数据，如部门编码、物资编码、仓库编码、货位编码、业务员编码、物资仓库对照、供应商编码等。其中物资目录维护，物资仓库对照是物资管理的基础。

1. 物资编码

维护本单位的物资信息，通过这个模块可以对物资进行添加、修改、删除及禁用等处理。

2. 物资仓库对照

建立物资与仓库的对照表，由于物资管理很复杂，一般按照物资大类建立物资与仓库之间的对应关系，一个仓库管理多个大类物资。有时，个别小类物资与大类不一定在同一个仓库，这就要求建立料与仓库的对照表，以利于基层材料员申请领料和系统对物资的管理。

第三节　设备管理

一、设备管理概述

(一) 设备及设备管理的含义

设备是人们为了从事生产活动，对投入的劳动力和原材料所提供的必需的相关劳动资料 (劳动工具) 的总称。具体来讲，它包括机器、仪表、工业炉窑、车辆、船舶、施工机械等。其中最有代表性的是机器。

设备管理，是指根据企业经营方针和目标，从设备的调查研究入手，对有关设备的规划、设计、制造、选购、安装、调试、使用、维护、大修改造，直至报废的全过程，相应地进行一系列技术、经济组织管理活动的总称。

设备管理是一门集管理科学、技术科学和经济学三个方面理论于一体的综合性较强的应用技术学科，其基础理论涉及系统论、控制论、信息论、运筹学、管理经济学、故障物理学、摩擦学、可靠性工程、组织行为学、人—机工程学等许多领域。

(二) 煤炭企业设备管理

随着"高产高效"矿井的出现，煤炭生产自动化程度的提高，采煤工艺对设备的依赖程度也越来越大，确保设备最佳的技术状态是全面完成任务的重要保证，也是职工安全健康和环境保护的需要。据相关数据统计显示，在每年的煤矿安全生产过程中，由于设备故障造成的事故占总事故的六成，设备停止运转，不仅会影响到煤炭企业的正常运作和生产，还会对一线人员人身安全构成威胁。一旦井下通风设备停止运转，那么就会导致井下通风不良，有害气体大量集聚，从而严重威胁到矿工的人身安全。因此，加强煤矿机电设备的科学管理工作、正确合理地使用机电设备，对于保证煤矿安全、提高企业经济效益都有着十分重要的作用。

由于煤炭集团生产规模庞大，且处于不断快速增长状态，各种设备的保有量急剧增加。大量的设备保证了集团的生产计划和安全，同时也给管理带来了巨大的挑战。煤炭的设备管理有其独特性：首先，生产作业环境复杂多变，安全生产依赖对设备维护和保养；其次，设备种类多、分布广、价值比较昂贵；最后，大量的移动设备，且设备的使用处于不断变化之中，管理的信息量大。因此随着生产规模的不断扩大，设备管理也面临着极大的考验。

将先进的计算机技术应用于设备管理，可以帮助煤炭企业提高设备的整体管理水平，达到管理目标。第一，设备管理系统可以实现设备全生命周期的监控；第二，提高设备动态调剂利用效率；第三，支持关键设备点检；第四，设备安排与生产计划衔接。设备的信息化管理能够在优化煤炭开采装备水平的同时，充分发挥设备效能，帮助企业取得最大化的经济效益。因此，采用信息化手段，加强对集团各种设备的管理和监控，对于保证各煤矿的安全生产和集团公司快速扩张发展战略的实现，都具有重要的意义。

二、煤矿设备管理存在的问题

(一) 维护、管理与使用脱节

在组织机构上，煤炭企业组织机构刚性、效率低、易发生冲突。设备管理所涵盖的科学技术门类越来越多，各种专业技术向纵深发展，且横向综合。目前的设备管理机构仅按专业和职能进行划分，经济管理、组织管理、组织人员及质量管理相对滞后，过于强调部门内部的控制、指挥与协调，职能部门之间协调困难，容易造成矛盾与抵触，最终导致设备管理各环节脱节，效率低下。

(二) 管理监管不力

煤炭企业设备管理因涉及多方的利益，因此长期以来在设备业务的监管和执行方面，一直存在着一些难以解决的问题及管理漏洞，如设备采购人员在设备采购过程中与供应商的合谋行为；设备租赁人员在出租和承租设备时的暗箱操作；设备验收人员在设备验收、盘点检查时的舞弊行为；设备报废资产清理过程中，销售人员的牟取私利；等等。

(三) 设备投资关注点过于片面

在设备的投资管理中，目前的投资决策方式主要依据生产的需求和设备价格的高低，注重的是购置费用，而常常忽视设备投产使用后所需油耗、维修保养、环境污染、安全保障等各种运营费用的高低。并且一些煤炭企业设备采购供应与租赁管理脱钩，设备租赁部门缺少对供应商信息的了解，以及不能及时获得设备采购到货情况和自制厂的生产完工情况。因此，不能及时向使用单位进行设备租赁。同时各使用单位也很难将各种设备的使用情况、运行状态和设备质量等信息及时反馈到设备采购部门，并为其采购决策提供信息支持。

(四) 忽视全员维护的重要性

在实际的设备使用中，设备的操作者和维护者之间存在脱节现象，设备维修和保养完全依赖于维修技术人员，忽视设备操作人员在使用过程中对设备精心维护和保养的重要性。在计划的维修周期内，维修人员根据计划维修内容进行维护、保养，在生产时间内，操作人员不需要过多地考虑维护，如果出现大的问题，只需要上报维修即可，不注意使用中的维护和保养。导致新设备加速磨损，设备维修费用逐年升高。

(五) 维护计划合理性有待提高

在设备的技术管理中，仍以计划维修为主。目前的维修方式仍是按照设备的磨损规律订制检修计划、维修周期、维修费用等。计划维修方式虽然在很大程度上保证了设备的安全运行，缩短了备品备件采购的提前期，但它缺乏灵活性，没有针对设备的使用环境、运行状况、事故原因等做出灵活、准确的判定，使设备在使用中产生突发事故的可能性增大，对设备无故障运行的保障能力较弱。同时由于缺少设备历史故障数据，很难得到有效的维修周期，在多数情况下应用计划维修时，大部分设备仍有大量剩余寿命可用时即被维修，经常导致维修过剩，如果维修不当还可能损坏设备。

(六) 备件管理落后

备件管理是设备管理与维修工作的重要环节，它决定着修理的停歇时间，影响着维修质量和经济指标，进而关系到煤炭企业的经济效益。但是，由于长期以来煤炭企业在设备管理的指导思想上重生产、轻管理，管理简单粗放，以高投入、高储备满足生产急需，而不注重内部资源的合理调剂利用和库存作用的发挥，更不用说探索新的备件管理模式了。其结果必然导致备件盲目采购；备件库存逐渐长、居高不下，大量占用储备资金；死库存越来越多、有效库存越来越少等问题的发生。严重影响了企业备件储备资金的周转、浪费了企业资源，降低了煤炭企业的经济效益和综合竞争力。

(七) 设备租赁经营策略有待创新

在租赁管理上，煤炭企业设备租赁经营主要是内部租赁。融资租赁和经营性租赁所占比例很少，特别是对外经营性租赁业务占比例很少，造成煤炭企业由于快速发展而落后淘汰下来的设备，因未开拓外部市场而形成资源的极大浪费。租赁经营也主要是在一定程度上提高设备利用率，充分利用闲置资产，统一管理与维修。租赁核算方法比较单一，缺少客观科学的理论支持。设备租赁依旧属于企业内部设备管理的一种形式，其租赁不是真正意义上的租赁经营，使设备租赁管理部门实际成了设备租金收费站。

三、系统设计及功能实现

(一) 设备档案管理

设备台账管理包括设备基础信息和设备综合查询。设备台账分为静态部分和动态部分：在静态部分，系统提供用户可以建立并查询设备档案，包括跟随设备的编码、名称、型号规格、供应厂商、生产厂家、设备原值、规定使用年限、机械和电气系数、技术参数、设备构成等信息，为管理者随时提供出设备的全貌信息；在设备台账的动态部分，系统根据设备管理的相关业务自动详细地记录了设备的当前状态信息和设备周转信息。

(二) 设备动态跟踪管理

系统能够实现从设备的到货入库、领用、交接、归还直到报废的基于生命周期的动态跟踪管理。系统提供设备的申请、审批、入库、出库、送修、归还等网络化操作，能够全面、准确地记录设备的分布和状态信息。各级领导能够实时统计查询不同部门、不同地点及不同类别设备的数量和状态情况。

(三) 设备维修管理与维修费用分析

煤矿中大量设备需要不定期或定期地保养与维修，通过人工的检查确定是否该保养的时效性是很差的，一台设备不及时检修往往会造成更大的事故。所以，通过系统来对设备维修进行管理，可以达到设备维修预警及时、维修费用去向分析、维修费用控制的目的。

制订维修计划包括：制订设备大修、中修、小修的维修计划，通过设置设备大中小修及保养周期，系统自动生成设备的维修计划，对设备的维修进行预警。

(四) 设备租赁管理

使用单位往往在需要使用设备时要得很急，而归还设备时却不积极，造成设备的供需矛盾紧张。根据煤矿设备管理的现状，采用了超期罚款和按日租赁这两种方式来提高设备周转使用率。系统自动根据设备的归还日期及日租单价算出当月各单位设备的租赁费用或超期费用，再通过行政手段来兑现奖罚的金额，这样大大提高了设备的周转率。

(五) 报废预警管理

任何一台设备都有其报废年限，系统通过报废预警功能可方便统计和查询某一时间段内即将要报废的设备，为每年年底从在籍设备中进行设备的报废，提供了设备报废明细清单，并保留报废设备的相关数据待查。

设备报废预警，是指通过该模块可查询全矿即将要报废设备的设备清单。

第四节　周转材料管理

随着煤炭企业生产规模日益庞大，各类物资的保有量急剧增加。大量的物资在保证企业生产计划和安全的同时也给管理带来了巨大的挑战。其中，对金额较大且能够被回收重复使用的大型材料或设备配件的管理尤为重要。

加强煤矿大型周转材料的管理，是实现节支降耗、达到降低成本的重要手段。

一、周转材料管理系统功能概述

材料周转管理系统主要包括"周转材料档案网络化管理""周转材料流动跟踪管理""周转材料库查询""周转材料统计查询"等功能。

(一)周转材料档案网络化管理

"周转材料档案网络化管理"是周转材料管理系统运行的基础。周转材料档案电子化管理相比手工管理在查询、维护、分类等功能上有很大的优越性。档案电子化管理不但记录了周转材料的常规属性信息，还可以将周转材料的附件信息、照片信息、租赁信息、使用状态等信息反映出来。此外电子信息便于传递，使实现周转材料档案的信息共享成为可能。

(二)周转材料流动跟踪管理

煤炭企业周转材料种类繁多、变动频繁，手工管理无法及时处理大量的信息变更，因此企业的变更信息往往存在滞后甚至空白。"周转材料管理系统"通过信息技术将周转材料从入库、领用、归还、移交、维修、报废每个环节都关联起来，既理顺了周转材料的管理流程，同时也大大减少手工作业的工作量。

(三)周转材料库查询

材料出入库管理：实现大型材料出入库申请、审批、确认的网络化管理，规范了大型材料的入库、出库流程，也方便了日后系统对大型材料入库记录的跟踪查询，减少了大型材料入库、出库不规范、不合理性的现象。

材料移交管理：系统记录每项材料交接的全过程，辅助企业管理者根据生产需求调配设备，提高大型材料利用率；同时系统提供了材料交接管理功能，即跟踪所有材料的周转交接情况(包括使用单位间交接、工程项目间交接)。

材料租赁管理：在材料租赁管理中，系统根据材料使用计划制订材料租赁计划，为出租单位和使用单位依据租赁计划签订租赁合同提供平台，同时记录材料在租赁过程中的移交信息等。系统自动计算出租赁形成的出租单位与使用单位间的结算金额、材料的租赁费用或超期罚款，生成租赁费用结算的相关统计报表，从而达到提高大型材料利用率、减少浪费的精细管理目标。

(四)周转材料统计查询

"周转材料管理系统"提供了图形化、表格化的查询分析功能，同时可以按不同的类别、使用部门、状态、工程等查询各种设备的使用现状，实现管理者和决策者实时动态掌握各种设备的数量、分布情况及设备所属的状态，实现大型周转材料信息实时共享、大型周转材料流动台账查询、大型周转材料分布查询、大型周转材料部门收发存查询等功能。

二、建构科学统计周转物料类别科目

第一，统计数据模块化分类。现代煤炭企业以物流供应链规划发展是中长期发展战略，是煤炭企业成长必然之路，与物流供应链市场资源运行规则还有一段距离，周转物料模块划分要符合企业及社会资源需求条件。根据物流供应链运营法则结合煤炭企业实际，把周转物料划分为四个模块进行运营效能基础数据统计，即库存模块、运输模块、使用模块、经营模块。

第二，统计基础数据分类。以周转物料运行状态分类，分为动态价值增减、静态价值增减采集数据汇总统计。周转物料无论动态还是静态为存在状态，在经营看来只有两种情况，经济价值增或者减。在生产需求看来也只有两种情况使用或者闲置，周转物料只有通过使用创造价值。统计周转物料在这个循环闭合内的运行经营数据要依据实际物流状态，只有这样才能反映周转物料运行效能价值。在实际经营当中周转物料服务于生产需求，同时又推动生产建设的继续，煤炭企业生产及建设离不开周转物料的使用，周转物料在使用过程中创造价值。

第三，统计效用功能。统计周转物料经营中的效用能耗，观察运行效率，通过结果数据体现。在运行数据中减少负向能耗，增加正向价值空间创造，降低资源使用，运用现代经营科学方法技术，构建高效低能周转物料管控有机体，提高市场变化反应速度。切实服务好生产建设对周转物料的需求，减少企业资源浪费，科学、合理地进行投资。

第四，统计数据采集汇总分析。周转物料投资要以统计数据预算分析，采集三个方面的数据：①现有的周转物料及使用市场生命周期；②均衡预算投资回报期；③综合评价评估做出科学投资方案。周转物料运行成本核算体系包括以下四个方面：①库存运行成本核算；②物流运输成本核算；③使用核算；④经营决算。由这四个核算汇总集合成周转物料一体化经营的手段。

三、周转材料管理系统的特点

(一) 符合煤矿特色的网络化档案管理方式

根据煤矿设备管理的特殊性，利用信息系统建立具有煤矿特色的设备管理体系。例如"自定义属性"功能可以根据不同类别的设备所关注的属性不同，以及设备管理要求的不同，自定义设备属性，以更加灵活有效地管理。再如"大型周转材料全面档案信息"功能，全面记录大型周转材料的各种技术参数、财务信息、使用信息以及图片信息等，为不同的决策要求提供信息。

(二) 符合煤矿特色的内部市场管理

企业实行内部市场化管理是提高全员管理意识、降低生产成本、提高材料周转率的管理手段，系统通过贷款购销的方式实现大型材料的内部市场化管理，同时和部门考核相钩稽，达到节能降耗的目的。

(三) 便捷的动态跟踪及租赁管理

通过管理平台的建立，可以实现大型材料全生命周期的工作数字化管理，达到材料管理的规范性、及时性、可视性、可追溯性，从而降低成本，提高使用效率，提高使用寿命，直接为企业创造价值。

(四) 有利于提高管理效率，做出科学决策

该系统完善了周转材料的管理流程，使管理透明且便于监督，同时为领导及各业务单位提供及时、准确、翔实的数据，使高层决策者能方便、快速地了解情况，以数据和真相为依据做出科学的决策。

四、一体化运营周转物料的构建

一体化运营就是利用现代信息技术，使用科学统计方法把周转物料基础数据达到资源共享，更好地服务于生产及建设，把整个运行过程紧密地结合在一起，从预算购买、协调组织到管控经营各个环节有序衔接，真正做到周转物料经营收支两条平行线运行。库存信息一体化：库存物料建立电子档案，具体物料实行无线射频技术建立电子标签，出、入、验实行信息即时传送，每件物料详细档案有电子标签管理。使用信息一体化主要从需求计划、预算计划、协调组织通过 EDI 进行实施。物流运输一体化：实行合同物流实施门到门服务，中间过程使用公共信息平台操作。所有数据集合统计汇总为经营管控依据，均衡利弊做出科学选择。

五、周转物料在经营中的策略方法

第一，煤炭集团内部市场经营中周转物料所占比重达到20%～30%，并且并不构成产品主体，只是作为使用工具或者材料投入，从预算购买到使用、库存维护维修根据生产流程又自然生成周转用循环闭合系统。内部市场化以有偿使用形成内部周转物料资源市场。策略为：以内部市场资源为基础，引导外部资源进入内部市场，形成与外部资源战略合作关系，以市场法则为基础，形成合作共赢的局面。从而调整内部周转物料投资结构，让内部周转物料市场资源与社会资本市场经营接轨，逐

步形成供应链形结构，生产及建设矿井所使用周转物料投资与价值创造平行运行的管控体系。

第二，统计与预算在周转物料运行中策略应用。周转物料在实际循环运行中，不可避免要进行经营效益判断，库存在经营中视为价值消耗，物流运输也是物料增值过程中的价值消耗，物流管理及库存管理都在通过管理手段降低发生费用，使用管理是通过生产及建设使用创造价值是增值过程。

六、周转物料经营与统计关系

由于长期计划经济经营方式，导致内部周转物料市场资金流向不能及时在财务报表上体现，只作为材料及设备管理没有及时发现这里面商机无限，导致各自为政造成周转物料资源浪费，经营分析没有可分析数据。现在由于能源整合利弊更加突出，现代煤矿企业进行现代化调整改造，物流供应链操作流程管理调整都离不开周转物料后勤改造。

周转物料一体化运营是能源集团成立后首要改造任务，通过新型资源管理统计报表切实呈现周转物料运营情况，从财务支出到基层使用市场数据采集列出盈亏及效率，以引起决策层的重视。没有过去运行状况数据统计，就没有改正的办法，更别谈全面资源管理。

集团内部周转物料资源要统一管控、统一调拨、库存统一管理、投资预算均衡，平台一体化运营。减少周转物料闲置率、提高使用效率、发挥内部资源优势，拓宽战略发展眼光，打造与供应商团队战略合作关系，形成市场共赢的局面。发展与投资经营平行运行的关系，平等合作、战略双赢。

一体化管控周转物料，推动信息一体化发展，促进煤炭企业走向全面资源标准化、精细化管理迈进。

第七章　煤矿企业的信息化管理

第一节　煤矿企业信息化水平与建设总规划

一、煤矿信息化系统分析

(一) 煤矿企业信息化相关概念

1. 煤矿企业信息化内涵

(1) 企业信息化的内涵

企业信息化的内涵，是指利用先进的计算机技术、网络技术及现代企业管理理论，改造和提高企业生产能力及管理水平的过程。在一定深度和广度上，以企业业务流程为基础，利用信息技术管理、控制企业生产经营活动中的信息资源，实现企业内外部信息资源的有效利用和共享，从而提高企业的经济效益和市场竞争能力；利用先进的管理理念，调度企业的生产、设计、制造、销售等环节，为决策层领导和企业管理人员提供及时的、准确的信息，以便其对市场迅速做出反应，从而加强企业核心竞争能力及与其他企业的协作能力。

(2) 煤矿企业信息化的内涵

企业信息化既是信息技术对企业生产技术、生产设备和生产经营管理等多个领域的渗透过程，也是企业不断提高信息资源开发利用效率、获得信息经济效益的过程。与其他行业相比，煤矿企业生产管理具有其特殊性。它是在引进先进的采煤技术、工艺和方法的基础上，利用现代化的计算机技术、网络技术和网络设备、现代化通信系统、信息采集处理技术及信息设备等，对煤矿企业进行多角度、高安全性和高效率的改造，对其生产、掘进、运输、通风、供排水、供电、洗选、装运等环节的控制和信息收集进行加强，提高了安全信息的控制和反馈，保障煤矿的安全高效生产。

通过对煤矿企业业务流程重新组合，加强企业的管理、控制和计划流程，从而对信息技术不断适应，实现信息流控制资金流和物流；通过信息资源的合理开发和信息技术的有效利用来提高煤矿企业的安全生产能力和经营管理水平，及时地为煤矿企业的决策提供准确、有效的数据信息，提高煤矿企业的市场适应能力。

煤矿企业信息化是煤矿企业根据其实际情况，有选择地利用信息技术，有效开发信息资源，充分调动人力资源，运用合理的管理方法，建立与之相适应的组织模式和业务流程，并应用到煤矿企业生产、管理、安全的各个环节，从而提高煤矿企业的决策力、竞争力、安全生产能力和经济效益的一个系统工程。

2. 煤矿企业信息化的特征

煤矿企业信息化主要表现出以下七个方面的特征：

（1）本质特征

拥有其独特的主营业务，即核心业务，其运作过程就是煤矿企业的主导流程，是煤矿企业信息化改造的重点对象。同时，煤矿企业的信息化也是"化"人的过程。煤矿企业各级员工要在心理上和行动中全部投入信息化建设进程，成为信息化的主导力量，当然这还需要煤矿企业领导的积极带动和引领。

（2）形态特征

在煤矿企业的生产、管理、安全和经营四个层面广泛应用信息技术，实现煤矿企业的生产、安全、管理等自动化。

（3）过程特征

煤矿企业信息化经过三个方面的不断提升，分别是单机应用、综合应用和网络应用；把基层班组、部门、企业、产业链的联网进行融合，从而实现连续不断的可持续发展。

（4）阶段特征

对煤矿企业信息化实施是全方位的，煤矿企业根据实际需要分阶段、分层次地对煤矿企业信息化进行推进，使信息技术的应用能力得到提高，因此，煤矿企业信息化投资和建设也是分阶段、分层次的，也具有连续性特征。

（5）效益隐性特征

对煤矿企业的信息资源采用信息技术对其进行深度开发和广泛利用，提高了煤矿企业的生产能力、管理水平，其效益是多方面的。

（6）内部关联性特征

技术创新和体制创新是煤矿企业信息化的基础。促进技术创新和体制创新的有机融合，实现业务流程重组和企业改革，使组织结构扁平化，建立现代煤矿企业制度，将信息技术的深层应用在体制上为其创造条件。

（7）外部关联性特征

国家经济和社会信息化环境的良好有利于煤矿企业信息化的形成，社会信息网络的进步有利于煤矿企业所在产业链上下游信息化的逐步完善。

3.煤矿企业信息化的内容

煤矿企业信息化的主要内容，是指将煤矿企业的井下生产、安全监察、物料移动、资金流动、销售管理、事务处理及客户交互等业务过程数字化和信息化，通过各种信息系统加工生成新的信息资源，有选择地提供给不同层次的人们，让他们了解、观察各类动态业务中的有效信息，实现生产要素的优化组合和煤矿企业资源的合理配置。由于煤矿企业生产不仅仅与设备、管理、市场等因素有关，而且受地址、环境等自然因素影响，其信息不仅有生产信息、管理信息、市场信息，同时还必须有安全信息、地质信息，因此煤矿企业的信息化有其特殊性和很大的难度。但经过近年来的努力，我国煤矿工业信息化建设得到迅速发展，取得了很多经验，与世界先进采煤国家的差距逐渐缩小，个别煤矿企业信息化水平已达到世界先进水平，不仅产生了很好的经济效益，而且提高了煤矿企业的安全水平。

煤矿企业信息化的具体内容主要包括以下四个方面：

(1)煤矿企业信息化平台

煤矿企业信息化平台包括综合信息网络通信平台和计算机综合信息协同工作平台。综合信息网络通信平台的主要作用是为煤矿企业生产、安全、经营管理等各个信息系统的多媒体通信，建立运行安全、稳定可靠、畅通、便于维护的通信基础设施，即煤矿企业公用电话交换网络(含办公、住宅)、煤矿企业调度通信网络、煤矿企业视讯会议系统、煤矿企业工业电视系统、煤矿企业有线电视系统、无线通信系统、井下通信系统，同时可接入煤矿企业安全生产监测监控系统和Internet的煤矿企业数据网络，实现资源共享。

(2)煤矿企业生产信息化

煤矿企业生产信息化的主要内容如下：

①以煤层地质测量资料为基础，将采煤工作面、掘进工作面运行的机电设备和通风安全等资料按选点的数据库的格式输入计算机，并可进行数据库的查询、排序、添加、修改等操作。

②以煤矿企业常用的采掘工程平面图为基础，将采矿数据库与图形进行连接，对数据库与图像进行双向动态查询。

③对矿井运输系统、提升系统、通风系统、排水系统、救灾系统、通信系统等进行动态演示，管理采掘关系的动态资料及图形，进而实现矿山压力动态图形监测、瓦斯动态图形监测等若干个可视化输出，以及实现整个矿井各系统间信息交换及共享等。

煤矿企业生产调度指挥信息化，即构造覆盖生产、安全、销售、后勤保障和成本核算等功能的综合信息集成与处理系统，实现煤矿企业安全生产调度指挥的网络化，将应用系统集成构成一个集安全、生产信息实时处理，综合调度决策支持，生产指挥，办公自动化等于一体的综合监控调度指挥系统。

为此，要建立综合信息查询系统，提供各种安全信息，实现全文检索和电子档案的网上查询；提供必要的视频会议、网络可视电话等多媒体应用，实现实时的工业监视视频交互；通过虚拟现实等技术，在网上实现现场模拟、生产状况模拟等；提供多层次完备的网络安全和网络管理系统。

作为管控安全信息一体化的集约型大矿井，在生产调度指挥中，安全监测监控系统应和生产监控系统高度集约互动，同时还应该建成能够将煤矿企业的物流、资金流和各类静态管理资源全面整合起来的真正含义的综合网络信息系统，使基于网络的安全生产管控一体化成为可能，大大提高煤矿企业安全生产系统的集约化程度、实现实时的指挥调度，提高煤矿企业综合生产力水平。

煤矿企业洗选信息化包括加工过程的模拟与优化、加工过程的监测与控制、加工过程信息的网络化管理、过程的辅助设计、过程的基础资料仓库和标准化建设、过程的人工智能技术等。

(3)煤矿企业安全监测监控信息化

煤矿企业安全监测监控信息化是煤矿企业信息化的重要内容。要保证矿井安全就应该对上述因素的变化情况进行监测，并将所监测的情况进行显示、报警，同时通过网络传输到地面，进行存储、分析，配合相应的专家系统，预测预报矿井的灾害或预防灾害的发生，当矿井灾害发生时，能够提供正确的抢救措施，避免灾害进一步扩大。要实现煤矿企业安全监测信息化，除实现各种安全传感器的网络化、智能化外，还应建立一个开放的网络平台，使各种安全检测系统能在一个网络平台上传输。通过煤矿企业的网络和地区网络，将各种安全信息传送到有关的管理部门。

(4)煤矿企业管理信息化

煤矿企业要使相应的计划与统计管理、物流管理、综合调度管理、安全管理、人力资源管理、财务管理、办公管理、计量与质量管理等系统实现信息化，就是要使这些管理环节在计算机综合信息协同工作平台环境的支持下协同工作，实现煤矿企业集团公司与各分、子公司，各矿井，各部处等单位之间的资源共享；用户接口层为用户提供信息查询、浏览和数据输入等接口；探索煤矿企业应用 ERP、电子商务、辅助决策系统等。

建设煤矿企业数据中心，将生产现场、经营管理与煤矿企业外部环境的各种信息源及信息在数据库中集成化整合，实现数据共享，支撑各个煤矿企业内各管理层面、分析系统、决策支持系统、政府和社会等各个层面对煤矿企业生产经营信息的不同需求。

实现煤矿企业行政管理办公的自动化、无纸化、提供一个最佳的煤矿企业协同办公工作平台。

(二) 煤矿信息化系统需求分析

系统调研是系统开发前期，通过实地调研、直接与用户交流来掌握用户端的各项需求。

需求分析是指开发人员准确理解用户的需求，进行细致的调查研究，将用户非形式化的需求陈述转化为完整的需求定义，再由需求定义转化到相应的形式功能规约 (需求规格说明) 的过程。需求分析是软件工程中必不可少的步骤。透彻、全面地掌握用户的需求，对系统方案的整体设计、代码生成、数据库结构的设计及后期的软件维护都有举足轻重的影响。

在计算机发展的早期，所求解问题的规模较小，需求分析也容易被忽视，随着软件系统复杂性的提高及规模的扩大，需求分析在软件开发中所处的地位更加突出，从而也更加困难，它的难点主要体现在以下四个方面：

①问题的复杂性；

②交流的障碍；

③不完备性和不一致性；

④需求的易变性。

为了克服以上的难点，需求分析必须遵循一定的原则和方法，原则如下：

①必须能够表达和理解问题的数据域和功能域；

②可以把一个复杂的问题按功能进行分解并逐层细化；

③建模。

需求分析的方法将结合本次设计一并介绍。需求分析是软件开发的一项重要步骤，它的基本任务是准确地回答"系统必须做什么"的问题。

为了更好地对煤矿生产管理系统有一个明确的认识，采用先后深入煤矿做实地考察，与煤矿领导和员工通过座谈、问卷调查等方式了解他们真正的需求。

作为一个煤矿生产管理系统所应该具有的几个基本要素如下：

①必须能有效管理煤矿生产和安全的各种信息，尤其是安全信息，它关系到的不仅是煤矿的生产效益问题，更重要的是煤矿工人的生命安全。

②必须对系统用户做权限控制，不同的用户对各种信息的读写有不同的权限。

③功能齐全、实用。

煤炭企业生产过程十分复杂多变，存在多种辅助生产系统、信息源多、信息形态多样、信息关系复杂，企业管理横向广、纵向深等现代企业管理中的各类问题，这就决定了煤炭企业的信息化建设是一项复杂而庞大的系统工程，因而必须有一套切实可行的统筹规划发展蓝图、针对企业信息化建设的具体目标、具体需求，制订解决方案和实施时间表。由于历史原因，以前绝大多数企业信息系统的设计和实施是在缺少总体规划的情况下进行的，在这种情况下，各系统独立实施的结果造成了系统相互独立，形成了一个个"信息孤岛"和不兼容子系统，无法形成统一的数据平台，不能满足管理者的需要。

另外，总体规划，实行统一管理可避免重复投资，重复建设。因此，制订一个可预见的、可操作的、方向明确、动态发展的信息建设总体规划是企业信息化建设的必要保证。

信息化建设最终是为高层领导管理和决策提供信息依据的，因而，规划方法应是自顶向下规划与局部设计相结合，局部设计在自顶向下的框架内进行。高层管理人员需要的信息可能是安全、生产、销售、财务、工资、人事等事关全局的经过计算分析统计后的综合决策数据，在设计这一类数据库时要详细考虑纵向的数据来源、横向的数据关系，进行统一规划，自顶向下追踪，确保信息的一致性。对具体子系统进行局部设计时应保证数据接口标准统一。

确保项目建设成功，还需要把握以下两点：

①项目建设必须符合总体规划的要求，必须遵从矿业集团信息部门的统一管理、保证信息化建设的整体性和发展的有序性。

②监督验收即工程监理工作要贯穿项目建设全过程，要对项目是否符合规划，是否满足应用及可扩展性需要、先进性等实行必要的论证。

信息系统建设的目的是更好地进行本企业的科学管理、为企业高层管理者决策提供数据依据，因而要求规划者要深刻地理解企业的业务活动、战略目标，而这些是由高层管理者所制定的。信息化建设初期，因为管理制度、行为习惯、人员素质等原因，可能会遇到各种各样的阻碍和困难，煤炭企业尤其突出，解决这类问题，必须靠企业领导高度重视与支持。领导对信息化建设的重视、关心、支持和鼓励，将会增强从业人员的信心和力量，是信息化工作顺利开展的有力保证，信息化系统工程被称为"一把手工程"是有其深刻道理的。

针对煤炭企业各种管理的信息化建设方案在总体规划过程中一般作为相对独立的子系统来设计，各个信息系统面向具体业务和部门，数据库面向人工报表建立，数据流程大多是模拟手工业务流程，如果没有规范的管理方法、管理制度，就可能增加系统开发和维护的工作量，工作人员无所适从，影响到全局的信息化建设。因而，统一和规范煤炭企业信息系统的信息指标体系（指一定范围内所有信息的标准，它应具有目标性、集合性、可分解性、相关性、适应性和整体性等特点），遵守统一

的系统设计规范 (统一字段、数据库、程序和文档的命名规则与编制方法、应用程序界面的标准和风格等) 和程序开发规划 (程序开发规划对应程序进行模块划分、标准程序流程的编写、对象或变量命名、数据校验及出错处理等过程和方法做出规定)、项目管理规范 (规定项目组中各类开发人员的职责和权力, 开发过程中各类问题的处理规范和修改规划, 文档的编写维护, 在信息系统开发过程中, 必须遵守软件工程的设计规范, 实现信息系统开发标准化等), 使各系统、各行业的各个层次开发和实施的信息系统能够统一数据标准, 实现数据和信息的兼容与共享, 是煤炭信息化工作的首要而艰巨的任务。

信息化建设培训对象主要有三个: 一是从事管理工作的各层管理者, 包括最高层次的管理人员; 二是信息中心人员, 包括信息技术从业人员、信息主管、系统设计分析人员, 项目管理组组长; 三是其他的信息化技术使用操作人员。为保证企业信息化建设的持续发展, 企业必须有自己的技术人才。人才的培养贯穿信息化建设全过程。信息资源规划、系统开发只是信息化工程的一部分, 运行后的系统维护、相应的二次开发工作都要有自己的技术人员参与。

(三) 煤矿信息化系统实现的目标及功能

1. 系统实现的目标

(1) 实现企业内部员工的注册、登录、修改、对各部门的访问权限。

(2) 实现企业资源的正确、快速统计, 企业信息的即时更新, 保证每个模块的功能都能顺利执行。

(3) 提高企业管理效率, 争取为企业节省更多时间, 创造更高利益。

(4) 系统具有较高的实用性、易用性、可靠性、普及性。

(5) 人机界面友好, 可操作性高。

2. 系统功能

(1) 对煤矿的职工档案、行政办公信息进行管理;

(2) 对煤矿的机电设备进行信息管理;

(3) 对煤矿的安检设备、设施进行管理, 对安全法规、上级文件进行管理;

(4) 管理煤矿的销售信息, 为煤矿领导提供辅助决策信息;

(5) 在以上管理的基础上, 可对管理系统进行远程访问。

(四) 煤矿信息化系统可行性分析

1. 技术可行性

制订的总体规划要考虑技术上能不能实现, 从业人员可不可以适用于工作中;

选用硬件系统和软件系统时既要考虑技术是否先进，也要考虑技术是否成熟。利用现有技术，包括软硬件资源就可以完全实现，也可以考虑采用成熟技术平台，这样可以提高可靠性。

2. 经济可行性

开发中系统费用包括有形成本和无形成本，有形成本包括购买设备资金、开发人员工资。系统的开发尽量相对简单化，降低开发费用。采用功能强大、操作简单、界面友好的可视化开发工具设计开发，使运行费用也相对较低。如果以后用户对本系统有更高的要求，开发人员还可以以较低的开发费用，方便地进行功能扩展。系统投入使用后由于取代了大量的手工劳动，经济可行性显而易见。企业的信息化建设是一项选期投入大、逐步见效益的工程，规划应充分考虑企业的能力和项目实施给企业带来的效益。

3. 社会可行性

企业信息化是一项社会性很强的系统工程，因为它最终体现的是人机系统，最终目的是服务于企业，所以在规划设计时要充分考虑到人员素质、现有管理体制、社会条件可能形成的制约和限制等，改革要考虑可接受性。

4. 操作可行性

系统要简单、易用，对于稍懂计算机的人员即可通过系统界面提供的命令菜单进行操作。系统友好的界面、方便快捷的功能，使用户可以方便、迅速地了解及使用它，从而使用户快速地掌握系统的功能和使用方法，实现"傻瓜"式操作和"导航"式操作。

二、煤矿企业信息管理系统的设计

(一) 基于双总线的架构模式

1. 企业服务总线

通过对各种业务逻辑进行封装，对外接供 SOA 接口服务，接口服务对外相当于黑盒，接受外部参数，给外部应用返回结果。

2. 企业数据总线

实现各业务子系统的数据共享，实现数据的跨平台、数据安全隔离、数据可查询、数据可监控，并保证数据的安全性。

（1）煤矿企业内部管理信息系统：这些系统集成到企业服务总线和企业数据总线上的各内部管理信息系统，包括安全管理子系统、生产经营管理子系统、决策分析子系统，这些子系统又包括人员定位、人员考勤、井下环境监测等系统，采购管理子系统、销售管理子系统等；

（2）企业服务总线：系统各种业务逻辑的封装，对外提供接口服务；

（3）企业数据总线：企业数据总线依赖于服务总线，实现各种数据的增加、修改、删除、查询等数据操作；

（4）工作流引擎：在煤矿企业信息管理系统中关于审批等工作流程的管理使用工作流引擎来实现流程的定义和流程监控等操作；

（5）自动集成和同步：通过计算机操作系统的任务或通过软件系统开发的定时任务，让计算机系统自动实现数据的 ETL 操作，使各业务子系统达到数据同步；

（6）主数据库：对煤矿企业的各业务子系统的数据进行 ETL 操作后进行集成存储，完成煤矿企业主数据库的建设。

（二）关于服务建模

1. 基于 SOA 进行业务建模的优势

基于 SOA 分析主要任务即是进行业务服务建模，业务服务建模把面向服务的原则与煤矿企业的具体业务紧密地结合起来，服务建模清晰地表达了服务如何使煤矿企业的业务需求转变为具体的实现。业务服务建模是实现企业面向服务标准化的关键，基于 SOA 进行业务建模具有以下优势：

（1）SOA 为业务流程模型带来统一的结构，能够提升系统的灵活性和敏捷程度；

（2）SOA 由业务所驱动，在建模时将系统重构的关注点转移到业务流程模型上，这样使业务服务层更能适应需求的变动；

（3）SOA 依然采用分层的方式，促进了业务和应用服务的复用。

2. 服务的目标

在对业务需求进行收集，对业务系统进行分析后，确定系统的开发范围就集中在已选定的范围内，接下来的工作就是进行服务建模。对 SOA 服务的目标主要目的是使业务系统变得更加灵活，以适应业务需求的不断改变，在煤矿企业综合管理信息系统的建模过程中，各种信息来源变化多端，对相关业务领域建模必须遵循一个合理的流程。

在基于 SOA 构建企业的项目时，开始最重要的步骤就是找出 SOA 中的服务是由什么来构成的，在服务建模时主要目标是：①系统由哪些服务组成；②每一个服务由哪些业务逻辑封装。

第二节　云计算和物联网技术下煤矿安全管理

一、云计算环境下煤矿应急管理关键技术

(一) 云计算环境下的煤矿应急管理

1. 基于"情景—应对—权变"的煤矿应急管理模式研究

(1) 煤矿应急管理研究

作为一门新兴的学科，目前应急管理并没有一个明确的定义，但学术界存在几种可以普遍接受的代表性定义。

美国联邦应急管理署（FEMA）将应急管理定义为一个动态过程，这个过程包括预备、缓解、响应、回复四个方面。

为了降低突发事件的危害，在应对突发事件的过程中达到优化决策的目的，对突发事件的起因、发展及结果进行全面分析，并有效地汇集社会各方面资源，实现对突发事件的有效预测、监控和应对的过程。

应急管理主要是避免发生突发事件或者当突发事情发生后，尽可能地减少突发事情所造成的冲击，从而采用一系列措施包括准备、预防、反应、恢复等来全方位、一体化地分析突发公共事件风险的一门学科。

煤矿应急管理一般分为预防、准备、响应和恢复四个阶段，这四个阶段都具备依赖性和独立性两个特点，每个阶段的建立都依赖前一个阶段的建立，同时，每个阶段相对自身来讲又有独立的目标和相关措施。这四个阶段相互循环，共同构成事故应急管理体系。第一个阶段为预防，这就需要具备风险评估、监测监控、能定期进行安全检查和隐患整治等能力，这些能力的培养离不开安全法规、防灾体系等制度和政策的建立。第二个阶段为准备，主要包括应急救援系统的建立和紧急预案的编制等内容。为防患于未然，事故应急管理体系中必须包括能应对事故突发事件的响应程序和应急救援系统，从而为突发事件的发生做好准备。第三个阶段为响应，指的是当出现突发事件，为减轻其造成的后果，采取一系列措施包括应急通告报警、应急救援、应急疏散等的行为。不同的突发事件的响应具有不同的级别、不同的响应程序和人员、不同的响应应急决策，具体应当根据预防阶段制定的应急预案要求来决定。第四个阶段为恢复，即响应完之后须对生产系统进行恢复，并评估事故情况。这样四个阶段形成循环，组成应急管理系统。在实际情况中，每个阶段并不是分割明显，有时会出现相互重叠的现象。

（2）煤矿应急管理模式研究

煤矿安全事故具有动态性，对煤矿安全事故做出的决策可以是一个迭代的过程，初步做出决策之后，再根据事故解决的需要多次修改决策方案直到满足需求。因此，这就需要采用权变理论作为分析工具来研究保证应急决策的准确性。

对于常规决策和程序化决策问题，可以通过常规的"预测—应对"模式进行应急决策，这是一种以"预防为主"为决策目标的事前决策方式；而对于非常规决策问题，可以采用典型的"情景—应对"的应急决策模式，该决策是一种以努力减少或避免事件造成的影响和损失为目标来建立应对措施的事后决策方式。由于煤矿安全事故通常具有复杂性、不确定性和动态性的特点，不同情景状况下的应急决策各有差异，尤其是重特大事故，更加难以依靠既有经验和规律去应对，因此，要得到相对最优决策方案，就要充分掌握、正确分析环境信息的动态变化。煤矿安全事故应急决策没有固定的模式和一成不变的规律可供遵循，为保证应急决策的有效性，决策者必须实时地仔细分析和研究情景演变的局势和特征，灵活应变，能随时转变决策策略和应对方案，来适应事故情景的特征变化，使得决策和情景相吻合。

2. 云计算环境下的煤矿应急管理新模式

（1）云计算在煤矿应急管理中的可行性

应通过采用云计算、云存储等技术，搭建计算共享集成平台，以满足跨学科、跨地域、日益复杂的突发事件处置分析要求，提供更加智能、更加高效的模拟分析服务；通过云应用技术，为跨地域和跨平台的应用系统提供集成平台，以达到跨区域的应急处置目的。同时，应构建面向服务的开放式应急模型集成方法与研究平台，以解决实际研究平台构建中存在的协同管理、分布式计算和应用系统集成等一系列关键问题。

同时，随着物联网技术在煤矿安全生产系统中的大规模使用，采集到的数据量规模巨大，这些数据需要向某些存储和处理设施会聚，而使用云计算来承载这些任务具有非常显著的性价比优势。从实质来看，使用云计算设施对这些数据进行处理、分析和挖掘，可以更加迅速、准确和智能地做出应急决策，使应急管理人员可以更加及时、准确地管理和使用应急信息，达到"智慧"的状态。因此，煤矿企业需要形成新的应需而变的应急管理思想和模式。云计算作为一种服务化的计算模式，是信息技术发展的最新阶段，将为煤矿应急管理提供新的思想和强有力的辅助。

从煤矿应急管理的各个阶段来看，煤矿安全事故事前阶段主要包括应急规划、预测预警、危险源辨识监控、应急预案生成、事件分类分级、应急演练等。在该阶段中，预测预警是主要任务，首先需要进行信息监测和数据采集，如瓦斯、风速、负压、一氧化碳、烟雾、温度、风门开关等环境参数，煤仓煤位、水仓水位、压风机风压、箕斗计数、各种机电设备开停等生产参数，而这些数据通常都由各监测监控系统提供。虽然部分大中型矿井尤其是新建矿井，采购并实施了全矿井综合自动化系统，但由于各监测监控系统接口和协议不完全统一，并没有实现预计的数据集成、系统集成的目标。而这些数据如果能够通过一个统一接口、统一标准的平台汇总起来，再将这些数据输入相应的预测预警模型中，这样通过大量计算就可以获得相关预警及决策依据。云计算环境具有的开放性恰好可以支持这一切。

煤矿应急管理事中阶段则是煤矿安全事故的应急响应阶段，包括接警报警、现场处置、指挥协调、资源调度、人员疏散等环节。在该阶段，应急需求随着安全事故的情境改变而变化，如何能够动态、全面地感知应急管理全过程中的情境信息成为应急管理领域的研究课题。云计算可以集成煤矿多源数据，包括煤矿安全事故的现场数据、历史数据、决策支持模型、知识及案例、应急设备物资、救援人员及专家等网络化的多源异构信息，通过标准化接口为信息快速采集、传递存储的实现提供了可能，采用数据挖掘等技术手段对实时、异构数据进行统计分析，并提取出对决策有利的相关数据。

此外，煤炭行业应急管理涉及海量数据处理问题，包括煤矿安全事故现场数据、历史数据、应急组织机构数据等大量实时、动态数据，因此需要强大的计算能力对这些数据进行快速、及时的采集、集成、分析和处理，云计算环境具有的超强计算能力恰好可以给予支持。同时，近年来随着煤矿企业信息化意识的不断提高，煤矿企业信息化程度也得到不断提高。国有重点大型煤炭企业尤其是新建矿井实现了计算机企业网络覆盖，在煤矿企业安全生产、经营管理两大环节中使用现代信息技术，实现了煤矿安全生产信息化和经营管理信息化。以上这些基础条件的建设，使得煤矿事故应急管理在新的信息技术环境下可以逐步深入。

可见，云计算在煤矿应急管理过程中的应用，可以使得传统的煤炭行业突破原有应急管理模式的理念和技术，实现多源异构信息的集成、对管理决策实现智能化处理，在应急响应处置和含量数据处理方面都有所创新，真正实现实时、动态管理煤矿应急系统。

（2）基于 SOA 的煤矿应急云的定义

面向服务架构（Service Oriented Architecture，SOA）是一种 IT 架构设计思想，其基本思想是以服务为核心，将企业的 IT 资源整合成可操作的、基于标准的服务，使其能被重新组合和应用。SOA 的应用对突破企业信息化建设过程中长期存在的瓶颈，诸如信息孤岛、适应需求能力差、重复建设、新应用周期长等问题提供了有力的解决手段。SOA 引领了 Web 服务技术的发展，为云中资源和服务的组织方式提供了可行的方案。

基于 SOA 的煤矿应急云是突发事件应急救援技术系统的一个子类，是云计算相关技术与服务在煤矿事故应急管理领域的应用，是未来煤矿事故应急管理信息化的基础平台。它借鉴云计算"按需服务"的思想，融合了现代服务管理理念，以云计算的模式构建和运营，是一个针对煤矿事故应急管理需求的应急服务平台，通过物联网、无线传感网等技术从各应急信息资源提供端采集应急软资源和应急硬资源信息，实现煤矿的应急软资源、硬资源和应急能力的全面共享和协同，为煤矿应急需求用户提供多种形式的应急资源云服务。

基于 SOA 的煤矿应急云是未来煤矿应急管理信息化的基本平台与环境，是一个面向煤炭行业安全事故应急管理领域的行业云，是未来煤矿应急管理信息平台在云计算环境下迁移后的子云，整合形成了煤炭行业高性能的计算和存储能力，为煤矿海量数据应用的挖掘和分析提供专业稳定的 IT 基础设施平台。

该平台通过应急软件服务、应急知识服务及预警决策模型服务等不同的方式来深化利用所承载的煤矿应急信息资源，各级煤矿安全监管局和矿山应急救援指挥中心及煤矿企业在应急管理信息化建设中的软硬件投入都将降低，并进一步统一和规范了煤炭行业应急管理体系，更加深刻地体现了煤矿应急管理领域"两化融合"的思想。

一个设计良好的煤矿应急云将使用开放架构、开放标准和开放接口实现应急资源信息采集和多源异构信息融合，同时为煤矿企业和各级矿山救援指挥中心提供各种应急信息和技术服务，实现煤矿事故灾难的监测监控、预测预警、信息报告、综合研判、辅助决策和总结评估等主要功能，满足各级安全生产应急救援指挥部门对煤矿事故的应急救援协调指挥和应急管理需要。

（3）基于 SOA 的煤矿应急云的总体结构

煤矿应急平台云（Coalmine Emergency Platform as a Service, CEPaaS）构建在 Hadoop 集群之上，通过一个开放的服务接入（Open Service Access, OSA）架构，解决了第三方独立云服务接入煤矿应急云的问题，同时面向开发人员，为开发各类基于云计算的煤矿应急系统提供开发环境和公用 API 等，公用 API 可以通过 Web Service 的形式提供给开发人员，免除了开发人员部分系统管理操作的工作。

煤矿应急信息资源云就是提供煤矿应急信息资源服务的云平台。它是煤矿多源应急信息资源的管理与整合平台，主要针对各种虚拟化应急硬资源和应急软资源进行数据采集和多源异构数据融合，这些资源可以文本、数字、图形、图像、声音、视频和动画等多种形式存在，通过传输网络，在煤矿应急云用户层通过专属客户端、Web 浏览器或移动客户端的方式提供给应急需求者，并可以根据煤矿应急需求者的需求进行动态组合或扩展，具有信息数量巨大、增长迅速、类型多、范围广、信息质量参差不齐等特点。

（4）基于 SOA 的煤矿应急云体系构建

煤矿应急云包括物理资源层、应急云资源层、管理中间件层、应急云服务层、应急云响应层、应急云接口层和应急云用户层共七层。其中，下层为上层提供技术及资源支持，上层向下层请求调用应急服务，实现煤矿应急云服务的按需调用，提供实时动态的应急服务和辅助决策支持。

①煤矿应急云物理资源层。物理资源层包括计算机、存储器、网络设施等具体的虚拟化硬件资源和应急保障资源、数据库、软件等物理资源。

②煤矿应急云信息资源池。资源池是将大量相同类型的资源构成同构或接近同构的资源池，构建资源池更多的是物理资源的集成和管理工作。该层存储着海量异构、分散存在的矿井空间信息、事态信息、煤矿安全事故及辅助决策信息，这些信息分布在互联网各个节点上，通过多源异构信息集成技术将所有应急信息资源进行全面互联，为煤矿应急云平台的资源网络化管理和均衡配置提供统一的开放接口与开放标准的支持。此外，该层通过虚拟化技术对应急物理资源层中分散分布的异构信息实现逻辑上的信息融合，将信息资源统一分类管理，形成计算资源池、存储资源池、网络资源池、应急数据资源池、应急保障资源池、应急模型资源池和应急知识资源池及应急软件资源池，使这些资源共同为面向功能应用和面向事故类型的煤矿应急服务提供支持。

③管理中间件层。云资源、云任务、云用户和云安全管理是该层主要的工作内容。云资源管理主要指的是关联和调度各种资源，平衡地使用云资源的节点，共同为上层应急云需求提供弹性高性能计算、时空数据管理与存储、分布式并行存储，以及数据、模型和案例等应急决策支持资源，试图恢复或者直接屏蔽检测节点的故障并统计资源的使用情况。云任务管理，顾名思义完成用户或者应用要求执行的任务，任务的部署、管理、调度、执行和生命周期的管理都包括在内。云用户管理主要的工作与用户有关，包括用户交互接口的提供、用户身份的管理和识别、用户执行环境的创建、用户使用情况的计费等，是实现云计算商业模式一个必不可少的环节。云安全性管理是用来进行身份验证、安全防护、授权访问、审计等工作的，进一步保障云计算设施的整体性安全。

④煤矿应急云服务层。该层利用精确语义服务化封装技术，将煤矿应急云资源转化为煤矿应急云服务，通过统一的服务注册设施管理和发布。该层主要包括由具体的应急需求转化的应急软件资源服务，如安全生产应急预案管理、应急辅助决策生成、预测预警、应急培训演练、异地数据和异地模型的在线协同推演、在线异地会商等，以及应急云服务管理的服务，如 SOA 构件管理、服务接口管理、服务注册、服务组合、服务工作流等。

⑤煤矿应急响应子云层。该层包括应急静态子云层和应急动态子云层。其中，应急静态子云层包括面向功能应用和面向事故类型的应急响应子云。根据煤矿应急业务需求，构建面向功能应用的煤矿应急响应静态子云，可以实现应急预案管理、应急培训演练、煤矿重大危险源识别与监控、生产环境及设备的监测监控、预测预警、应急辅助决策、安全事故模拟仿真、安全事故态势评估、应急指挥调度、应急能力评估等功能；同时，针对不同的事故类型(如瓦斯事故、机电事故、顶板事故、火灾事故、水灾事故等)，可以建立面向事故类型的静态子云。而动态响应子云则根据煤矿某类安全事故情境下的应急任务需求，对基于精确语义的应急云服务进行动态匹配，组建面向特定事故具有丰富应急功能应用的应急响应子云，为煤矿企业提供实时、动态、高效的应急响应云服务支持。

⑥煤矿应急云接口层。该层通过标准化服务访问、调用接口向煤矿各级应急服务需求者、建设者、管理者或其他专业领域的应急管理平台提供服务交付接口。

⑦煤矿应急云用户层。不同层面的用户可通过适合的终端(如 Web2.0 和专属客户端)接入应急云平台，使用应急服务。

作为煤矿应急服务平台的煤矿应急云，目前可介入其中的面向服务的煤矿应急应用较少，国家安全生产应急救援中心网、国家应急管理部/国家矿山安全监察局网、安全生产预案与应急资源数据库系统等一系列应用可为煤矿应急用户提供一定的应急服务，这些应用的核心都是应急信息资源服务。因此，以煤矿应急信息资源云服务为核心建立相应的标准，搭建行业级区域共享的煤矿应急信息资源云及其云服务数据中心，应是目前及未来一段时间内煤矿应急管理信息化的工作重点。

(5)煤矿应急云的服务内容

煤矿应急云的服务对象是煤矿企业、市县级/省级/国家级矿山救护队和各级矿山救援指挥中心，为实现应急管理各阶段的重要功能提供支撑性服务，着重关注基本应急能力(事前阶段、事中阶段和事后阶段)的实现。其中，煤矿重大危险源监测、煤矿应急演练培训系统、煤矿安全生产预测预警是煤矿应急"事前"阶段的核心功能；煤矿应急救援指挥、煤矿应急辅助决策、煤矿应急信息发布是煤矿安全事故应急"事中"阶段的核心功能；煤矿应急能力评估是煤矿安全事故应急"事后"阶段的内容，贯穿整个应急管理生命周期。

各种煤矿应急服务的应急软、硬资源在后台相互关联、协同工作，完成煤矿日常应急管理中相关信息的采集、数据分析、应急信息发布、应急预案管理、应急救援方案优化与应急救援指挥调度、应急能力评估等功能。同时，煤矿应急需求者可通过应急云搜索引擎在煤矿应急资源池中寻找，获取应急资源信息，也可获取生产辅助决策的应急方案。

(6) 基于"情景—应对—权变"模式的煤矿应急云的运作机制

在煤矿应急管理整个过程中，通过对每个阶段进行信息采集，实时动态监测事故现场的情景变化，全程监测煤矿事故监控事态的发展。一般情况下，应急管理主要包括常态管理、警戒状态和战时管理三个环节。常态管理属于应急管理事前阶段，包括事故预测、事件分类分级、发布信息和生成初步的应急预案等内容。警戒阶段是基于情景导向的核心环节，是基于应急云管理模式的煤矿事故响应处理阶段；战时管理则由应急响应、应急恢复和应急评审组成。

煤矿应急云可应用于煤矿事故应急管理的各个阶段。首先，采用物联网和相关网络技术实时接入和分类管理应急硬资源与应急软资源；其次，结合煤矿事故情景信息，根据煤矿应急管理人员的应急需求，生成相应的应急救援方案。应急方案如果进行细分，可以分为细粒度的应急过程和原子级的应急任务。此时应急云平台就可以分析应急过程的内容和属性特征，采用资源发现和动态匹配等先进技术，使应急资源和应急过程达到动态匹配的状态，按照应急需求方的要求，封装成可以直接调用和可以及时提交的救援响应工作的应急云服务。

煤矿应急云的运作机制分为情景感知、需求分析、动态调整方案、调用相应的服务执行过程四个阶段，以形成基于"情景—响应—权变"的反馈循环。该过程为一个迭代循环过程，通过动态调整方案和过程，实时地反映系统需求，进而动态地响应和处理应急管理方案，是一种自适应的应急决策过程。煤矿应急工作结束后，各应急部门和救援队伍必须转移工作重点，以应急恢复为目的。同时，必须对本次的应急方案进行评估和总结，将相关信息统计输入案例库以供参考。

(二) 煤矿应急云平台中海量数据来源及存储方法

1. 煤矿应急管理海量数据来源

(1) 一次数据源

主要指煤矿各类传感器采集的实时数据，包括直接从传输系统采集的协议包数据、解调后从主机内存中取得的数据或从储存介质中取得的"即时数据"。

(2) 二次数据源

指存储在云平台中的各类传感器上传的历史数据，以及经过联机事务加工处理后产生的新数据，如海量数据挖掘、智能分析与预警、风险评估、安全等级判定等新业务，更好地为煤矿用户服务。

(3) 煤矿事故现场数据

在煤矿事故应急处置过程中，事故现场的数据对掌握事故最新动态从而正确决策具有关键性的作用，因此在现场事件处置人员实时采集现场图片、声音、视频等数据，这些数据以非结构化、多模态的组织形式为主，并且具有相应的采集标准。集成平台需要将现场数据与来自行业、部门的数据及来自互联网的数据整合为一体，为煤矿事故应急决策提供技术支撑。

（4）与煤矿事故应急救援相关的互联网数据源

在应急管理事中阶段，当煤矿事故发生时，互联网中存在着大量半结构化或非结构化的关于该数据的各类新闻报道、搜索记录、论坛、微博等网络数据，是社会各界对事故进展的客观了解渠道。

（5）用户信息

服务平台有多租户的特点，所有煤矿应急信息资源云服务使用者都能在这一平台上组织所需资源来制订服务，他们通过身份认证登录云平台中"按需使用，按需付费"。

（6）煤矿应急信息

矿应急信息资源云服务系统包含的应急信息资源，包括虚拟化的应急硬资源（如应急救援队伍、应急救援物资设备、现场监测设备等）、应急软资源（如煤矿事故应急救援中的各种预警模型、决策模型、数据资源、知识资源、软件资源等）。

2. 传统关系型数据库在煤矿应急管理海量数据存储及处理时的局限性

随着现代数字化煤矿发展产生了越来越多的数据，迫使数据管理方式发生了变化，需要从传统的数据库技术转移到大数据管理技术。煤矿应急管理海量数据有以下特点：

①数据规模大，煤矿企业生产过程中的数据是很重要的动态数据，是以监测点为基础采集、存贮的数据，包括了以瓦斯为主的环境监测数据（一氧化碳、二氧化碳、风速、风压、顶板离层移动距离）、设备信息（温度、电流、电压、开停、工作压力、润滑压力、移动设备位置信息）、井下人员信息（位置、移动方向等）及空间信息等测量数据。煤矿安全生产自动化系统中安装了大量的各类传感器，数据采集周期短，因此这种大量实时监测和控制等实时系统产生的流式数据会形成一个规模巨大的历史数据，并能在数分钟内迅速生成一个相当规模的更新数据集。此外，无线射频技术、传感器网络技术、物联网技术的大规模部署，将以前所未有的速度生成各类数据，这些数据即使经过过滤，只保留有效的数据，其数据量也很大。

②数据的种类繁多，煤矿安全生产监测数据类型可分为原始瞬时值、平均值、累计值和平衡后的瞬时值、平均值、累计值等结构化数据，同时还存在着矿图数据、GIS 数据、监控视频及图像数据、应急知识、应急预案、事故案例等半结构化和非结构化数据，并且此类数据所占份额越来越大。

③系统处理对象不仅仅是数据，还包括推理信息，用来辅助解决其他领域的

问题。

④从以计算为中心转变到以数据处理为中心，数据不仅仅是访问的对象，而应当转变成一种基础资源，使其产生更多的附加价值。

因此，煤矿应急管理海量数据管理主要面临以下的挑战：

①数据存储及处理的高效性问题。随着煤矿应急管理信息化建设的快速推进，各类业务需求不断增加，ETL（Extraction-Transformation-Loading，数据抽取、转换和加载）速度在传统的数据管理模式下变得难以接受，如煤矿井下现场采用的通风决策模型及其数据库管理系统运行在便携式计算机上，其数据读写能力及处理能力有限，使得决策结果的生成时间几乎超出可以容忍的范围。

②数据分析算法对海量数据集的处理性能问题。由于传统决策系统中的数据分析算法伸缩性及可扩展性有限，在处理海量数据集时表现不佳，因此需要设计在海量数据集基础上的新的数据挖掘算法以提高数据分析能力。

③半结构化及非结构化数据处理的问题。对于煤矿应急管理中的结构化数据可以采用 Oracle、SQL Server 等关系型结构数据进行存储和处理，但对于半结构化及非结构化的海量数据，应该采用适合的数据管理方法来应对。

④用户数据管理的个性化问题。对于不同的煤矿企业，数据管理的重点和需求各有差异，因此，如何提供更细粒度的服务以满足用户个性化的数据管理需求，是煤矿应急信息资源云服务提供商需要考虑的问题。

⑤云环境下应用程序的设计问题。对应用程序开发者来说，云计算环境下的软件开发与传统的桌面软件开发不同。以前的软件工程师只需要专心编程，完成用户的功能性需求即可。但在云环境下，由于云计算软件服务对于使用者的硬件要求相对较低，它可以使程序内核演算功能与用户界面分开，将那些复杂的程序内核计算问题交给云计算服务器用 Map Reduce 技术进行快速运算，将设计友好、便于操作的用户界面成为运算结果的展示窗口。比如，一个需要庞大计算能力的煤矿井下避灾应急救援仿真 3D 系统，通过云计算软件服务可以在硬件内核计算能力不强的手持装置上或便携计算机上运行。因为该手持装置上仅安装了运行用户界面的显示程序，而真正的 3D 内核演算功能是利用云计算服务器快速演算后将结果通过网络回传并显示在手持装置的屏幕上。

在各类煤矿应急管理信息系统中，传统的 DBMS 数据库通常部署在一台独立的服务器上，升级只能依赖增加 CPU、内存或硬盘等硬件设备，而且即便是分布式部署的 DBMS 数据库，其数据同步依赖于服务器之间数据的相互复制。因此，为了能够存储和处理海量数据，满足数据库的高可用性、高可靠性及高可扩展性等需求，就只能依赖增加硬件投入来提高系统容量和处理能力。同时在拥有海量数据规模的数据表中进行 SQL 查询，处理时间也会很长。因此，在云计算和物联网时代，面对煤矿应急管理海量数据的存储和处理问题，非关系型数据库——NoSQL 应运而生。

3. 煤矿应急云平台海量数据存储的设计目标

煤矿应急云平台不仅要为煤矿应急需求用户高效、及时地提供其所需的计算能力、存储能力及各类应急信息资源服务，而且为保证系统正常运行，还要对系统运行情况进行实时监控。因此，煤矿应急云平台海量数据存储的设计目标有以下四个方面：

（1）高效性

系统采用负载均衡机制将文件的数据副本合理地分布在集群的节点上，并且能够在各节点之间动态地移动数据，处理速度快，并保证系统的负载均衡。

（2）高容量

系统由大量普通计算机构成大容量的存储空间，存储空间可以任意扩展，满足了煤矿应急管理海量数据的存储需求。

（3）有效的系统监控

利用 Ganglia 软件来监控集群资源，如 CPU、任务进程、网络带宽、内存等，保证系统正常运行。

（4）高可扩展性

由于 Hadoop 是在集群中可用的节点上分配数据及副本并完成计算任务的，因此，当存储需求和计算请求增加时，可以在集群中增加节点来满足存储和计算的任务需求。

二、基于物联网感知的煤矿安全监控信息处理方法

（一）煤矿安全监控物联网感知架构设计

1. 物联网感知矿山的基本含义

作为应用物联网的一个重要领域，"感知矿山"是通过各种感知手段，实现对真实矿山整体及相关现象的智能化、数字化及可视化，把感知技术、传输技术、信息技术、现代控制技术等与现代采矿技术紧密结合，构成矿山人与物、人与人、物与物相连的网络，对矿山运营与安全生产的各个环节进行全面管理控制。

由于物联网本身就是控制与网络一体化的分布式应用，是对各种目标（包括移动目标）进行的感知，物联网明确提出了物与物相联的概念，但是以人与人、人与物相联的概念则较多出现在以往的数字矿山等诸多概念中。按照矿山流动作业的特点，要实现矿山物与物相联，需要基于网络的分布式感知能力，需要更大范围的无

线自组网的能力。

由于煤矿井下环境的复杂性和恶劣性，使得用于地面的物联网设备和技术，不能直接用于煤矿井下，因此煤矿物联网必须满足如下条件：

（1）电气防爆

煤矿井下有煤尘和瓦斯等可燃性气体，因此，物联网系统和设备必须是防爆型电气设备，输入输出信号必须是本质安全信号，并采用安全性能好的本质安全型防爆措施。

（2）传输距离相对较远

煤矿的覆盖区域相对于一般工业企业较广，采掘工作面距地面距离通常可达十多千米。

（3）抗干扰能力强

煤矿使用的大功率机电设备相对集中，而井下空间狭小，大型机电设备开停，架线电机车电火花及大功率变频器等产生严重的电磁干扰，对物联网设备影响较大。

（4）不宜采用中继器

如果采用中继器增加传输距离，那么由于井下电源的供给受电气防爆的制约，在中继器处可能不易连接电源，而且中继器是有源设备，故障率较无中继器系统高。

（5）抗故障能力强

煤矿井下环境恶劣、设备故障率高，因此，煤矿物联网设备应具有较强的抗故障能力，当系统中某些设备发生故障时，不会造成整个系统瘫痪，其余非故障设备仍能继续工作。

2. 感知矿山物联网系统模型

（1）感知控制层

感知控制层由两层网络组成，即感知层网络和骨干传输网络。感知与控制层主要实现矿山生产和安全过程中各种传感与控制信息的采集及使用。骨干传输网络通常由千兆工业以太网构成，感知层网络是无线覆盖网络，如 Zigbee、Wi-Fi、WSN 等。各生产安全子系统在该层以全分布方式或相对集中方式接入物联网。要构成物与物相联，具有自组网功能的无线网络在这一层起着非常重要的作用。

（2）信息集成与 MES 层

信息集成与 MES（Manufacturing Execution System）层通过千兆工业以太网将信息集成到控制中心进行各种信息处理，如信息融合、信息挖掘等；以及用于安全生产监控的终端，完成对煤矿安全生产中各个子系统的控制与监测；另外该层还提供信息对外发布等功能。因此，该层也有应用，但属于低层应用。

(3) 应用管理层

在应用管理层，煤矿各职能部分通过企业 Internet 网络可实现更高层次的应用，如煤矿灾害预警与防治、矿山安全生产评价、煤矿供应链管理、矿山资源环境控制及评价、设备运行管理及地理信息系统等。

3. 感知矿山物联网主要特征

(1) 通信异构性

由于感知层应用的扩大，出现多个网络系统可能是由不同厂商提供的，存在通信异构性。因此，需要解决通信接口的问题。

(2) 感知层综合业务服务

物联网络必须能为井下所有对象提供感知服务，包括各种人员、设备、环境和工况监测等。

(3) 统一的数据描述

采用元数据技术为不同数据制定统一的数据结构，提供统一的数据描述方法。

(4) 统一的数据存储平台

根据元数据信息共享系统的结构特点，建立分布式数据组织、管理、共享、快速索引及跨平台数据访问功能，为信息的深度处理提供良好的数据平台。

(二) 感知煤矿安全状况的信息融合技术

1. 信息融合的基本概念

信息融合实际上是新技术应用和传统学科交叉的一门学科，主要涉及检测监控技术、人工智能、神经网络和模糊理论、模式识别、决策论、优化算法等诸多理论技术和学科。近年来，随着计算机技术和网络通信技术的飞速发展，信息融合技术也发展迅猛，已在很多领域得到广泛应用。多传感器信息融合技术 (MSIF) 获得了普遍的关注，融合一词几乎无限制地被许多领域所引用。信息融合技术是随着雷达信息处理和指挥自动化系统的发展而形成的。信息融合是针对一个系统中使用多种传感器 (多个或多类) 而展开的一种信息处理的研究方向，由于各类传感器所测物理量各不相同，性能互有差异，存在互补性，通过协同动作就能获取比单一传感器更多、更有效的信息。

根据国内外研究成果，信息融合比较确切的定义可以概括为：

利用计算机技术把来自多源或多传感器的数据和信息，在一定准则下通过自动分析综合以完成所需要的估计和决策而采用的信息处理过程，从而得出更为准确可信的结论。因此，与单传感器信息处理或低层次的多传感器数据处理方式相比，多传感器数据融合有其独特的优点。

（1）根据系统的先验知识，通过融合处理，能够完成识别、分类、决策等单一传感器无法完成的任务。

（2）扩展了系统覆盖范围，能够更准确地获取环境或被测对象的信息，其精度与可靠性可能是单一传感器无法达到的。

（3）提高了系统可靠性。当一个或多个传感器失效或有误差，系统仍然可以工作，增强了融合信息的冗余性和互补性。

2. 信息融合的基本过程

多传感器信息融合是对人脑综合处理复杂问题的一种功能模拟。人类具有将自身的各种功能器官（眼、鼻、耳、四肢）所探测的信息（声音、图像、触觉和气味）与先验知识进行综合的能力，以便对他周围正在发生的事件和环境做出估计。这一处理过程是复杂的和自适应的，它将各种信息转换为对环境的有价值的解释。

多传感器信息融合的基本原理就是通过把各种传感器在时间和空间上提供的观测信息依据一定的优化准则组合起来，形成对观测环境的一致性描述和解释。信息融合的目标是利用多传感器共同联合操作的优势，通过对信息的优化组合提取出更多的有用信息，提高整个传感器系统的有效性。按照数据抽象和目标识别的层次，把信息融合分为三级：数据级、特征级和决策级。

（1）数据级

数据级融合是对来自传感器原始数据的直接融合，由于是原始数据直接关联，故要求各传感器的信息要来自同类型或相同量级的。这是最低层次的融合。其特点是能提供尽可能多的现场数据和细微信息。

（2）特征级

特征级融合属于中间层次，通过综合分析和处理来提取多传感器的特征信息，以便做出正确的决策。

其特点是，通过提取与决策分析有关的特征，实现了信息压缩，有利于快速处理，并能最大限度地使决策分析所需要的特征信息与融合结果相一致。

（3）决策级

决策级融合是一种高层次融合，它充分利用特征级融合所提取的各种特征信息，从具体决策问题的需求出发，采用适当的融合技术来实现。决策级融合是三级融合的最终结果，是直接针对决策目标的，对传感器的依赖性小，传感器可以是同质的，也可以是异质的，有较强的容错性，结果直接影响决策水平。

3. 煤矿井下复杂环境与信息融合策略

（1）井下气相环境分析

瓦斯是井下采掘过程中从煤和围岩中涌出的有毒有害气体的总称，如甲烷

（CH₄）、二氧化碳（CO₂）、一氧化碳（CO）等。由于甲烷占90%以上，因此煤矿瓦斯一般指甲烷。CH₄无色、无味，对空气的比重为0.544。煤矿井下工作场合要建立相应的瓦斯检测体系，使CH₄浓度保持在安全限值以下，CH₄气体与空气的混合气中，CH₄的爆炸范围是4.9% ~ 16%（V/V）。CH₄浓度达到2%时，工作人员应迅速撤离现场。助燃气体主要是氧气，当氧气含量和可燃气体含量都达到引爆阈值以上的时候，就具备了爆炸的前提条件，如果有明火就一定会发生爆炸。

煤层气除了含易燃气体CH₄，还含有二氧化氮、一氧化碳、硫化氢、氨气及二氧化硫等有毒气体，这些气体超标也会对安全生产造成极大的危害。

（2）灾害类型与发生条件

①瓦斯爆炸及危害

可燃易爆性气体，或可燃易爆性粉尘（多指浮游粉尘）与空气（或氧气）混合并达到一定的浓度时，遇到火源就会发生爆炸。煤矿中的重大恶性事故通常是瓦斯和煤尘同时参与爆炸造成的，较大的瓦斯爆炸皆伴有煤尘爆炸。

瓦斯爆炸的危害很严重，主要表现在以下三个方面：

A. 人员伤亡。瓦斯爆炸后产生的冲击波给附近人员造成冲击伤害，爆炸的高温火焰能造成人员烧伤。特别是在掘进工作面发生瓦斯爆炸事故的次数最多且伤亡人数居首位。

B. 诱发煤尘爆炸。通常煤矿中的煤尘、瓦斯同时参与爆炸是造成重大恶性事故的主因。瓦斯爆炸的冲击波把煤尘扬起，引发煤尘爆炸，并快速增强威力，扩大破坏范围甚至会波及整个矿井。而且在煤尘燃烧不完全的情况下会产生大量一氧化碳，引起井下人员中毒窒息。

C. 引起火灾，破坏通风系统和井下设备。瓦斯爆炸易引起矿井火灾，反之矿井火灾也易引发瓦斯爆炸。火灾和爆炸会使井下的通风、生产设备受到不同程度的损坏，甚至造成整个通风系统破坏和巷道垮塌。

②瓦斯爆炸的条件

在复杂的煤矿井下，瓦斯气体爆炸通常需要满足以下三个条件：

A. 瓦斯浓度。瓦斯爆炸界限为5% ~ 16%，当瓦斯浓度低于5%时，能在火焰外围形成燃烧层，但不爆炸；当瓦斯浓度为9.5%时，其爆炸威力最大；当瓦斯浓度在16%以上时，在空气中遇火会燃烧，但无爆炸性。爆炸界限通常受到压力、温度、其他气体及煤尘等因素的影响，会发生较大的变化。

B. 引火温度。因受火源性质、瓦斯浓度及混合气体的压力等因素影响，一般认为，瓦斯的引火温度为650 ~ 750℃，但当瓦斯含量在7% ~ 8%时，最易引燃。

C. 氧气浓度。通常，当氧气浓度减少到12%以下时，瓦斯混合气体即失去爆炸性。但是由于矿井的氧气浓度一定大于12%，所以在防止瓦斯爆炸过程中一般可以不讨论这个条件。

③瓦斯燃烧

瓦斯燃烧对于煤矿井下也是一种灾难，瓦斯燃烧能引起矿井火灾，也容易转化为瓦斯爆炸。从广义上说，瓦斯燃烧实际上是一种反应速度较慢、威力较小的爆炸。

④煤尘爆炸

煤尘爆炸同瓦斯爆炸一样都属于矿井中的重大灾害事故。煤尘爆炸必须同时具备四个条件：煤尘本身具有爆炸性；煤尘必须悬浮于空气中，并达到一定的浓度；存在能引燃煤尘爆炸的高温热源；一定浓度的氧气。

一般认为，含硫大于10%的硫化煤尘即可有爆炸性，发生爆炸的浓度范围为250～1500g/m³，引燃温度为435～450℃。

(3)安全等级划分与信息融合策略

①安全等级划分

煤矿灾害的发生是在一定的条件下出现的，并不是在任何混合比例下都能发生危害，而是需要有一个浓度范围或发生条件。基于上述分析，综合考虑井下的气体信息、温度信息和通风信息，为了更准确地感知煤矿井下的环境安全状况，把井下环境安全等级分成5级，分别为"安全""比较安全""一般安全""较危险""危险"。

煤矿环境安全信息的准确检测是信息融合的前提。要检测的内容包括危险区域的瓦斯、一氧化碳、粉尘、风速和温度等环境信息。导致煤矿危险的物质和能量在很多情况下是逐渐地积聚并且经常是不同因素的叠加作用，因此，设计一个可以对多种环境信息综合考虑的多传感器信息融合系统是准确感知煤矿安全状况的必然要求。

②感知煤矿安全的信息融合策略

煤矿井下环境安全监控的主要对象就是瓦斯、一氧化碳、煤尘、风速和温度等环境参数，在通过物联网传感器获取上述信息后，为了准确地判断煤矿井下的环境安全状况，就要建立特定的信息融合策略实现准确的感知。

为了能够通过瓦斯、一氧化碳、煤尘、氧气、风速和温度等环境参数对煤矿井下的环境安全状况做出准确判断和感知，按照操作对象的特点，在信息融合系统中设计了两级融合。

感知煤矿安全的信息融合结构，主要由四部分组成：第一部分是由若干传感器节点构成的多类传感器集合，完成对感知域内环境参数的采集；第二部分是数据的预处理，用于滤除误差数据；第三部分是数据级融合，在这一环节中的主要工作是将传感器检测的同一环境参数的多传感器数据进行信息融合，它只考虑数据的信任程度，不加主观判断；第四部分是决策级融合，这一环节是将同源融合的结果，应用多源信息融合方法进行一种高层次的决策融合，得到最终的安全感知结果，这样就与原先进行逻辑思考再决策的思维过程相符，从而可以得到更加准确的判断。

第三节　煤矿生产计划的信息化管理

一、物联网下的煤矿生产调度管理

(一) 调度信息化系统对于煤矿设备管理的主要优势

1. 具有很强的实用性

调度信息化管理系统运用计算机网络技术、数据库技术和现代管理技术，对矿井各类资源和调度信息进行系统集成、控制和管理，实现矿井内外资源、信息共享和有效利用。解决煤矿调度管理传统模式下各类弊端问题，提高煤矿调度工作效率，实现安全生产信息资源共享，实现现代化调度管理。现代 ERP 的管理理念与传统的优秀的设备管理的经验充分结合，为调度信息化系统在煤矿设备的管理奠定了基础，调度信息化系统对于煤矿企业的管理优势首先体现在根据煤矿企业的实际生产情况，结合相关设备管理的具体工作模式去进行结构的设计，这样有针对性的管理模式能够在很大程度上满足对煤矿生产设备的管理需求，为各个生产设备的操作人员提供系统的设备信息，最大限度地提高设备的管理质量和管理效率，一旦发现安全隐患就能够及时进行处理。

2. 具有很强的准确性

调度信息化系统在煤矿设备的管理过程中，能够保障其准确性判断，减少不必要的设备诊断。由于调度信息化系统是根据设备的具体情况规范定义的模式，因此它的准确性和集成性是非常有保障的。主要表现：①系统利用先进计算机技术、软件技术、网络技术和数据库技术相结合；②采用 B/S 体系结构进行系统开发；③采用 J2EE 技术框架，使用系统支撑 Web 服务器平台；④利用 MVC 设计模型 STRUTS 架构，通过 Servlet+JSP 实现；⑤数据管理采用 Microsoft SQL Server+ 文件系统方式，采用关系型数据库 Microsoft SQL Server 作为业务数据和空间数据管理平台；⑥系统采用 i2Portal 平台技术开发，i2Portal 是一个以协同工作、流程管理与知识管理为核心的数字工作平台，为开发者提供全面的虚拟社区服务系统，可提供完善的 Internet Web 网络协同解决方案，系统功能模块以组件的形式进行封装，采用积木式的方式搭建；⑦采用 XML/SOAP/Web Services 技术提供外部系统整合接口。

3.具有很强的安全性

由于调度管理系统不仅对煤矿企业的设备管理有很大的作用，对煤矿企业的正常生产也有着很强的指导作用。因此对于调度信息化系统的建立需要经过精心的设计，整个系统从网络通信安全，软件系统安全再到用户访问安全等各个层次都经过了严格的设计，每个层次都有完整的系统安全方案。

这就要求在用户进入时，必须经过授权才能进入，并且根据权限的大小，有选择地使用相应的权利，这样完善的安全系统就为煤矿企业调度信息化系统提供了有利的安全保障。

4.方便快捷解放人工

煤矿调度信息管理系统是先进信息技术的产物，所以在功能方面是相对齐全完善的，实现了良好的人际互动。整个调度信息管理系统可以将煤矿企业的所有生产设备的具体管理特点体现出来，可以说使用起来非常方便，在很大程度上解放了人工，大大提高了工作效率。

(二)调度信息化设备管理系统的具体应用

1.调度信息化设备管理系统的结构

调度信息化系统在对煤矿企业的设备进行管理时，主要的系统结构包括系统管理、设备运行分系统、设备检测管理系统及系统的具体配置等。

2.调度信息化系统在煤矿企业的设备管理中的具体应用

调度管理信息化系统是对煤矿生产过程、调度决策、统计分析及调度台账的系统化管理，包括调度值班情况、调度汇报、多种通知、多种记录、生产计划、生产日报、主副井提升情况、材料消耗、事故处理统计、生产验收报表等生产调度信息的集中管理。通过收集煤矿生产过程中的主要调度数据，对其进行分析，评估安全生产管理状况，为优化生产管理提供依据，以保证生产经营计划的贯彻落实。对于系统的管理在设备的管理过程中的作用是"编码"，可以根据具体的管理需要编制设备相应的编码；设备运行分系统可以实现对设备的基础数据的管理，还能够对设备的所有档案进行管理；对于设备的具体分布情况和设备的相关报表都能够系统地保存，便于查看。同时对设备的基础数据有管理权限的人群是调度信息化设备管理系统的管理员，管理员通过相关的记录数据能够实现对基础数据的编码方案的设置。对于业务信息的维护，设备的基础管理数据是对设备维护系统中常见的基本要素的定义，这些基本要素包括人员管理，对设备的基础管理等。

设备的档案管理是对于煤矿生产过程中的机电设备、抢险设备的分类管理。通过建立有效的设备台账、保存设备相关信息完成全程管理，对于设备的具体分配、出入库情况，设备的调剂，设备的封存、移库，设备的报废等相关的一系列业务进行系统的等级管理。对于煤矿生产设备的检测管理系统，该系统主要针对煤矿的电动机、四大件设备的检测检验进行规范管理。首先，针对设备的检验工作制定一系列的检验标准，给检验工作一个具体合理的定义；其次，对具体的设备检验情况进行及时全面的登记，根据具体数据形成检验报告，并且及时录入以便今后查询。通过调度信息化系统对记录报告进行及时的分析，对应相关的检测标准，然后得出真实可靠的记录分析报告。利用调度信息化系统对煤矿设备进行管理，某一时间段对相关设备的检验情况及时进行登记，有利于对某一时间检测设备情况进行查询，方便对设备的管理。

充分利用调度信息化系统对煤矿设备进行管理，实现动静态的综合管理，减少了设备的库存，在很大程度上优化了设备管理的具体流程。充分利用调度信息化管理系统对煤矿企业的设备进行管理在很大程度上约束了相关设备管理人员的行为，保障了整个设备管理系统的统一性和严格性。

综上所述，调度信息化管理系统对煤矿企业的设备管理工作起到了很大的促进作用，充分利用信息化技术带来的优势，对设备进行管理也是未来煤矿行业管理的一大趋势，因此可通过对调度信息化管理系统的进一步优化，促进设备管理的有效性，充分保障煤矿企业的正常运行。

二、煤矿采掘衔接生产计划管理系统的研究与开发

(一) 系统总体设计

1. 煤矿采掘衔接生产计划管理系统的分析

煤矿采掘衔接生产计划的编制是一个动态的不断调整的过程，掘进工作面和回采工作面的衔接方案是在密切配合、反复平衡过程中实现的。通过运用系统工程的方法，以计算机为主要手段，可以满足采掘衔接生产计划的动态调整，编制出最优或较满意的采掘计划。在编制采掘衔接生产计划时，计划编制人员根据地质条件、安全举措及上级主管部门要求的产品数量和质量等指标作为依据来对方案进行调整，编制计划要贯彻党和国家有关矿山的方针政策，遵守科学的开采顺序，及时回采矿柱和处理采空区，确保安全生产。在这些关系的制约下，采掘衔接生产计划管理系统必然是一个多输入和多输出的系统。输入的是采区数据、采煤工作面数据、采煤队组数据、采煤设备数据、回采定额数据、巷道数据、掘进队数据、掘进设备数据、掘进定额数据等，输出的是反映各种计划量的报表及各类采掘进度计划图件等，以简洁的交互式人机对话界面方式体现计划人员对方案的调整和修改意见。

2. 系统的模拟方法

交互式模拟是以人为主的人—机对话技术，各种指令由人输入计算机，计算机取得指令后，实施相应的操作，所得结果反馈给人，供下一步决策时参考。这样在系统中可以互补彼此的不足，如机器的功率大、速度快、不会疲劳等，而人具有智慧、多方面的才能和很强的适应能力，这样就可以通过对话实现决策者的意图，还可以根据某些变化了的条件人为地修改计划。

交互式模拟的具体实现有多种形式，传统的方式有命令语言、菜单、填表等形式。随着多媒体技术的发展，菜单可图形化，可用语音以自然语言的形式进行人机交互，更主要的是可通过人的各种感官进行多模态的直接操纵，缩短了人机距离。在这里主要采用菜单式和填表式来具体实现。

菜单式就是在屏幕上显示出一组项目表，由用户选择一个认为最合适的选项，并激活该选项，系统就开始执行用户的选择。在这里菜单全部由中文提示，意义简单明确，用户经过少量学习和记忆，通过简单的击键即可完成任务，操作十分方便。

填表式是在需要输入数据时，用户可看见一个相关字段的显示，在该字段中移动光标，在需要输入的地方输入数据，然后继续运行程序。

交互式模拟方法，可以利用计划人员的经验，通过灵活的人机对话不断完善现实模型，以便最终获得一个比较满意的方案。这样才能在提高采掘计划编制速度的基础上，使其更加贴近矿山实际。

3. 系统的体系结构

鉴于以上对系统的分析及矿山采掘衔接生产计划所涉及的内容和任务，按照从总体到局部的结构化的原则，将煤矿采掘衔接生产计划管理系统划分为若干个子系统，每个子系统包含若干个不同的模块。系统结构设计和子系统划分兼顾了系统模型与现有管理模式的相关性和独立性，使得系统能够完整、准确地反映矿井采掘衔接生产管理的各个方面。

(二) 系统的主要功能

1. 系统权限管理

账号管理：增加、修改、删除数据库登录账号。此权限仅向管理员开放。

权限分配：按用户不同角色分配不同的权限，这样就能够根据不同的用户而开放不同的权限。此功能仅向管理员开放。

2. 数据管理模块

数据管理模块是对数据信息进行添加、编辑、取消、删除、修改、保存、浏览等，包含四个方面的数据信息：①全矿总计划信息，有全矿的目标年度总产量、年采煤吨数、年进尺数、计划年度时间等信息；②开拓工程信息，用于建立各开拓队组的年度开拓生产衔接计划，是后面开拓生产衔接管理的基础，包括施工单位、本月进度、计划月份、工作天数、计划日进、计划总进、实际总进；③掘进工程信息，用于建立各掘进队组的年度掘进生产衔接计划，是后面掘进生产衔接管理的基础，包括施工单位、煤层类别、煤层厚度、掘进断面、支护形式、临时支护、工作面名称、设备型号、送道工作面情况、本年进尺计划、劳力和消耗等；④采煤工程，用于建立各采煤队组的本年度采煤生产衔接计划，是后面采煤生产衔接管理的基础，包括施工单位、落煤方式、煤层采法、输送机型号、采煤工作面规格、本年进尺计划、材料消耗等。

3. 其他功能模块

系统维护模块分为用户管理和数据恢复两部分。用户管理功能为加强系统和数据库运行的安全性与稳定性而设计，用户分为多个级别，不同级别的用户对该软件具有不同权限的功能使用；数据恢复包括数据的备份和数据的还原功能，当数据库受损或一些意外情况发生时，可将系统当前的数据库文件备份到其他盘，以及将保存的数据库文件恢复到系统中。

（三）系统特点

1. 实用性

煤矿采掘衔接生产计划管理系统从设计到实现都遵从实用性原则，以用户为核心，力求简单。该系统易于使用、便于系统管理、数据更新简便和系统升级容易，具有优化的系统结构和完善的数据库系统，以及友好的用户界面，为提高煤矿社区管理自动化打下了良好的基础。

2. 标准化

系统设计符合 MIS 的基本要求和标准，用户界面设计采用 Windows 的 MDI 界面，外形美观、操作简便，具有很强的亲和力。另外，数据类型、编码均符合现有的国家标准和行业规范。

3. 前瞻性

煤矿采掘衔接生产计划管理系统在设计上充分考虑了技术的发展趋势，同时在硬件配置和系统设计中还充分考虑系统的发展与升级，使系统具有较强的扩展能力。

4. 经济性

即在实用的基础上做到最经济，以最小的投入获得最大的效益，包括在硬件和软件配置、系统开发和数据库建立上都充分考虑投入和经济效益。

煤矿采掘衔接生产计划管理系统是按照煤矿现场要求的矿井采掘衔接和生产报

表管理的辅助决策与管理基础上开发的，在满足回采要求的前提下，模拟生成掘进衔接方案，经交互式调整，才确定最终采掘衔接方案。此种处理方法提高了系统的灵活性和适用性，有利于对煤矿生产布局进行科学分析与评判，保证煤矿数据的安全，提高矿区生产管理的工作效率。

第八章　常见的财富规划管理

第一节　现金规划

一、现金及现金规划

(一) 现金

1. 货币层次

在国际金融市场上，按照货币的流通强弱性，可以将货币划分成 M_0、M_1、M_2、M_3 四个层次。

M_0 指流通中的货币，也就是我们俗称的现金，具体指银行体系以外各个单位的库存现金和居民的手持现金之和。M_0 被认为是流通性最强的一种货币形式。

狭义货币供应量 M_1 范围较 M_0 更广，是指在 M_0 的基础上加上非金融性公司的活期存款，即企业、机关、团体、部队、学校等单位在银行的活期存款。

广义货币供应量 M_2 是指在 M_1 的基础上加上非金融性公司的定期存款、储蓄存款、城乡居民个人在银行的各项储蓄存款、证券客户保证金及其他存款，M_2 与 M_1 的差额，即单位的定期存款和个人的储蓄存款之和，通常称作准货币；通常央行会关注这三个货币供应量的指标，来看社会中流通的货币量是否合适，进而调整货币政策。

2. 现金概念

现金，一般是指立即可以投入流通的交换媒介。在现代的金融活动中，现金可以从广义和狭义两个层面进行分析，从广义上来看，现金主要包括现金本身和现金等价物。对现金等价物的判定主要符合两个条件：①容易变现，且不受较大损失；②投资期限较短，一般为 1 到 3 个月。例如支票账户、储蓄账户、货币市场账户及其他短期投资工具。狭义的现金一般仅包括持有的现金、可以随时用于支付的存款、货币基金，以及存放在支付宝、微信等第三方支付机构里的超高流动性资产。狭义的现金具有存款期限短、流动性强、价值变动风险较小等特点。

银行推出了银行闪付卡，这种卡能提高交易的完成效率。随着支付的变革，后来又出现了一种类似的刷卡支付的工具——手机钱包，这是通信运营商和银行联合推出的一种产品,利用 NFC 技术,客户只要带着手机就能在对应的 POS 机刷手机进行交易。与此同时,支付宝、微信支付等第三方公司扫码支付迅速崛起,加速了支付的变革。

移动互联网的发展,让我们的支付变得更加快捷。这种快捷的支付方式已经在慢慢地取代我们传统的支付方式。对消费者而言,交易完成的体验度比以前快了许多,对企业来说,这种无现金化的支付方式,降低了企业生产效率和人工成本。而对政府而言,无现金化的支付也是一种创新,降低了社会的管理成本,也提供了更多的新的工作岗位。

(二) 现金规划概述

1. 概念

现金规划既能够使家庭或个人所拥有的资产保持一定的流动性,满足支付日常家庭生活费用的需要,又能够使流动性较强的资产保持一定的收益。现金规划是为满足个人或家庭短期需求,而对日常的现金及现金等价物与短期融资活动进行管理和安排的过程。确保有充足的资金来应对计划内外的费用,消费模式也在预算的可承受范围之内,这些都是进行现金规划的目的。按照现金流动的方向,可将现金规划分为现金收入预算和现金支出预算,其目的是保证家庭或个人的财务通畅,合理有效地规避资金周转不灵等问题。

2. 原则

现金规划的原则是流动性与收益性相统一。流动性主要指现金及现金等价物需要满足家庭日常生活开支;收益性主要指保证高流动性资产的相对较高收益性。一般情况下,家庭短期需求可以通过流动性最高的手头现金来解决,而预期的或者将来的需求则可以通过各种类型的储蓄或者短期投、融资工具来满足。现金规划实质在于保持流畅的现金流,管理流动性资产,专门针对现金资产进行合理的分配和投资分布,以满足客户的实时需要。

3. 现金规划的动机

个人或者家庭对现金规划的需求主要源于三个动机:交易动机、预防动机及投机动机。

(1) 交易动机。交易动机是为维持日常生活需要而持有现金,产生的原因主要是由于收入和支出的时间错配,即收入与支出在时间上无法同步进行。流动性较弱的资产往往能给家庭带来高收益回报,但是变现能力差的特点也为家庭日常生活开支带来诸多不便,因此,个人或者家庭需要适量的现金及现金等价物以保障正常合理的交易活动。一般情况下,个人或家庭在交易动机的驱使下所拥有的货币量会受到收入水平、消费水平等因素的影响。

（2）预防动机。预防动机是指为了预防日常交易之外的支出而持有现金及现金等价物的动机，主要是为了应付紧急情况。预防动机区别于交易动机，产生的主要原因是对未来收入和支出的不确定。"永远不知道明天和意外哪个先到来。"阐述了预防动机在现金规划中的必要性。规划现金是为了应付人生中的消极插曲，比如失业、重疾、车祸等都会在短期内给家庭带来经济重挫。合理的现金规划就是预留出部分应对意外的资金，缓解家庭短期的资金压力。

预防动机的影响因素包括有风险承担能力、举债能力的强弱及对现金流量预测的准确性。

（3）投机动机。投机动机是指人们根据对市场利率变化的预测，需要持有货币以便把握投资机会获得较大收益而持有现金动机。现金是流动性最强的一种资产，可以根据市场行情的变动，随时买进或者卖出，从中获得投机收益。例如准备一笔资金，随时准备买股票。投机动机受投资机会、风险偏好等因素影响。

总而言之，持有现金是为了满足流动性的需要。

4.现金规划的作用

（1）有助于满足日常现金需要。作为商品经济社会不可或缺的重要元素，人们在生活中离不开现金。

（2）满足计划外现金消费——紧急备用金的提留。紧急备用金作为家庭的现金流的缓冲池，为应付失业、生病等不时之需，紧急备用金一般为月支出的3～6倍。

（3）有助于提高资金利用率。现金的持有确实能给生活带来许多便利，但也不是持有越多越好，持有现金的比例越大，资金盈利的机会成本就越高。

二、分析客户现金需求

（一）获取客户财务信息

1.电话预约

在正式面谈之前，首先和客户进行电话预约，征求客户的同意，协调和确定正式面谈的时间、地点及大致的时间段安排。由于初次印象极其重要，双方进行信息交换，确定合作的可能性，为以后的长期关系奠定基础。因此，地点的选择也显得尤为关键，舒适幽雅的环境可以从外部提高交流的质量，如咖啡厅、茶餐厅等。

理财规划师首先需要罗列出谈话大纲，明确与客户面谈的目的和主要内容。然后在电话中告知客户需要准备和携带的相关材料，这些材料应该是与理财规划相关的家庭财务资料，如家庭成员工资单、银行存款单、股票或证券凭证、保险单、水电缴费单、家庭记账单等。

2.准备面谈所需要的材料

为了增强客户对现金规划的理解和对理财规划师的信任，首先，从业者可以准备相关材料，提升客户对本行业的了解，为良好的客户关系建立开端。材料主要包括理财规划师所在机构的宣传和介绍性资料、机构营业执照的复印件或电子档、从事业务许可证、理财规划师个人从业资格证、理财方案样本及杰出的历史规划案例等。其次，准备好相应的记录工具，如纸、笔等，以方便客户进行记录或者计算。

理财规划师还须注意自己的外在形象。正装搭配给人以庄重严谨的印象；时刻面带微笑可彰显其亲和力，拉近人与人之间的距离；行为举止大方得体，可以增强客户在交流过程中的舒适度。

除此之外，理财规划师还需要提前准备好自己的名片，一方面，可以展示出自己的合作诚意；另一方面，也可以保障后续的联系通畅。

3.迎接客户

为彰显合作的诚意和专业性，理财规划师需要提前到达指定会谈场所，并在门口迎接客户。当客户到来时，理财规划师可以上前问候并握手，准确地称呼出客户的姓氏并进行简短的自我介绍，双手递呈名片，加深客户对理财规划师的初始印象，如果客户同样交换名片，规划师须当场仔细观看，再仔细收好。这样礼貌的社交行为会让客户立刻感受到被尊重和重视，拉近彼此之间的距离，更容易切入话题。

4.铺垫工作

在正式会谈前，需要先做一些铺垫工作，轻松愉悦的日常话题可以让客户与理财规划师拉近彼此的心理距离，活跃和预热聊天的气氛。在聊天的过程中，理财规划师不要强势抢话题，应注意做好聆听者的角色，让客户抒发自己的想法和观点，并在交流过程中观察客户的性格特点及可能的理财需求。此外，理财规划师应该尽量避免在交流过程中使用专业术语，因其理解难度较大，容易让客户丧失继续交谈的兴趣和热情。在简短的铺垫话题结束后，理财规划师可以主动过渡话题，切入本次会晤的目的。

除此之外，非语言沟通技巧也是极为重要的，即肢体语言。在交谈的过程中避免一些随意的举止。保持姿态端正，面带微笑，双目注视对方并不时地点头，以示理解和对对方的尊重。

5.核心工作

首先，理财规划师需要向客户解释什么是理财规划，用通俗简练的语言阐述理财规划的概念、目的、意义及进行现金规划的必要性，引起客户的理财共鸣，帮助客户确立切合实际的家庭财务目标；其次，向客户传递有效信息，说明理财规划师工作角色的意义和重要性及团队专业性，增加客户的信任感和安全感；再次，理财规划师需要在正式合作前将一切可能产生的费用告知客户，避免日后不必要的经济矛盾；最后，规划师可以合理地宣传团队的后续服务，让客户放心地将家庭财务交由理财团队进行规划和打理。

6. 编制客户家庭财务报表

在此基础上，根据客户提供的个人或家庭现金收支和资产的明细资料，编制月度或年度家庭资产负债表及收入支出表，分析财务状况，确定现金规划方案。

(二) 编制家庭现金收支表

1. 家庭收入

家庭收入是指整个家庭剔除所有税款和费用后的可自由支配的纯所得，包括货币收入和实物收入。普通家庭的收入一般包括以下项目：

①工作所得（家庭所有成员的工资、奖金、补助、福利、红利等）。

②经营所得（自有产业的净收益，如生意、自由职业、佣金、店铺等）。

③投资收益（现金分红、资本收益、租金收入、利息收入、其他投资收入等）。

④其他所得（劳务报酬、稿酬、失业保险所得、中奖等偶然所得、离婚获得的赡养费、子女给付的赡养费和生活费等）。

2. 家庭支出

家庭支出是指全家所有的现金支付。如果没有详细的记录，要收集所有的日常开支非常不容易，大多数人没有这样的记录。在我国，家庭的支出主要包含两个方面：债务偿还的支出及购买支出。其中购买支出既包括对日常生活必需品、奢侈品的支出（如对柴、米、油、盐、酱、醋、茶、字画、珠宝、别墅、教育、旅游等的消费），也包括对购买金融产品的开支（如对股票、债券等的期初投资费用）。

理财规划师在收集到客户大量的收入、支出材料后，可以指导客户编制家庭现金收支表。家庭现金收支表主要由收入、支出、结余三个部分组成，一般以月为周期进行编制。反映出个人或家庭每月获取收入的能力、收支分布，以及衡量在过去是否理性消费，从而为理财规划师进行现金理财投资策略提供基础信息。

通过编制家庭现金收支表可以基本反映出个人或家庭现金流入和流出情况。数字直观地反映出个人或家庭每月的支出笔数及金额，再根据家庭成员工作的稳定性，确定流动性比例的合理数字，所得乘积就是在现金规划过程中的可用资金额度。同时，可以根据现金收支表的收入部分，分析出个人或家庭的主要收入来源，若主要收入来源于稳定性强的工资等，则可以适当地降低家庭资产流动性比例，扩大支出和投资。

(三) 家庭财务衡量指标

家庭财务指标，理财规划师在分析客户财务状况过程中，经常运用财务比率，通常可以利用客户资产负债表和现金流量表中相关数据计算得到。这些比率从不同方面反映了客户的财务状况及相关信息，理财规划师可以透过这些比率对客户的行为方式和心理特征进行分析，这对于保证理财方案的科学性和合理性具有十分重要的意义。

三、制订现金规划方案

(一) 现金规划的一般工具

1. 现金

现金是现金规划最基础的工具。现金具有两个最主要的特征：一是现金的流动性最强。流动性就是资产变现的能力，现金本身的存在形态就决定了它高流动性的特征。二是收益性最差。现金是人们持有在手中的资产，不投资于任何的金融工具，因此，现金本身无任何收益性可言。此外，考虑到货币的时间价值和通货膨胀率，现金其实在不断地贬值。

2. 相关储蓄品种

(1) 活期储蓄

活期储蓄是指无固定存期、可随时存取、存取金额不限的一种比较灵活的储蓄方式。活期储蓄适用于所有客户，其资金运用灵活性较高，人民币1元起存，外汇活期储蓄存款起存金额为不低于人民币20元的等值外汇。储蓄机构发给客户一个存折或借记卡，凭折 (卡) 随时存取，办理手续简便，全部支取时，按销户日挂牌公告的活期储蓄利率计息。

随着银行卡的不断发展，人们越来越习惯把钱放到自己的借记卡中，借记卡是指先存款后消费 (或取现)，具有存取款功能，但没有透支功能的银行卡。放到借记卡中的资金可以享受活期存款利率。不仅如此，各家银行的借记卡通常还具有证券转账、证券买卖等众多理财功能。而且，各银行系统内部还实现了"一卡通"，即可以对借记卡里的活期存款进行同城及异地通存通兑。

(2) 定活两便储蓄

所谓定活两便是指既具有活期储蓄的流通性，又具有定期储蓄的回报率。这是一种事先不约定存期，一次性存入、一次性支取的储蓄存款。个人定活两便存款开办的币种多样，除人民币外，还有美元、日元、欧元、英镑、澳大利亚元、加拿大元、瑞士法郎、新加坡元等。定活两便存款的起存金额为人民币50元或者不低于人民币100元的等值外币。定活两便储蓄的计息方式相对较为复杂，存期低于整存整取最低档次的，按活期利率计息；存期超过整存整取最低档次且在一年以内的，分别按同档次整存整取利率打六折计息；存期超过一年（含一年）的，一律按一年期整存整取利率打六折计息。其公式为：利息＝本金 × 存期 × 利率 ×60%。

（3）零存整取

零存整取定期储蓄是指个人将人民币存入银行储蓄机构，每月固定存额，集零成整，约定存款期限，到期一次性支取本息的一种定期储蓄。随着科技的发展，零存整取储蓄方式越来越重要和普遍。计算机精确的计算能力解放了手工账本的不便，零存整取的储蓄存款利息得到精确计算，使得其在商业银行储蓄业务中得到极大的推广和应用。

（4）整存零取

整存零取是一种事先约定存期，整数金额一次存入，分期平均支取本金，到期支取利息的定期储蓄。这种储蓄方式一次存入本金，人民币1000元即可起存。存期分为1年、3年、5年，取款间隔可选择1个月、3个月、半年，可记名，预留印鉴或密码，可挂失。开户时由银行发给储户存折，取款时储户凭存折到原开户行填写取款凭证后领取本金。如到期日未领取，以后可随时领取。整存零取不得部分提前支取。利息在期满结清时支取。这种储蓄方式比较适合那些有整笔较大款项收入且需要在一定时期内分期陆续支取使用的客户。

（5）存本取息

存本取息定期储蓄是指个人将属于其所有的人民币一次性存入较大的金额，分次支取利息，到期支取本金的一种定期储蓄。这种储蓄方式人民币5000元起存，存期分为1年、3年、5年。作为分期付息的储蓄方式，客户可以获得较活期储蓄高的利息收入，虽然不同的银行存本取息的利率有所不同，但目前各大银行存本取息的利率都是在央行公布的基准利率上进行浮动执行。

（6）个人通知存款

个人通知存款是存入款项时不约定存期，但约定支取存款的通知期限，支取时按约定期限提前通知银行，约定支取存款的日期和金额，凭存款凭证支取本金和利息的服务。人民币通知存款的最低存款金额为5万元，外币通知存款的最低存款金额各地区略有不同，约为等值人民币5万元。本金一次存入，可一次或分次支取。通知存款按提前通知的期限，分为一天通知和七天通知两个品种。外币通知存款提前通知的期限为七天。

个人通知存款采用逐笔计息法，按支取日挂牌利率和存款实际天数计算利息，如遇利率调整，不分段计息，利随本清。但通知存款如遇以下情况，按活期存款利率计息：①实际存期不足通知期限的，按活期存款利率计息；②未提前通知而支取的，支取部分按活期存款利率计息；③已办理通知手续而提前支取或逾期支取的，支取部分按活期存款利率计息；④支取金额不足或超过约定金额的，不足或超过部分按活期存款利率计息；⑤支取金额不足最低支取金额的，按活期存款利率计息。对于已办理通知手续而不支取或在通知期内取消通知的，通知期限内不计息。

（7）个人支票储蓄存款

这种存款是以活期储蓄存款做保证，以支票做支付凭证，办定期存款。办理支现和转账结算，集储蓄与消费于一体的存款。客户凭有效身份证件开户与银行签订"个人使用支票协议书"后购买支票；凭支票取现或转账。存款期限同活期储蓄，账户余额不得低于所签发支票总额。此种存款方便，支付安全快捷，尤其适合个体工商户。

（8）第三方支付

随着互联网科技的兴起，第三方支付行业也在大力发展。人们越来越多地将钱放在第三方支付钱包中，如支付宝钱包、微信钱包等。第三方支付机构越来越相当于银行的功能，为客户提供存款功能。基于虚拟账户的普遍性，提高社会金融体系安全问题被日益重视，目前，我国央行已开始负责监管互联网支付领域。

（二）现金规划的融资工具

1. 信用卡融资

（1）信用卡的特点

信用卡的特点一般包括七个方面：①不必往卡里存钱，免担保、免抵押；②可在银行核定额度内透支消费；③先消费，后还款；④有免息期；⑤可以按最低还款额方式还款；⑥提供账单服务；⑦卡面凸字。

（2）信用卡日期

在信用卡的使用过程中，有四个重要日期。

①交易日：实际交易发生的日期。

②记账日：交易金额及费用计入信用卡账户的日期，记账日是计算循环利息的起点。记账日不等同于交易日，一般实际刷卡交易时间到计入账单之间会有一个延迟，信用卡的消费记录不会在交易日当天计入账户中，正常情况下银行会在刷卡日的第二个工作日将刷卡的款项记入账户中。

③账单日：指为持卡人生成账单的日期，账单上将列示上个账单日后的所有交易，包括利息、费用。一个持卡人名下的所有卡片，包括主卡、附属卡的所有交易

反映在一张账单上。

④到期还款日：指账户对账单所规定的该期账单应还款项的最后还款日期，至该日之前本行应收到持卡人对当期应缴款金额或最低还款额的付款。

（3）信用卡的免息还款计算

①信用卡的免息期从记账日算起一直到最接近的一个最后还款日为止，这之间的时间段就是信用卡的免息期，一般为 20～50 天。一般的刷卡消费行为可以享受免息期，但持卡人未偿还最低还款额的行为，不仅无法透支免息，而且将收取滞纳金。滞纳金是持卡人于最后还款日未偿还最低还款额的罚金，为最低还款额未还部分的 5%，最低 10 元人民币或 1 美元。滞纳金是在应还账款迟交后的第一个账单日收取。

②循环信用是指持卡人偿还的金额等于或者高于当期账单的最低还款额，但低于本期应还金额时，剩余的延后还款金额就是循环信用余额。

③持卡人在到期还款日（含）前偿还全部应付款项有困难的，可按发卡行规定的最低还款额进行还款。最低还款额是指持卡人使用循环信用时需要偿还的最低金额，最低还款额列示在当期账单上，一般为消费金额的 10%。但部分还款不能享受免息还款期待遇，所有交易将自记账日起计收透支利息。

④在免息还款期内偿还全部款项，无须支付非现金交易的利息；否则，便要支付消费利息由银行代垫给特约商店资金，起息日为记账日，日利率万分之五，直至清偿日止。

⑤持卡人使用信用额度支取现金交易的，不享受免息还款期和最低还款额规定，持卡人支取现金自记账日起，按规定利率计付透支利息。

⑥用户可以随时往信用卡内存款，尤其当信用卡可透支的额度不能满足需要时，可通过存款来提高可消费金额；但发卡机构对信用卡账户内的存款不计付利息。如果从信用卡提取现金时，即使提取自己的存款，也必须交纳取现手续费。

2. 保单质押融资

保单质押贷款是指投保人以保单的现金价值做担保，从保险公司或银行申请一定金额的贷款，到期按约归还贷款本息的一种信贷行为。它使保单持有人在续存保险合同权益的前提下实现保单投保资金的流动性，具有良好的个人理财价值。

保单本身必须具有现金价值。人身保险合同分为两类：一类是医疗费用保险和意外伤害保险合同，此类合同属于损失补偿性合同，与财产保险合同一样，不可以作为质押物；另一类是具有储蓄功能的养老保险、投资分红型保险及年金保险等人寿保险合同，此类合同只要投保人缴纳保费超过一年，人寿保险单就具有了一定的现金价值，保单持有人可以随时要求保险公司返还部分现金价值以实现债权，这类保单可以作为质押物。

保单贷款须收取利息。在我国，目前保单贷款的利率还是相对固定的，其利率按照中国保监会规定的预定利率与同期银行贷款利率较高者再加上20%计算，其结果高于计算保单现金价值的利率。

3. 互联网直接融资

互联网金融让用户融资过程更加便捷，省去了传统的信用卡和银行贷款在其前期烦琐复杂的申请、审批和将信用卡寄给用户的各个环节。互联网金融产品在服务客户时将这些流程极大地简化了，使用起来更加便捷。然而，这种服务模式之所以能够诞生，需要有强大的技术支撑，正是因为当前技术层面有了很大的进步与革新，互联网直接融资才有产生的可能，并且可以很好地服务于用户。

互联网平台下的直接融资相比传统间接融资，在人性化、自主化和多样化上都有极大的提升，而这些正好是当前客户需求变化的一些主导趋势。互联网平台下的个人信贷产品基于这个平台的优势，能够给客户带来更多他们更加期待的服务，能够满足客户随时随地的消费需求，给客户在消费的同时提供社交平台，也省去了申请时的门槛和烦琐流程。这些改变明显更契合用户的使用要求。其具体融资产品包括蚂蚁花呗和互联网众筹。

4. 互联网金融和传统金融形式的对比

(1) 参与主体上的差异对比

和传统的以信用卡为代表的信贷服务模式相比，以互联网平台为依托的金融信贷产品有着更好的发展前景，也有很大的发展空间，这和两者间的一些显著差异有直接关联。首先，基于互联网平台的信贷产品在参与主体上和传统信贷模式间便有明显差异。以信用卡为主导的传统信贷模式中，银行是绝对的参与主体，这使得投融资过程在一定程度上受到限制，这也是造成信用卡在发放时会设定相应审核门槛的原因。互联网信贷金融在这一点上有非常明显的转变，银行不再是信贷过程的主体与霸主，以资本市场为向导的新型信贷模式以直接融资的方式取代了间接融资，参与者和投融资方能够直接进行资金对接，这种转变有着极大的实践意义。

(2) 操作平台和模式上的差异对比

传统金融模式大多需要消费者到具体的金融机构或网点进行相应操作，需要客户亲自到银行办理相关业务，或者是进行买卖、存取的一些业务。互联网平台下的金融体系在服务方式和操作模式上有很大的改变。客户只需要一部智能手机或者一个客户端便能够完成所有的操作类型，无论是借贷还是还款，都可以自行解决。这极大地提升了信贷服务的便利性，也提升了客户的体验。

(3) 信息处理方式上的差异分析

信贷业务中很重要的一个环节就是对于用户的信息获取，信贷审核的依据正是来源于这些信息。传统的以信用卡为代表的信贷业务在信息获取和客户资质评判中要花费大量的时间与精力，工作量较大，然而，有了互联网平台后，包括客户信息和信用情况等信息获取会便捷很多。以蚂蚁花呗为例，基于一段时期的用户使用后，支付宝中自然会形成客户的一些使用习惯、信贷情况等信息，这些都可以成为蚂蚁花呗给客户提供信贷申请额度等的重要依托，这样的方式极大地节省了时间成本，也体现出了新型金融模式的便利性。

总之，随着互联网的普及，大数据和云计算的时代到来，客户消费行为模式的变化，技术层面的进步与革新，对于人性化、自主化和多样化信贷服务的需求等促进了互联网金融的崛起。互联网金融和传统金融形式的对比，在参与主体上、操作平台和模式上，以及信息处理方式上存在着显著的差异。

第二节　消费支出规划

一、分析客户消费需求

(一) 客户的消费需求

除了物质生活追求，人们还有精神方面的需求和人生价值目标。人类具有一些先天需求，人的需求越低级，需求就越基本，越与动物相似；越是高级的需求就越为人类所特有。同时这些需求都是按照先后顺序出现的，当一个人满足了较低的需求之后，才能出现较高级的需求，即需求层次。各种基本需要的出现一般是按照生理需求、安全需求、社交需求、尊重需求和自我实现需求的顺序，但并不一定全部都是按照这个顺序出现。

因此，准确地说客户的理财目标也相应分为经济目标和人生价值目标。经济目标即我们常说的买房、买车、教育、养老等具体理财目标；人生价值目标即精神追求。经济目标是客户实现人生价值目标或精神追求的基础，但是后者无法完全用金钱来衡量。在理财规划中，我们一般把客户的经济目标(即常说的理财目标)概括为以下几个方面：现金与债务管理、家庭财务保障、子女教育与养老投资规划、税务规划、投资规划和遗嘱遗产规划等。

不同年纪的客户和不同性别的客户，在理财目标上即在经济目标与人生价值目标之间的追求或在不同经济目标之间的选择上侧重点不一样。客户的理财需求往往是潜在的或不明确的，这需要专业理财规划师在与客户接触沟通中，询问启发和引导才能逐步了解、清晰与明确。

（二）消费支出规划分析

消费规划，说得通俗一些，大到个人购房置业，小到吃饭穿衣，一切与消费有关的事项都可以归为个人消费规划的范围；说得专业一些，消费规划是对个人、家庭的消费资源进行合理的、科学的、系统的管理，使个人、家庭在整个生活过程中保持消费资源的财务收支平衡，最终达到终身的财务安全、自主、自由的过程。消费支出规划主要是基于一定的财务资源下，对家庭消费水平和消费结构进行规划，以达到适度消费、稳步提高生活质量的目标。

家庭消费支出规划主要包括住房消费规划、汽车消费规划及个人信贷消费规划等。家庭消费支出规划的目的是合理地安排消费资金，树立正确的消费观念，节约成本，保持稳健的财务状况。家庭消费支出规划是理财业务不可或缺的内容，如果消费支出缺乏规划或者消费规划不得当，家庭很可能支付过高的消费成本，严重者甚至会导致家庭出现财务危机。影响家庭财富增长的重要原则是开源节流，在收入一定的情况下，如何做好消费支出规划对一个家庭整个财务状况具有重要的影响。

（三）客户消费方案的制订步骤

（1）跟客户进行交流，确定客户消费需求（如购房、购车、信贷消费等）和消费时机。

（2）收集客户的信息，如财务状况信息。

（3）对现状进行分析，列出家庭资产负债表、现金流量表，确定首付能力、还款能力。

（4）帮助客户制定消费需求目标，按家庭需要明确消费目标。

（5）帮助客户进行贷款规划，如贷款方式、还款方式及期限的确定。

（6）消费需求规划的实施。

（7）规划的调整。

二、制订住房消费方案

（一）住房规划概述

随着住房商品化政策的推行，住房支出在家庭消费支出结构中所占的比重越来越高。如何规划住房支出成为人们越来越关心的问题，对这方面的理财需求也正逐步增加。根据目的的不同，住房支出可分为住房消费和住房投资两类。住房消费，是指居民为取得住房提供的庇护、休息、娱乐和生活空间的服务而进行的消费，这种消费的实现形式可以是租房也可以是买房。按照国际惯例，住房消费价格常常是用租金价格来衡量的。住房投资，是指将住房看成投资工具，通过住房价格上升来应对通货膨胀、获得投资收益以希望资产保值或增值。我国大多数家庭都是投资于住房的同时也消费着所投资的住房，在购买住房时消费目的和投资目的并存。

对于住房消费的家庭来说，该种消费形式可以是租房也可以是买房。究竟是买房还是租房，对家庭来说可是个大问题。因此，在个人或家庭购房之前，可以提前进行行之有效的财务规划，包括根据负担能力、个人所处的生命周期阶段选择合适的住房；设定购房目标，提前准备；根据客户的财务状况在各种还款方式中选择最佳的还款方式；将住房消费规划与其他规划（如子女教育规划、保险规划、退休养老规划等）结合起来，综合考量，最终确定最佳的理财方案等。

（二）购房与租房决策

在进行居住的决策时，面临着购房还是租房的选择问题，可以通过多种因素的比较来解决这一问题。选择购房还是租房，与个人的财务状况、对未来房产市场的预测及喜好、购买途径等都息息相关，买房与租房的优劣势比较，见表8-1。

表8-1　　　　　　　　　　　　　　购房与租房的比较

	优势	劣势	适宜人群
租房	1.方便，灵活，迁徙自由度大； 2.财务负担小，投资机会多； 3.不必担心住房价格下跌，不必承担房屋方面的各种赋税与房屋维修费用	1.没有自己的产业，不能根据自身意愿进行装修布置； 2.存在房租价格上涨风险； 3.存在非自愿搬离风险	1.初入职场的年轻人； 2.工作流动性较大的人群； 3.收入不稳定的人群； 4.不急需买房者
购房	1.拥有自己的产业； 2.可根据自身意愿进行装修布置； 3.可保值增值，抵御通货膨胀	1.财务负担大，可用来投资的资金少； 2.须承担房屋方面的各种赋税、装修与支付房屋维修费用； 3.迁徙自由度小； 4.存在房价下跌的风险	1.工作多年，经济实力雄厚的人群； 2.追求居住环境的购房者

购房与租房各有优劣，分别适合于生命周期不同阶段的不同需求人群。购房与租房的基本决策方法主要包括年成本法和净现值法。

1.年成本法

购房者的使用成本是首付款占用造成的机会成本，以及房屋贷款利息，而租房者的使用成本是房租。那么可以考虑这些因素来计算成本：房租是否会每年调整；房价涨升潜力；利率的高低；等等。在编制房屋选择方案时，首先就是要计算购房与租房成本，不能盲目地选择直接购房，从而造成巨大的财务压力。其计算公式为：

购房年成本 = 首付款 × 机会成本率 + 贷款余额 × 贷款利率 +

年维修及税收费用 − 房价每年涨幅

租房年成本 = 房屋押金 × 存款利率 + 年租金

购房总价固定，如果贷款利率不变，随着每年还款，贷款余额逐年减少，购房年资金成本逐年降低。当然，在购房或租房决策时还应当考虑租房的变化趋势、未来房价涨跌的预期、房贷利率走向等因素的影响。

2. 净现值法

净现值法考虑居住年数。它是指在既定的居住期间，将租房与购房的现金流量还原成现值，比较两者的净现值的一种决策方法。该方法较为科学，其计算公式为：

$$NPV = \sum_{t=0}^{n} \frac{CF_t}{(1+i)^t}$$

其中，NPV 为净现值，t 为年数，CF 为各期的净现金流，i 为折现率。

(三) 购房规划的步骤与方法

1. 以家庭储蓄及付息能力估算可承受的房屋总价

①届时可负担的首付款 = 目前的净资产 × $(F/P,r,n)$ + 目前年收入 × $(F/A,r,n)$ × 负担首付比率上限。其中，r 为投资报酬率，n 为拟购房年数。

②届时可负担的房贷 = 目前年收入 × $(F/P,g,n)$ × 负担房贷的比率上限 × $(P/A,i,m)$。其中，g 为预计收入增长率，n 为拟购房年数，m 为贷款年数，i 为房贷利率。

③届时可负担的总房价 = 可负担的首付款 + 可负担的房贷额。

2. 计算可负担的房屋单价

房屋面积大小主要取决于居住人数，但区位的单价相差很大，购房面积需求应把握以下原则：

①不必盲目求大。如果房子买得太大，势必有一部分面积会闲置，并为其买单，这是不明智的。

②无须一次到位。随着时代发展的步伐，人们对住房的需求也会随之改变。

③量力而行。购房面积的大小，取决于客户的资金及还贷能力。

④不同家庭购房面积不同，单身人群、夫妇两人、三代同堂等不同的购房人群

对房屋面积的需求也不同。

根据以上原则决定房屋需求面积，计算可负担房屋单价：

可负担房屋单价 = 可负担的房屋的总价 ÷ 需求面积

3.确定购房区位

不同区位的房子的单价相差很大，同样一笔钱，买较好地段的房子房价较高，面积也相应较小；而买地段差的房子房价较低，面积也会相应较大。影响购房区位的主要因素有区位的升值的潜力、生活的环境、交通、学校和医院。在进行购房规划时，可根据客户的需求确定购房的区位。

（四）贷款规划

1.购房贷款的种类

目前，我国各商业银行开办的个人住房消费信贷主要包括个人住房公积金贷款、个人住房商业贷款、个人住房组合贷款等。

（1）个人住房公积金贷款

住房公积金制度是为解决职工家庭住房问题的一种政策性融资渠道。住房公积金由国家机关、事业单位、各种类型企业、社会团体和民办非企业单位及其在职职工各按职工工资的一定比例逐月缴存，归职工个人所有。

与个人商业贷款相比，住房公积金贷款有以下六个特点：

第一，各地区住房公积金管理中心制定的贷款期限不同，一般最长不超过30年。

第二，住房公积金贷款利率比商业银行住房贷款利率低。公积金贷款按个人住房公积金贷款利率执行。

第三，个人住房公积金贷款的借款人须提供一种担保方式作为贷款的担保，没有担保的，不予贷款。担保方式有抵押加一般保证、抵押加购房综合险、质押担保和连带责任保证四种。

第四，对贷款对象有特殊要求，即要求借款人是在当地购买自住房、同时在管理中心缴存住房公积金的住房公积金缴存人和汇缴单位的离退休职工。但是对贷款人年龄的限制不如商业银行个人住房贷款那么严格，没有年龄上的限制。

第五，公积金贷款的额度由于各地住房公积金管理中心规定的贷款最高限额不同而有差异。

第六，还款灵活度高。住房公积金管理中心根据客户的借款金额和期限，给出一个最低还款额，在每月还款数额不少于这一最低还款额的前提下，贷款人可以根据自身经济情况，自由安排每月还款额。

（2）个人住房商业性贷款

个人住房商业性贷款，又称"按揭"，是银行用其信贷资金所发放的自营性贷款。具体指居民购买住房时，以其所购买的产权住房为抵押，作为偿还贷款的保证而向银行申请的住房商业性贷款，贷款期限最长不超过30年。

①申请条件

A. 具有合法有效的身份证明。本市居民的身份证、户口簿；外省市居民除身份证、户口簿外，还须提供所在地户籍管理部门提供的户籍证明或暂住证；境外人士提供护照；未满18周岁须提供出生证或独生子女证。

B. 必须有稳定合法的经济收入，能够提供相应的收入和资产证明。收入证明由借款人所在的工作单位出具，加盖公司人事章或公章并提供营业执照复印件；个体户、私营民营借款人可提供近3个月税票和营业执照复印件；所开具的月收入超过2000元人民币的，应提供税单或其他资产证明（银行存单、有价证券、投资证明、房产等）。

C. 具有完全民事行为能力的自然人，无不良信用记录。

D. 与卖方签订有效的购房合同或购房协议。

E. 支付了规定比例的首付款（一般是不低于所购房屋总价的30%）或在贷款银行存入了不低于首付款的存款。

F. 贷款人年龄在18~65周岁，不同年龄所贷款年限的限制有所不同。

G. 贷款银行规定的其他条件。

②办理住房商业贷款须提供的证件

A. 贷款申请人、配偶、共同借款人、产权共有人的身份证（暂住证、护照、未成年人出生证或独生子女证）复印件。

B. 贷款申请人、配偶、共同借款人、产权共有人的户口簿复印件。

C. 贷款人婚姻情况证明（已婚提供结婚证、未婚提供单身证明、离婚提供离婚证）。

D. 贷款人收入证明。

E. 房屋买卖合同原件一本。

F. 买卖合同上所述的出售方签字的首付款收据。

G. 所购买房屋的产权证复印件。

③贷款成数

购房住宅贷款成数最高为购房总价与房屋评估价两者之间低值的70%，根据不同银行不同套数贷款额度有所浮动，具体以贷款银行的要求为准。贷款期限最长为30年，借款人到贷款期限年龄男不超过65周岁，女不超过60周岁。贷款利率按照中国人民银行有关贷款利率的规定执行。

④贷款流程

了解住房商业贷款的流程不仅有助于购房者提前准备好相关资料，而且可以根据房贷的时间安排买房的进度。办理商业贷款时，符合贷款条件并向银行提交贷款申请只是完成了买房贷款的第一步，住房商业贷款在银行审批并通过之后，还需要贷款申请人办理相关手续。

A.提交贷款申请。当客户签好房屋买卖合同后就可以向银行申办商业贷款了。无论是一手房房贷还是二手房房贷，都需要将银行认可的齐全材料递交给银行审核，这是商业贷款流程中最重要的一步。主要包括身份证、户口本、结婚证原件及复印件；外地户籍需要提供暂住证或者居住证；工作单位出具的收入证明；买卖合同、首付款发票或者收据；近半年的工资流水或其他资产证明。除了以上五项资料，不同银行对商业贷款要求有一定的差异，还要详细询问贷款银行要求的其他资料。

B.银行受理调查。银行收到贷款人的申请材料后，须对其材料进行审核，商业贷款一般审核时间是15个工作日，最长不超过1个月。

C.银行核实审批。贷款银行会核实房屋的情况、借款人的资质信用情况等。这是商业贷款流程中比较重要的环节，如果贷款人的信用不良，会直接导致贷款申请的失败，因此生活中积累良好的个人信用是很重要的。

D.双方办理相关手续。银行通知贷款人，贷款审批通过后需要在该银行开户，领取借记卡并签订贷款合同。同时，办理抵押、保证、质押和保险等有关担保手续。在签订贷款合同、办理担保手续的时候，客户一定要详细了解合同中的细则，明确自己的权利和义务，以免发生不必要的误会。

E.银行发放贷款。所有贷款手续办理完毕后，银行会将贷款资金打入房产开发商的账户，借贷关系成立，贷款人按规定偿还贷款。

(3) 个人住房组合性贷款

凡符合个人住房商业性贷款条件的借款人同时缴存个人住房公积金，在申请个人住房公积金贷款的同时，还可向银行申请个人住房商业贷款，构成组合贷款。主要特点有：总贷款的金额不超过所购房屋价款的70%；分别按各自的利率计算利息；申请组合贷款的借款人必须是同一人；贷款期限必须一致。

2.购房贷款的偿还方式

(1) 等额本息还款法

等额本息还款即每月归还同等的本息数额。这是目前最为普遍，也是大部分银行长期推荐的方式。适用于收入处于稳定状态的家庭，如公务员、教师、普通工薪族等。借款人等额支付月供，还款操作相对简单，方便每月收支安排。但这种方式前期占用银行资金较多，还款总利息较相同期限的等额本金还款法要高。等额本息还款是把按揭贷款的本金总额与利息总额相加，然后平均分摊到还款期限的每个月中。其计算公式为：

月支付利息 ＝ 期初贷款余额 × 月利率

月支付本金 ＝ 月还款额 － 月支付利息

贷款余额 ＝ 期初贷款余额 － 月支付本金

（2）等额本金还款法

等额本金还款，又称利随本清、等本不等息还款法，是指贷款人将本金分摊到每个月，同时付清上一交易日至本次还款日之间的利息。适用于目前收入较高但预计将来收入会逐步减少的人群，如面临退休的人员。使用等额本金还款，开始时每月还款额比等额本息还款要高，随着时间推移，还款负担会逐渐减轻。其计算公式为

每月（季）还本付息额 ＝ 贷款本金 / 还本付息次数 ＋（贷款本金 － 已偿还本金累计数）× 月（季）利率

等额本金还款法每月归还本金数相等，同时根据期初贷款余额计算出本月应还利息，然后将两者相加得到月还款额。其月还款额计算公式为：

月还款额 ＝ 月支付本金 ＋ 月支付利息

其中：

月支付本金 ＝ 贷款总额 / 总付款期数

月支付利息 ＝ 期初贷款余额 × 月利率

期初贷款余额 ＝ 贷款总额 － 月支付本金 × 已付款期数

（3）等额递增还款法

以等额还款为基础，每次间隔固定期数还款额增加一个固定金额的还款方式（如3年期贷款，每隔12个月增加还款100元，若第一年每月还款1000元，则第二年每月还款额为1100元，第三年为1200元）。此种还款方式适用于当前收入较低，但收入曲线呈上升趋势的年轻客户。

（4）等额递减还款法

以等额还款为基础，每次间隔固定期数还款额减少一个固定金额的还款方式（如3年期贷款，每隔12个月减少还款100元，若第一年每月还款1000元，则第二年每月还款额为900元，第三年为800元）。此种还款方式适用于当前收入较高，或有一定积蓄可用于还款的客户。主要的还款方式比较见表8-2。

表8-2　　　　　　　　　　　　　　四种主要还款方式的比较

还款方式	等额本息	等额本金	等额递增	等额递减
缴款方法	每月偿还固定的金额，含本金和利息	每月偿还金额不固定，含本金和利息。初期利息所占比率较高，然后逐月递减	每个时间段内还款金额相同，下一时间段的还款额按一个固定金额递增	在每个时间段内月还款额相同，下一个时间段的还款额按一个固定金额递减
缴费负担	每月相同	初期较重，逐月减轻	逐月递增	逐月递减
全期偿付利息总额	较多	较少	较多	较少
其他优缺点	每月付款金额相同，容易做资金规划，但全期支付总利息较多	每月付款金额不同，不易做规划，前期负担重，但有越还越轻松，所付利息少的优点	初期负担轻，但是全期所付利息较多	初期负担重，后期负担轻，全期所付利息少

（5）提前还款和延期还款

借款人具有一定偿还能力时，可提前15天持原借款合同等资料向贷款机构提出书面部分或全部提前还贷的申请。其中公积金贷款向住房公积金管理部门提出申请，银行商业住房贷款向贷款银行提出申请，经其审核同意方可提前还款。提前还款应视为借款人违约，未按合同规定期限还款，银行要收取罚金和手续费。

借款人出现财务紧张或其他原因不能按时还贷，应提前20个工作日向贷款银行提出延长贷款的申请。在提交延长贷款申请前，借款人必须先清偿其应付的贷款利息、本金及违约金。借款人申请延期只限一次，且原借款期限与延长期限之和最长不能超过30年。

三、制订汽车消费方案

（一）汽车消费概述

虽然相对于房屋，汽车较为便宜，但是对于一般家庭而言，购买汽车仍然是一笔较大的开支，需要合理筹划。汽车消费可以为购买者带来交通上的自由便捷，对一些人来说，拥有汽车也是成功和身份的象征，拥有一辆属于自己的汽车，已经不是什么奢望的事情。拥有自己的私家车，能给人们带来以下效益：扩大生活半径；提升出行效率；出行更舒适；办事效率提高；使生活更有品位；等等。

汽车为家庭带来消费效用的同时，家庭也需要为拥有汽车支付相应的费用，如汽车保险费、消费税、车船税、上牌费、汽油费、保养费用、过路费等。这些费用中的大部分都是按年收取的，这意味着购车之后每年将有一笔不小的现金流出，如果没有稳定充足的收入来源，这笔支出会给家庭带来一定的负担。

(二) 自筹经费购车与贷款购车的决策

银行大都规定，贷款买车人必须购买规定经销商的汽车，提供银行认可的财产抵押、质押或第三方保证。个人汽车消费贷款的年限是 3～5 年，汽车消费贷款的首期付款不得低于所购车辆的价格的 20%。且贷款金额高、贷款期限短、每月偿还的本息太高也使得许多人觉得贷款买车心里不踏实，人们普遍认为贷款价格不能比一次性付款贵太多。而打算贷款买车的人也普遍感到手续比较烦琐，既要提供身份证明、户籍证明、职业和收入等证明，又要接受资信评估调查、提供担保所需的证明，不仅浪费时间，还要花费一笔额外的费用。

事实上，虽然贷款有不少冗繁的手续，但它的好处也确实很吸引人。汽车不同于房产，它没有增值功能，如果客户对投资较为擅长，也可以考虑通过贷款的方式将剩下的资金另做投资而实现增值。如果客户的投资收益率要比银行贷款购车的利率要高，这时贷款买车是比较合算的。理财规划师应该根据客户自身的情况，帮助其决定是否进行贷款。

(三) 个人汽车消费信贷

1. 贷款对象和条件

有效身份证明，完全民事行为能力，正当职业，稳定而合法的收入或资产等。

2. 贷款期限、利率和金额

贷款期限一般为 3～5 年；利率为中国人民银行规定的同期贷款利率，按期限长短进行调整；贷款金额各家银行的要求有差异。

3. 贷款担保

权利质押担保，抵押担保和第三方保证。各家银行的规定大同小异，可以向银行详细咨询。

4. 贷款保险

各家银行规定不同，某些银行要求办理质押物保险，保险期不得短于借款期限，投保金额不得低于贷款本金和利息之和，保单以银行为第一受益人，保单不得有任何有损贷款人权益的限制条件。

5. 还款方式

个人汽车消费贷款的还款方式同个人住房贷款的大致相同。低于一年的则到期还本付息，超过一年的则可以选择等额本息还款法或等额本金还款法，可以按月还也可以按季度还。

①"等额本息"和"等额本金"，主要侧重于本金和利息的组合。等额本息法每期还款额相等，但固定的还款额中本金逐期递增而利息则逐期递减；等额本金法本金每期平均分摊，利息则随本金的减少而递减，每期还款额也逐渐递减。

②"按月还款"和"按季还款"，侧重点在于还款期间隔的长短。按月法是以月为单位分割还款期；按季法则是以每个季度为一个还款期。由这两"大件"可分别组成按月等额本息、按月等额本金、按季等额本息和按季等额本金四种最基本的还款方式组合。在四种"基本件"中，目前最常用的是"按月等额本息"还款方式和"按月等额本金"还款法。

③"递增法"和"递减法"，指向的是每个还款年度的还款趋势。递增法表示在上述四种还款方式基础上逐年递增还款，递减法则相反。由此，又可组合出按月等额本息年度递增法、按月等额本息年度递减法、按月等额本金年度递增法、按月等额本金年度递减法、按季等额本息年度递增法、按季等额本息年度递减法等八种还款方式组合。

④"智慧型"还款，这是一种较新的还款方式。智慧型汽车信贷消费产品，无须找人担保，无须当地户籍就可直接贷款购车。每期的支出小于传统还款方式，而且最后期的支付有多重选择与灵活便捷性。

在上述的还款方式当中，根据借款人的不同需求，还可以做其他组合，比如，针对部分高端借款人的逐期还息按年还本和逐期按年还本两种还款方式组合，从本、息还贷非同步着眼，将利息与还本拆成两步走，使借款人平时的还款压力减少，而在年末分几次或在贷款期末一次偿还贷款本金。

(四) 制订购车规划方案

理财规划师在为客户制订汽车消费支出方案时可以遵守以下步骤：

①在购车前，确定购车需求。

②分析财务状况，做好详细的财务预算。

③收集购车消费信息。要了解一些汽车市场的形势。汽车是消费品，价格走势永远是下滑曲线，选择一个合理的节点进行购买是非常必要的。

④确定贷款方式、还款方式及还款期限。

⑤购车规划的实施。

第九章　投资规划的方法

第一节　股票投资规划

一、股票及其相关概念

(一) 股票的定义

股票是一种有价证券，是股份有限公司在筹集资本时向出资人公开发行的，代表持有人 (即股东) 对公司的所有权，并根据所持有的股份依法享有权益和承担义务的可转让的书面凭证。

股票采用纸面形式或国务院证券管理部门规定的其他形式。股票应载明的事项主要有公司名称、公司登记成立的日期、股票种类、票面金额及代表的股份数、股票的编号。股票由董事长签名，公司盖章。发起人的股票应当标明"发起人股票"字样。由于电子技术的发展与应用，我国深沪股市股票的发行和交易都借助电子计算机及电子通信系统进行，上市股票的日常交易已实现了无纸化，所以，现在的股票仅仅是由电子计算机系统管理的一组二进制数字而已。但从法律上来说，上市交易的股票都必须具备上述内容。

(二) 股票的性质

股票以法律形式确定了股份有限公司的自有资本，以及公司与股东之间的经济关系，具有特定的法律意义。股票的法律性质主要表现在以下三个方面：

1. 股票是反映财产权的有价证券

有价证券是用以证明持券人有权按期取得一定收益的证券，它体现的是持券人的财产权。行使证券所反映的财产权必须以持有该证券为条件。股票正是具有这一法律性质的有价证券，它代表着股东获取股份有限公司按规定分配股息和红利的请求权。虽然股票本身没有价值，但股票代表的请求权却可以用财产价值来衡量，因而可以在证券市场上买卖和转让。股票所代表的财产权与股票是合为一体的，与股东的人身不可分离。持有股票的人就是股东，出示股票才能行使财产请求权。股票转让，其包含的财产请求权也一并随之转移。在股份有限公司正常经营的状态下，股东行使股票的财产请求权所获得的收益是一种相对稳定的、长期的、资本化的收入。

2.股票是证明股东权的法律凭证

股票持有者作为股份有限公司的股东，相对于公司及公司财产，享有独立的股东权。股东权是一种综合权利，包括出席股东大会、投票表决、任免公司管理人员等"共益权"，以及分配股息红利、认购新股、分配公司剩余财产等"自益权"。股票便是证明这些权利的法律凭证。法律确认并保护持有股票的投资者以股东身份参与公司的经营管理决策，或者凭借手持的多数股票控制股份有限公司。公司必须依法服从股东意志，执行股东大会决策。股票将股东与公司联结起来，形成相应的权利义务关系，这种关系不同于一般的所有权或债权关系。股东只是基于股票享有股东权，却丧失了对其出资的直接支配权，股票虽能代表股东的地位和权利，但由于股票的可流通性，也就只能根据股票的股东权证明作用，通过在股票上署名或股票的持有来认定股东身份，承认其股东权。

3.股票是投资行为的法律凭证

对发行者来说，股票是筹措自身资本的手段；对认购者来说，购买股票则是一种投资行为。股票就是用来证明这种筹资和投资行为的法律凭证。随着经济的发展，企业的资金需求不断扩大。在自身积累和银行贷款都难以满足需要的情况下，便可组建股份有限公司，通过发行股票筹措自有资金。社会成员要向公司投资，就可以购买其发行的股票，所投资金成为公司的法人财产，不能再要求公司返还或退股。投资者购买股票后即成为公司股东，有权获取股息和红利，有权参与公司的经营管理决策。股票便是进行这种投资和吸引投资的法律依据。股票是投入股份有限公司的资本份额的证券化，属于资本证券。一般来说，它依股份有限公司的存续而存在。但是，股票又不同于投资本身。通过发行股票筹措的资金，是股份有限公司用于生产和流通的实际资本，而股票则是进行股票投资的媒介，它独立于实际资本之外，凭借它所代表的资本额和股东权益在股市上从事独立的价值运动。可见，股票并不是现实的财富，但它可以促使现实财富的集中。

(三)股票的分类

股份有限公司为了满足自身经营的需要，根据投资者的投资心理，发行多种多样的股票，这些股票所代表的股东地位和股东权利各不相同。按照不同的标准，股票主要有以下几个基本类别：

1.按照股东权利分为普通股和优先股

(1)普通股

普通股是随着企业利润变动而变动的一种股份，是股份公司资本构成中最普遍、最基本的股份，是股份企业资金的基础部分。普通股的基本特点是其投资收益（股息和分红）不是在购买时约定的，而是事后根据股票发行公司的经营业绩来确定的。公司经营业绩好，普通股收益就高；反之，若经营业绩差，普通股收益就低。普通股是股份公司资本构成中最重要、最基本的股份，亦是风险最大的一种股份，但又是股票中最基本、最常见的一种股份形式。

（2）优先股

优先股是"普通股"的对称，是股份公司发行的在分配红利和剩余财产时比普通股具有优先权的股份。优先股股东一般不能在中途向公司要求退股（少数可赎回的优先股例外）。优先股的主要特征有两个：一是优先股通常预先定明股息收益率。由于优先股股息率事先固定，所以，优先股的股息一般不会根据公司经营情况而增减，而且一般也不能参与公司的分红。但优先股可以先于普通股获得股息，对公司来说，由于股息固定，它不影响公司的利润分配。二是优先股的权利范围小。优先股股东一般没有选举权和被选举权，对股份公司的重大经营无投票权，但在某些情况下可以享有投票权。

2. 按是否记载股东姓名分为记名股票和不记名股票

（1）记名股票

所谓记名股票是指将股东姓名记载于股票票面和股东名册的股票。一般来说，如果股票是归某人单独所有，则应记载持有人的姓名；如果股票是由国家授权投资的机构或者法人所持有，则应记载国家授权投资的机构或者法人的名称；持有者变更姓名或名称的，应办理变更手续。股份有限公司向发起人、法人、国家授权投资的机构发行的股票，为记名股票；并应当记载该发起人、机构或者法人的名称，不得另立户名或者以代表人姓名记名。对社会公众发行的股票，可以为记名股票，也可以为无记名股票。发行记名股票的，应当置备股东名册，记载以下事项：股东的姓名或者名称及住所、各股东所持股份数、各股东所持股票的编号、各股东取得股份的日期。

（2）无记名股票

所谓无记名股票是指在股票票面和股份公司股东名册上不记载股东姓名的股票，又称不记名股票。不记名股票发行时一般留有存根联，其内容由两部分组成：一部分是股票的主体，记载了有关公司的事项，如公司名称、股票所代表的股数等；另一部分是股息，用于进行股息结算和行使增资权利。股份有限公司对社会公众发行的股票，可以为记名股票，也可以为无记名股票。发行无记名股票的，公司应当记载其股票数量、编号及发行日期。

3. 按是否在股票票面上标明金额分为有面额股票和无面额股票

（1）有面额股票

所谓有面额股票是指票面上记载一定金额的股票，这一金额又称作票面金额、票面价值或股票面值。股票票面金额的计算方法是用资本总额除以股份数，而实际上很多国家是通过法规予以直接规定，且一般限定这类股票的最低票面金额。另外，同次发行的股票，每股票面金额是相等的。票面金额一般是以国家的主币为单位。大多数国家的股票都是有面额的。

（2）无面额股票

所谓无面额股票是指在股票票面上不记载股票面额，只注明它在公司总股本中所占比例的股票，也称为比例股票或份额股票。其价值是不确定的，随着公司资产的变化而相应变化：公司资产增加，每股价值上升；反之，价值下降。目前，世界上很多国家（包括中国）的公司法规定不允许发行这种股票。无面额股票有如下特点：①发行或转让价格较灵活。由于没有票面金额，发行新股时不存在最低限额的制约；在转让时，投资者更注重每股所代表的实际价值。②股票便于分割。由于无面额股票不受票面金额的约束，分割时无须办理面额变更等复杂的手续，就能比较容易地进行股票分割，便于转让和流通。

4. 按照风险和收益标准分为蓝筹股、绩优股和垃圾股

（1）蓝筹股

在国外股票市场上，投资者把那些在其所属行业内占支配性地位、业绩优良、成交活跃、股利优厚的大公司股票称为蓝筹股。

（2）绩优股

在我国，衡量绩优股的指标是每股税后利润和净资产收益率。一般而言，每股税后利润在全体上市公司中处于中上水平，公司上市后净资产收益率连续 3 年显著超过 10% 的股票就是绩优股。

（3）垃圾股

这类股票或者由于行业前景不好，或者由于经营管理不善，出现困难，甚至亏损，其股价走低，交投不活跃。但是，如果垃圾股公司经过成功的资产重组或提高经营管理水平，股价则可能大幅上升。垃圾股具有很高的风险，也有可能带来高额回报。

5. 按照受经济周期的影响不同分为周期型股票和防守型股票

（1）周期型股票

这类股票的回报率与经济周期具有很强的正相关关系，当经济繁荣时，这类股票的表现将超过市场平均水平；当经济处于萧条时期，这类股票的表现则逊于市场

平均水平，典型的周期型股票如航空、港口、房地产行业股票。

（2）防守型股票

这类股票与经济周期的相关性很弱，股票的风险要小于周期型股票，其预期回报率也较低，容易受到稳健型投资者的青睐，典型的防守型股票如饮料食品等生活必需品生产行业股票。

（3）成长型股票

成长型股票与经济周期的相关性也很弱，这类股票多出现在高科技或新型商业模式等创造新需求的领域，股票的业绩和股价的高增长可以长期保持，比如计算机行业、基因工程等相关股票。这类股票是很多追求高风险、高回报投资者喜爱的品种。

二、股票的发行与交易

（一）股票发行与交易市场分类

1.按市场的功能划分，股票市场可以分为一级市场和二级市场

一级市场又称股票的初级市场，即发行市场。在一级市场中，资金筹集者按照一定的法律规定和发行程序通过发行股票来筹集资金，投资者通过认购股票成为公司的股东。

二级市场也称流通市场，是进行股票买卖交易的场所。已发行的股票在投资者之间进行转让，必须通过二级市场交易，以维持股票的流动性。交易价格由市场竞价形成。上海证券交易所和深圳证券交易所作为投资者之间交易的市场，属于二级市场。

2.按市场的组织形式分，股票市场可以分为场内市场和场外市场

场内市场又称有形市场，是各类股票集中交易的场所，有固定的组织场所、交易制度和交易时间。如我国的上海证券交易所和深圳证券交易所。场外交易市场是在证券交易所以外的证券交易市场的总称。由于在证券市场发展的初期，许多有价证券的买卖都是在柜台上进行的，因此也称为柜台市场或店头市场。

（二）股票发行

股票发行是指股份有限公司以筹集设立或增资扩股为直接目的，依照法律规定的程序向社会投资者出售股票的行为。

1.股票发行的目的

企业发行股票的直接目的是筹集资金。但由于各个企业的实际情况千差万别，

它们发行股票的主要原因和目的也不尽相同。具体来说，其主要包括以下内容：

(1) 筹集资本，成立新公司

新的股份公司成立时，需要通过发行股票来筹集股东资本，达到预定的资本规模，从而为公司开展经营活动提供资金来源。

(2) 追加投资，扩大经营

现有股份公司为了扩大经营规模、增加投资或筹措周转资金，可以通过发行股票筹措所需资金。这类股票发行称为增资发行。

(3) 提高自有资本比率，改善财务结构

自有资本在资金来源中所占比率的高低是衡量一个公司财务结构和实力的重要指标。企业为了保证自有资本与负债的合理比率，提高企业的经营安全程度和竞争力，可以通过增发新股来提高自有资本比率，改善企业的财务结构。

(4) 其他目的

扩大产品销路，引进其他公司的先进生产技术，将新股发售给某些流通企业或战略合作者；用发放股票股利的方式代替现金分红，或通过增发定向股票用来换取其他公司的股票，实现换股兼并；等等。

2. 股票发行的基本条件

(1) 新设立股份有限公司

新设立股份有限公司申请公开发行股票，应当符合下列条件：

①产业政策。为了使社会资金得到合理高效的运用，同时贯彻国有企业"抓大放小"的改革战略，公司的生产经营必须符合国家产业政策。在选择发行人时，将重点支持能源、交通、农业、通信、原材料等基础产业和高新技术产业，从严控制一般加工工业及商业流通性企业，暂时限制金融、房地产等行业。

②股本结构。申请公开发行股票的股份有限公司，其股本结构必须满足如下条件：A. 为保护社会公众投资者的利益，公司发行的普通股应限于一种，且同股同权；B. 为了加强发起人设立、经营新公司的责任感，达到保护中小投资者利益的目的，发起人认购的股本数额不少于公司拟发行的股本总额的35%，并且认购的总数不少于人民币3000万元，国家另有规定的除外；C. 为保障公司股票的流通性，吸引公众广泛参与并有效地利用社会闲散资金，同时加强对公司经营管理行为的严格监督，发起人向社会公众发行的股票应不少于公司拟发行的股本总额的25%，公司发行的股本总额超过人民币4亿元的，中国证监会可以酌情降低向社会公众发行部分的比例，但是最低不少于公司拟发行的股本总额的15%；公司职工认购的股本数额不得超过拟向社会公众发行的股本总额的10%。

③经营及财务状况。发起人在近3年内无重大违法行为，并且近3年连续盈利。

（2）原有企业改组设立股份有限公司

通过"原有企业改组"这一形式设立股份有限公司，并且申请公开发行股票，发行人除了应当符合上述对公司质量的要求，还必须具备以下两个实质性条件：①公司在发行前一年年末，净资产在总资产中所占比例不低于30%，无形资产在净资产中所占比例不高于20%；②公司具备良好的经营业绩，近3年连续盈利。

三、股票的收益与风险

（一）股票投资的收益

投资者投资股票获得盈利的主要途径就是股息红利的分派和低吸高抛所获得的资本利得。投资者对股票价值的评估就是对公司未来盈利的一种预期，如果其高于企业未来真实的盈利水平，那么投资者就有亏损的危险；如果相反，那么该股票价格处于被低估的状态，投资者未来会有丰厚的回报。因此对企业未来盈利能力的预期是造成投资者盈亏的根本原因。出于对上市公司价值判断的不同，以及对于其未来可能实现的现金流的预期不同，股票价格存在着波动，这种波动有可能在众多的操作行为的推动下，演变成一种趋势。把握趋势高抛低吸，则成了投资者实现买卖差价，获得盈利的直接来源，同时，一旦判断失误，也会形成最直观的投资风险。

（二）股票投资的风险

股市永远风云变幻，有涨就有跌，有赢家也有输家。自古至今，收益与风险就是一对"孪生兄弟"，高收益必然伴随着高风险。在我们进入股市、准备享受投资收益的时候，有必要问问自己，有没有考虑到风险因素，有没有做好股海泛舟、激浪搏杀的物质和精神等准备。

任何一个准备或已经参与证券市场的投资者，在具体的投资品种面前，在将做出操作选择之际，都应认清、正视收益与风险的辩证关系，从而树立风险意识。根据风险产生的原因及应对措施的不同，证券投资风险可分为市场风险（又称系统性风险）和非市场风险（又称非系统风险）两种。

1. 系统性风险

成熟的股市是"国民经济的晴雨表"。宏观经济形势的好坏、财政政策货币政策的调整、政局的变化、汇率的波动、资金供求关系的变动等，都会引起股票市场的波动。对证券投资者来说，这种风险是无法消除的，投资者无法通过多样化的投资组合进行证券保值，这就是系统风险的原因所在。

系统性风险的构成主要包括以下四类：

（1）政策风险

政府的经济政策和管理措施可能会造成证券收益的损失，这在新兴股市表现得尤为突出。经济、产业政策的变化、税率的改变，可以影响到公司利润、债券收益的变化；证券交易政策的变化，可以直接影响到证券的价格。因此，每一项经济政策、法规出台或调整，对证券市场都会有一定的影响，从而引起市场整体的波动。

（2）利率风险

一方面，上市公司经营运作的资金也有利率成本，利率变化意味着成本的变化，加息则代表着企业利润的削减，相关证券的价值反映内在价值，必然会伴随着下跌；另一方面，流入证券市场的资金，在收益率方面往往有一定的标准和预期，一般而言，资金是有成本的，同期利率往往是参照标准，当利率提升时，在证券市场中寻求回报的资金要求获得高过利率的收益率水平。如果难以达到，资金将会流出市场转向收益率高的领域，这种反向变动的趋势在债券市场上尤为突出。

（3）购买力风险

在现实生活中，由于物价上涨，同样金额的资金未必能买到过去同样的商品。这种物价的变化导致了资金实际购买力的不确定性，称为购买力风险，或通货膨胀风险。同样，在证券市场上，由于投资证券的回报是以货币的形式来支付的，在通货膨胀时期，货币的购买力下降，也就是投资的实际收益下降，将有给投资者带来损失的可能。

（4）市场风险

市场风险是证券投资活动中最普遍、最常见的风险，当整个证券市场连续过度地上涨，股价已远离合理价值区域之后，股价上涨主要依靠资金简单流入堆砌，即所谓的"投机搏杀"，趋势投机代替了价值投资，但泡沫总有破灭的一天，当后继投资者不再认同没有价值支撑的股价，市场由高位回落便成为自然，这种转折趋势一旦形成，往往形成单边没有承接力的连续下跌，这在过去世界各国的股灾中已被证明，这也是市场参与者无法回避和必然接受的风险。

2. 非系统性风险

单只股票价格同上市公司的经营业绩和重大事件密切相关。公司的经营管理、财务状况、市场销售、重大投资等因素的变化都会影响公司的股价走势。这种风险主要影响某一种证券，与市场的其他证券没有直接联系，投资者可以通过分散投资的方法，来抵消该种风险。

这就是非系统风险，主要包括以下四类：

（1）经营风险

证券市场交易股票的价格，从根本上说是反映上市公司内在价值的，其价值的大小由上市公司的经营业绩决定。然而，上市公司本身的经营是有风险的，经营上潜藏着不景气，甚至失败、倒闭的风险，从而造成投资者收益、本金的损失。

(2) 财务风险

财务风险是指公司因筹措资金而产生的风险，即公司可能丧失偿债能力的风险。公司财务结构的不合理，往往会给公司造成财务风险。形成财务风险的因素主要有资产负债比率、资产与负债的期限、债务结构等因素。投资者在投资股票时，应注意对公司财务报表的分析。

(3) 信用风险

信用风险也称违约风险，指不能按时向证券持有人支付本息而给投资者造成损失的可能性。主要针对债券投资品种，对于股票只有在公司破产的情况下才会出现。

(4) 道德风险

道德风险主要指上市公司管理者的道德风险。上市公司的股东和管理者是一种委托 - 代理关系。由于管理者和股东追求的目标不同，尤其在双方信息不对称的情况下，管理者的行为可能会造成对股东利益的损害。

3. 其他交易过程风险

证券市场投资运作的复杂性，使投资者面临交易过程中的种种风险，包括由于自己不慎或券商失责而招致股票被盗卖、资金被提，保证金被挪用，以及信用交易不受法律保护、买卖操作失误、接受不合规证券咨询导致损失等风险。必须提醒投资者注意交易过程中的有关事项，学会自我保护，尽可能地降低交易过程风险。因结算运作过程中的电脑或人为操作处理不当而导致的风险，大致可分成两类：①由于电脑自身软、硬件故障在市场火爆时可能导致行情数据、委托交易延误，从而使投资者错过时机，造成投资损失。这类风险分为不可抗力风险和可以向券商追索赔偿两种，投资者可以根据是否为不可抗力造成，通过法律途径申请自己的正当主张，以降低风险损害程度。②从投资者自身的知识层面去寻找问题所在。目前市场中金融创新不断增多，不同交易品种的交易方式存在着不同，比如债券的面值及如何正确报价、权证价格涨跌停幅度如何计算、新股上市及股改实施后首日复牌价格涨跌幅限制等，相应的知识需要投资者积极主动地去学习。

随着参与股市的投资者的增加，对咨询及资讯的需求也在上升，证券投资咨询业务受到了空前的重视，证券咨询机构鱼龙混杂，既有正规券商研究机构对相应开户投资者的日常咨询，也存在着非法证券咨询机构利用投资者急于找到"牛"股的心态，以加入会员、缴纳会费、推荐个股的方式吸引投资者。由于法律责任的不明确，投资者可能在其误导下进行了误操作，从而导致不必要的损失和难以明确责任的纠纷。

四、股票投资的基本原则

(一) 顺势投资原则

在准备买入股票之前，首先应该对当时大盘的运行趋势有个明确的判断。一般情况下，大多数股票都随股市大盘趋势运行。大盘处于上升趋势时买入股票比较容易获利，在顶部买入股票就好比与虎谋皮，风险特别大，很可能被深度套住。切忌下跌过程中抄底，因为在这个过程中，很小的反弹接下来可能下跌更多，很难抓住机会。

(二) 分批建仓原则

在没有十足把握的情况下，投资者可以采取分批买入同一只股票，分散买入不同的股票，这样可以大大降低买入股票的风险。但是分散建仓的股票种类不要太多，一般以 3 只股票为宜，正所谓人的一生要有："一个老婆，两个孩子，三只股票。"

(三) 风险意识原则

众所周知，股票投资风险很大，股市中的风险无处不在、无时不有，而且也没有任何方法完全规避投资风险。作为投资者，要有敬畏市场的心。在买入股票时，除了考虑大盘趋势，还应该重点分析所要买入的股票是上升空间大还是下跌空间大，上涨的阻力位与回调的支撑位在哪里、买入的理由是什么、买入后不但没有上涨反而下跌怎么办。这些问题在买入股票时都应该有清楚的分析，从而针对市场发生变化时有的放矢。

(四) 强势原则

"强者恒强，弱者恒弱"，这一现象在股市中表现得淋漓尽致。基于这点认识，在参与股票市场时，应该尽可能地把资金投入一段时间内强势的行业中的龙头股，正所谓："射人先射马，擒贼先擒王。"一般不要幻想弱势股将来有补涨的机会，即使有那样的机会，也很难把握，往往是风险大于收益，性价比不高。

(五) 合理止损原则

投资者在买入股票时，都期望股价会上涨才买入。但是有时候市场形势发生变化或者上市公司的经营管理发生根本性的改变，这时应该怎么办呢？如果只是持股等待解套是非常被动的，不仅占用资金错失更好的投资机会，更重要的是被套牢的心情可能会影响以后的操作心态，而且何时能够解套也是不确定的事情。与其被动地等待解套，不如主动断尾求生，及时止损，尤其是对短线操作来说更是这样。规避股票投资风险最直接的办法就是及时止损。因此，我们在买入股票的时候就应该设立好止损位并坚决执行。短线操作的止损位可以设在5%左右，中线投资者的止损位可以设在10%左右。

(六) 题材原则

要想在股票市场中特别是较短的时间内获得更多的收益，关注市场题材的炒作和题材的转换是非常重要的。虽然各种题材层出不穷、转换较快，但是仍然具有相对的稳定性和一定的规律性，只要能够把握得当就会有比较丰厚的回报。在买入股票时，在选定的股票中应该买入有题材概念的股票而放弃无题材的股票，并且分清是主流题材还是短线题材。另外，有些题材是经常炒作的，而有些题材则是过眼云烟，来也匆匆，去也匆匆。

第二节 债券投资规划

一、债券的概念和特点

(一) 债券的概念

债券是一种要求借款人按预先规定的时间和方式向投资者支付利息与偿还本金的债务合同。在所有的金融工具中，债券属于债务类工具，其性质、交易和定价与其他的金融工具有很大不同。同时，债券市场是资本市场中极为重要的组成部分，债券交易在资本市场交易活动中占有很大的比重。

(二) 债券的特点

债券作为一种债权债务凭证，与其他有价证券一样，也是一种虚拟资本，它是经济运行中实际运用的真实资本的证书。从投资者的角度来看，债券具有以下四个特征：

1. 偿还性

债券一般都规定有偿还期限，发行人必须按约定条件偿还本金并支付利息。但是在历史上，英、法等国家在战争期间为了筹措经费发行过的无期公债或者统一公债是例外，这种公债不规定到期时间，债权人也不能要求清偿，只能按期获得利息支付。

2. 流动性

债券一般都可以在流通市场上自由转让，具有较强的流动性，但是债券的流动性一般与发行者的信誉和债券的期限紧密相关。

3. 安全性

债券通常规定有固定的利率，与企业绩效没有直接联系，收益比较稳定；同时，在企业破产时，债券持有者享有优先于股票持有者的企业剩余资产索取权。因此，与股票相比，债券的风险较小。但这种安全性是相对的，并不是说债券绝对安全、没有风险。事实上，债券的价格也会因各种因素（如债券信用等级下降、市场利率上升等）的影响而下跌。

4. 收益性

收益性是指债券能为投资者带来一定的收入。这种收入主要表现在两个方面：一是投资债券可以给投资者定期或不定期地带来利息收入；二是投资者可以利用债券价格的变动，买卖债券赚取差价。

债券的偿还性、流动性、安全性与收益性之间存在着一定的矛盾。一般来讲，如果债券的流动性强，安全性就强，人们便会争相购买，于是该种债券的价格就上涨，收益率就会下降；反之，如果某种债券的流动性差，安全性低，那么购买的人就少，债券的价格就低，其收益率就高。对投资者来说，可以根据自己的财务状况和投资目的来对债券进行合理的选择与组合。

二、债券的票面要素

债券作为证明债权债务关系的凭证，一般以有一定格式的票面形式来表现。通常债券票面上有四个基本要素：债券的票面价值、到期期限、票面利率和发行者名称。

(一) 债券的票面价值

债券的票面价值简称面值，是指债券发行时所设定的票面金额，它代表着发行人承诺未来某一特定日期（如债券到期日），偿付给债券持有人的金额。目前，我国发行的债券一般是每张面值为 100 元人民币。

(二) 到期期限

债券的到期期限经常简称为期限。在到期日，债券代表的债权债务关系终止，债券的发行者偿还所有的本息。一些债券，如可赎回债券或可返售债券，其发行者或持有者在债券发行以后可以改变债券最初的到期期限。但是，对于债券投资者而言，更重要的是从债券购买日起至债券到期日为止的期限长度，即债券的剩余期限。

(三) 票面利率

债券的票面利率也称名义利率，是债券年利息与债券面值的比率，通常年利率用百分数来表示。在实际经济生活中，债券利率有多种形式，如单利、复利和贴现利率等。债券利率受很多因素影响，主要有借贷资金市场利率水平、筹资者的资信、债券期限长短等。

(四) 发行者名称

这一要素指明了该债券的债务主体，既明确了债券发行人应履行对债权人偿还本息的义务，也为债权人到期追索本金和利息提供了依据。

需要说明的是，以上四个要素虽然是债券票面的基本要素，但它们并非一定在债券票面上印制出来。在许多情况下，债券发行者是以公布条例或公告形式向社会公开宣布某债券的期限与利率，只要发行人具备良好的信誉，投资者也会认可和接受。

三、债券的类型

债券种类很多，可以依据不同的标准对其进行分类。

(一) 按照发行主体不同，分为政府债券、金融债券、公司债券和国际债券

1. 政府债券

政府债券的发行主体是政府。政府债券又可以进一步划分为中央政府债券、地方政府债券和政府机构债券。在我国中央政府债券又被称为国债，国债利息收入在我国免税。

(1) 国债

国债按债券形态分类可分为实物国债、凭证式国债和记账式国债，这是我国国债的特定分类方法。

①实物国债 (无记名国债) 是一种具有标准格式的纸制印刷债券。在票面上印有面值、票面利率、到期期限、发行人全称、还本付息方式等内容。此类债券不记名、不挂失，可上市流通。发行人定期见票支付利息或本金。目前实物国债已经暂停发行。

②凭证式国债没有统一格式，而是由发行机构向投资者出具收款凭证的国债。例如某投资者从中国工商银行柜台认购财政部发行的 7 年期凭证式国债，取得"凭

证式国债收款凭证"。凭证式国债可提前兑付，但不能上市流通，从购买之日起计息。这类债券是一种储蓄债券，发行对象主要是个人投资者，其票面利率非常接近于同期限银行定期存款利率。

③记账式国债是在凭证式国债的基础上进一步取消收款凭证，交易更为灵活的国债。发行或交易机构在投资者的账户中记录债权，如招商银行在投资者的一卡通储蓄卡、中国工商银行在投资者的灵通卡储蓄卡、中国建设银行在投资者的龙卡证券卡中做出相应的记录。记账式国债通过无纸化方式发行和交易、记名，可挂失，投资者可以在购买后随时买入或卖出，其变现更为灵活，但交易价格由市场决定，投资者可能遭受价格损失。

（2）地方政府债券

地方政府债券的发行主体是地方政府及地方政府所属的机构。地方政府债券可分为一般责任债券和收益债券。

①一般责任债券是由地方政府及其管理部门，以发行者的信用和政府的征税能力作为保证。

②收益债券的发行目的是给地方政府所属企业或某个特定项目融资。债券发行者只能以经营该项目本身的收益来偿还债务，而不以地方政府的征税能力作为保证。

2. 金融债券

金融债券是指银行及其分支机构或非银行金融机构依照法定程序发行并约定在一定期限内还本付息的有价证券，金融债券的利息在我国免税。

3. 公司债券

公司债券是指公司依照法定程序发行的，约定在定期限还本付息的有价证券。公司债券由于具有较大风险，其收益率通常也高于政府债券和金融债券。一般而言，公司债券的利息收入和资本利得要缴纳个人所得税。

4. 国际债券

国际债券是一国政府、金融机构、工商企业或国际组织为筹措和融通资金，在国外金融市场上发行的，以外国货币为计价货币的债券。一般来说，国际债券主要包括两类：一是外国债券；二是欧洲债券。

外国债券是指某一国借款人在本国以外的某一国家发行的以该国货币为计价货币的债券。

（二）按债券生命周期长短，分为短期债券、中期债券和长期债券

1. 短期债券

短期债券是政府或企业为获得短期融资而发行的还本期限在 1 年以下的债券。

2. 中期债券

中期债券是指发行人为获得较长时期的融资而发行的债券。中期债券的时间划分标准各国并不相同。

3. 长期债券

长期债券指发行人为满足长期的融资需求而发行的债券。在我国这类债券期限的划分标准一般为 5 年以上。

(三) 按是否有抵押，分为信用债券和抵押债券

1. 信用债券

信用债券是全凭发行者的信用而发行的债券，它不需要特定的财产作为发债抵押。政府债券一般是信用债券。信用好的大企业发行的企业债券很多都是信用债券。

2. 抵押债券

抵押债券是指以特定财产为抵押而发行的债券。在发债人不能按期还本付息的情况下，债券持有人对抵押财产有留置权，即拥有出售抵押财产来获得其尚未偿还债务的权利。一部分公司债券属于抵押债券。

(四) 按是否记名，分为记名债券和无记名债券

1. 记名债券

记名债券是指债券上记有债权人姓名的债券。这种债券在领取本息时除了要持有债券，还需要债权人的身份证和印鉴。在转让时，一般要进行重新登记。记名债券安全性好，但流动性差。

2. 无记名债券

无记名债券是指不记载债权人姓名，债券持有人仅凭债券本身就可取得债券的权利的债券。这类债券的流动性好，安全性差些。

(五) 按照利息支付方式，债券可分为零息债券和附息债券

1. 零息债券

零息债券也称零息票债券，指债券合约未规定利息支付的债券。通常这类债券以低于面值的价格发行和交易，债券持有人实际上是以买卖 (到期赎回) 价差的方式取得债券利息。

2. 附息债券

附息债券的合约中明确规定，在债券存续期内，对持有人定期支付利息 (通常每半年或每年支付一次)。

按照计息方式的不同，这类债券还可细分为固定利率债券和浮动利率债券两大类。

固定利率债券是在债券存续期内票面利率不变的债券。由于其利息水平不发生变动，可能在偿还期内，通货膨胀比较严重时，会有市场利率上升导致债券价格大幅下降的风险。

浮动利率债券是在票面利率的基础上参照预先确定的某一基准利率予以定期调整的债券。因此，债券持有人每期获得的利息支付是不固定的。此类债券通常以一些基准利率如伦敦银行同业拆借利率（LIBOR）作为参照。采用浮动利率形式，有利于减少持有者的利率风险，也有利于债券发行人按照短期利率筹集中长期资金。

有些附息债券可以根据合约条款推迟支付定期利率，故称为缓息债券。附息债券中还有一种息票累积债券，也规定了票面利率，但是债券持有人必须在债券到期时一次性获得本息，存续期间没有利息支付。

四、债券的收益和风险

（一）债券的收益

1. 债券的利息收入

利息收入是债券投资收入最基本的组成部分，对固定利率债券来说，这部分收入是事先确定的，是稳定可靠的。

2. 债券的资本损益

资本损益即债券买卖价差带来的收益或损失。在债券市场上，利率的变动会导致债券价格发生波动，只要投资者不是持有债券一直到期，就有可能因为债券价格的波动而发生投资损益。

（二）债券的风险

1. 利率风险

利率的变化有可能使债券的投资者面临两种风险：价格风险和再投资风险。价格风险是指债券的价格与利率变化呈反向变动，当利率上升（下降）时，债券的价格便会下跌（上涨）。利率变动导致的价格风险是债券投资者面临的最主要风险。

债券投资者在获得利息收入时，需要进行再投资，而利息再投资收入的多少主要取决于再投资发生时的市场利率水平。如果利率水平下降，获得的利息只能按照更低的收益率水平进行再投资，这种风险就是再投资风险。值得注意的是，价格风险和再投资风险对于债券价格的影响是相反的，当利率下降时，债券的价格会上升，投资者的资本利得收入会增加，但是利息的再投资收益会下降；当利率上升时，债券的价格会下降，投资者的资本利得收入下降，但是利息的再投资收益会上升。

2. 信用风险

信用风险是有关债券发行人信用的风险，主要有违约风险和降级风险。违约风险是指固定收益证券的发行者不能按照契约如期定额地偿还本金和支付利息的风险。在债券市场上，可根据评级公司所评定的信用等级来估计债券发行者的违约风险。当评级机构将固定收益证券的等级调低时，就会影响投资者对于该债券信用风险的评估，进而反映到债券的价格上。这种由于信用等级下降带来的风险称为降级风险。

3. 提前偿还风险

某些债券赋予发行者提前偿还的选择权。可赎回债券的发行者有权在债券到期前"提前偿还"全部或部分债券。从投资者的角度来看，提前偿还条款有三个不利之处：首先，可赎回债券的未来现金流是不确定的，风险也相应增加；其次，当利率下降时发行者要提前赎回债券，投资者则面临再投资风险；最后，降低了持有债券可获得的资本利得的潜力。当利率下降时，债券的价格将上升。由于债券可能被提前偿还，这种债券的价格就不可能大大超过发行者所支付的价格。

4. 通货膨胀风险

通货膨胀风险也称购买力风险，是指由于存在通货膨胀，对债券名义收益的实际购买力所造成的损失。

5. 流动性风险

流动性是金融资产的一个重要特性，是指一种金融资产迅速地转换为交易媒介(货币)而不致遭受损失的能力。

6. 汇率风险

如果债券的计价货币是外国货币，则债券支付的利息和偿还的本金能换算成多少本国货币还取决于当时的汇率。如果未来本国货币升值，按本国货币计算的债券投资收益将会降低，这就是债券的汇率风险，又称货币风险。

五、债券投资技巧

（一）梯子型投资法

这种方法的出发点是确保一定的流动性，并使各年的收效基本稳定。其操作方法是均等地持有从长期到短期的各种债券，使债券不断保持一种梯子型的期限结构。假定有从 1 年期到 5 年期的债券 5 种，投资者可将资金分为均等的 5 份，使得每种债券均占投资总额的 20%。当 1 年期债券到期收回本金后，再按 20% 的比例买进一种 5 年期的债券。如此反复，这个投资者每年都有 20% 的债券到期。

(二) 等级投资计划法

等级投资计划法适用于债券价格不断上下波动的短期过程。当投资者选定一种债券作为投资对象时，每当债券价格下降一个幅度时就买进一定数量的债券，每当债券价格上升一个幅度时就卖出一定数量的债券，这个幅度可以是一个确定的百分比，也可以是一个确定的常数。只要债券价格处于上下不断的波动中，投资者就可以按照事先拟订好的计划进行债券投资。

(三) 逐次等额买进摊平法

如果债券行情波动较大，而投资者不具备进行投资的充实时间或没有能力准确地预测价格波动的各个转折点，在这种情况下可采用逐次等额买进摊平法。当投资者确定投资于某种债券后，可以先选择一个合适的投资时机，然后在该段时期内定量定期购买债券而不考虑行情波动。运用这种方法，投资者每次投资都要严格控制购买的数量，保证投资计划逐次等额进行。

(四) 杠铃型投资法

这种投资方法是将资金集中投资于债券的两个极端：为了保证债券的流动性而投资于短期债券，为确保债券的收益性而持有长期债券，不买入中期债券。投资者可根据自己的流动性要求确定长期和短期债券的持有比例。对流动性的要求提高，可增加短期债券的持有比例；对流动性的要求降低，则减少短期债券的持有比例。

(五) 金字塔法

与逐次等额买进摊平法不同，金字塔法实际上是一种倍数买进摊平法。运用金字塔法在债券价格上扬买进债券时，需每次减少买进的数量，以保证最初按较低价买入的债券在购入的债券总数中占有较大比重。

(六) 固定比例投资法

固定比例投资法是由固定金额投资法演变而来的，两者的区别仅在于一个是固定比例，另一个是固定金额。具体而言，在固定金额法下股票市值被限制在一个固定金额左右波动，而在固定比例法下股票与债券市值则总是维持着一个固定比例，只要股份变动使固定比例发生变动，就应买进、卖出股票或债券，使两者总市值之比还原至固定比例。

第十章　互联网理财规划的多维路径

第一节　风险管理的理财规划方式

一、网上风险管理前的准备

(一) 互联网保险的相关风险分析

任何投资理财的方式都存在一定的风险，互联网保险也不例外。风险是无法从根本上避免的，新型风险会与传统风险融合在一起，为互联网保险带来一定的风险，互联网保险的相关风险主要涉及以下五个方面：

1. 信息安全风险

信息安全风险是互联网信息系统中的潜在风险。就当今互联网技术的发展水平来看，发展还不算成熟，对于安全机制的建立与完善也就相对薄弱。互联网信息安全及管理水平仍有进步的空间。互联网保险业务会产生数据及客户的信息资料，如果不能保障客户的信息的隐私性，以及系统的相应数据的安全性，就会给客户及公司带来不必要的损失。注重信息安全，是互联网保险的重要措施之一。信息安全主要体现以下四个方面：

(1) 网络安全风险

①网络系统运行安全风险。网络自身系统所存在的风险，如操作系统与数据库的安全隐患。

②网络介入人员安全风险。主要包括互联网平台的内部员工的失误，或者是由于客户的疏忽，导致信息泄露，造成不必要的麻烦。

③信息传输安全风险。信息传递的渠道及信息传递的方式都使信息在传输过程中出现风险。关于信息安全，互联网平台还有待加强。

④黑客侵入与病毒风险。这是一种外部的因素，网络黑客经常会利用互联网的网络平台对系统的程序进行修改，或者是进行恶意攻击，通过非法操作获取相关数据。

⑤计算机病毒。计算机病毒会导致整个互联网保险的系统遭到破坏，甚至会引起整个系统的瘫痪。

（2）设备安全风险

设备安全风险涉及互联网保险平台的相关设备是否安全，对设备的安全性是否进行定期的检查与维护，这关系到系统的安全性。如果有一定的设备隐患，就会导致风险的出现与发生，甚至会带来整个系统的崩溃，为广大的消费者带来损失。

计算机故障风险，在计算机的运行过程中，会遇到各种各样的风险。这不仅是软件上的风险，还包括硬件上的风险，它们都会对互联网保险产生影响。

（3）个人信息风险

个人信息风险主要包括两个方面：一是内部的工作人员泄露的风险，另一个是客户隐私风险。

内部工作人员泄露风险，主要是指保险公司的内部工作人员，会掌握公司的相关资料，以及一些机密的信息。如果他们存在操作失误或者是有意为之，就会造成保险公司的损失及客户的损失。

客户隐私风险。因为保险行业的特殊性，需要客户进行详细地址资料填写，这些都属于客户的隐私。保险公司掌握客户的隐私，如果不认真保存，就会造成损失。会有一部分保险公司的工作人员，在客户完成投保之后，将客户的相关信息进行变相售出，以获取高额的利润。另外，现行的法律、法规对消费者的信息安全的保护还有限，需要对相关公司的规范进行完善，加强对个人信息的保护。

（4）信息披露不充分风险

信息披露是获得安全保障的重要环节。由于互联网保险行业主要是依靠着消费者的自主选购来实现的，因此关于互联网中的保险人与被保险人之间的交流就十分有限，很容易造成信息的不对称，也很容易滋生欺诈行为。保险行业的最大规则就是诚信原则，要求保险双方都有诚信告知的义务，这样保险合同才会具有法律效力。

互联网保险会存在一定的夸张成分，在营销策略与营销手段中也存在一定的虚假成分。由此就显现出来信息披露的重要性，尤其是互联网保险，与其他的第三方保险行业一样，都会存在一定的信息披露不充分性，故意夸大保险产品收益性，将保险产品的风险性进行隐瞒，这在一定的程度上损害了消费者的合法权益，造成了不必要的经济损失。

2. 产品开发风险

随着互联网技术的不断普及与提升，互联网保险行业也在逐步发展。在保险产品的设计过程中，不仅要注重产品本身的设计，还要考虑到是否可以与网络化营销模式相兼容。因此互联网保险产品的相关介绍、在线咨询、投保方案的演示、售后服务、理赔服务、风险提示等，对于互联网保险行业来讲，都具有更高的要求。互联网保险的种类相对较多，在涉及金额较大的险种之时，需要更专业的工作人员为社会公众提供服务。互联网保险行业在开发产品与推出产品时，应该考虑到与网络营销的兼容性，还要将产品尽可能地进行通俗化的解释，从而让更多的消费者看懂。在进行互联网保险产品的设计时，需要将上述的因素都考虑进去。

即便保险行业在大数据的应用层面进行了相关的探索，但是互联网保险行业在数据应用与探索方面，还是有所欠缺。互联网保险行业关于数据的处理与应用，以及在设计保险产品方面，也存在一定的风险，会产生一定的偏差，从而造成损失。另外，一些个别的保险产品在设计开发的过程中，违背保险产品的基本原则，甚至还带有博彩的性质，这就会对公众造成误解，引发不必要的麻烦。

3. 业务风险

伴随着互联网保险行业的兴起，保险理财产品的种类越来越多，自然对于这些保险理财产品的要求也就越来越多，关于风险的管理也就越来越多。对于此类业务的产品开发、产品设计、风险的估计、是否具有市场价值等还需要进一步加强。在此项业务的前期，可能效果还不错，一旦发现有纰漏，就会被紧急叫停。

4. 操作风险

操作风险经常会与员工的操作失误，以及欺诈行为、犯罪不完备的程序控制联系在一起，或是人为因素、或是操作因素而引起的系统崩溃。

操作风险受到了金融行业的相关重视，互联网保险行业也不例外。所涉及的金融行业的规模越大，它旗下的产品也就越复杂，互联网保险行业所依赖的互联网技术的依赖性也就越强。

再加上金融行业与金融市场的全球化趋势越来越强，可能一些简单的事物就会造成十分严重的后果。不管何时，关于操作失误所带来的后果都是惨痛的，一定要严格地对操作进行规范。

互联网保险的出现，重新定义了操作风险，互联网保险需要对于操作规范及整体产品的设计有一定的要求。自然它们所带来的风险也就是多样化的，可能是因为极个别的工作人员操作失误，进而引发了整体工作的失误，所带来的影响也是前所未有的。除此之外还会有操作失误的风险，因此保险公司有必要制定一整套适应于互联网操作的风险检查方式，还应该进行相应监控，以实现对于操作风险的合理规避。

5. 声誉风险

声誉风险就是有一些声誉事件会对公司造成影响，甚至是损失的可能性。声誉的建立需要一定的过程，良好的声誉也需要进行维护。声誉事件是指引发公司声誉风险的相关行为或事件。重大声誉事件是指造成公司重大损失、市场大幅波动、引发系统性危险或影响社会经济秩序稳定的声誉事件。

互联网保险自身所具有的低成本及营销方式的便利性，也就自然而然地带来了声誉风险。对于互联网保险购买群体的素质水平及需要满意度，自然而然也是有区别的。在互联网上，信息的爆炸速度远远地超过了我们的想象。只要存在一点小小的失误，就会造成互联网保险的整体声誉受损。如果不加以处理，就会形成一种恶性评价，对于互联网保险公司其他产品的销售也会带来影响。社会公众对于互联网保险的产品的声誉尤为重视，一旦有不良评价，他们不会进行深究，而会选择跳过此产品。

（二）挑选互联网保险匹配性分析

互联网保险千千万，须根据个人需要进行挑选。为了让保险发挥实质性的作用，投资者在挑选保险时一定要对号入座，明确什么人适合什么样的保险、什么年龄阶段的人适合哪种保险。只有确保对号入座，保险的理财目标才能准确实现。

1. 保守理财方式选择分红险

分红险指保险公司在每个会计年度结束后，将上一会计年度该类分红保险的可分配盈余按一定的比例以现金红利或增值红利的方式分配给客户的一种人寿保险。目前，在中国银保监会的统计口径中，分红寿险、分红养老险、分红两全险及其他有分红功能的险种都被列入分红险范围。

关于保额的分红方式主要来源于，当期红利增加到保单的现有金额之上，是以保额作为基本出发点的。这样的分红方式更具有保障功能，可以实现投保人在保障期限内不需要通过核保就可以申请参加保额，还可以在一定程度上抵制通货膨胀所带来的保障贬值问题。

保险公司每年至少应将分红保险可分配盈余的70%分配给客户。目前，国内大多数保险公司采取现金红利的方式将盈利直接以现金的形式分配给保单持有人。由此可知，当保险公司没有盈余时，买分红险的人无法获得红利，即此时分红险没有投资收益。

分红险体现了客户利益与保险公司利益捆绑在一起的特点，将利益联结在一起，就会产生共生效应。因此，保险公司为了自己的利润，必然会尽力保证客户资产的保值增值。所以，分红险亏本的可能性很小，比较适合保守型的投资理财人。

分红险的主要投资渠道为国债、存款、基金和大型基础设施建设，与投连险等投资型保险产品有所不同。

2. 中长期理财选择万能险

万能险是一种寿险，之所以称它为万能险，主要表现在交费灵活、保额可调整和保单价值领取方便等方面。万能险可以缓交或停交保费，过了3年或5年后还能继续补交保费，另外还能一次或多次追加保费。万能险的保单价值金额可以作为子女的教育金、婚嫁金或创业金，也可用作自己或家庭其他成员的医疗储备金和养老储备金等。

万能险不仅具备传统的寿险的保障功能，还可以提供给客户将保单的价值与投资账户资金的融合。这是由保险公司专为投保人所建立的一项账户内的投资活动，很多保费用来购买保险公司所建立的专门账户，有专家对账户内的资金进行投资与决策，将客户的资金合理地应用到各种投资工具之中。

总体来说，保险公司一般是一个月公布一次万能险的收益情况，不会公布整体缴纳的费用。其不仅要扣除保障费用，还需要扣除初始费用、保单管理费用、风险保险费用等，还有公司会扣除领取手续费及退保的费用。从实质上来讲，短期之内的万能险的收入，并不会很理想，但中长期的理财方式还是万能险最为合适。

万能险是风险与保障并存，介于分红险与投连险间的一种投资型寿险。投资者投保万能险，缴纳的费用一部分用来保险，另一部分用来投资。投资部分的钱可由投资者自行决定是否转换为保险，转换时会伴随缴费方式、缴费期间和保险金额等进行调整。

万能险分两种，重保障型和重投资型。重保障型的保险金额高，前期扣费高，投资账户资金少，所以如果前期退保损失会很大。而重投资型的保险金额低，前期扣费少，投资账户资金多，退保损失较小。因此，整体来说，万能险不适合做短期理财投资。

3. 长期理财选择投资连接险

投资连结接简称"投连险"，其正式名字叫"变额寿险"。也就是说，其身故保险金和现金价值是可变的，是一种新的终身寿险产品。其保障主要体现在被保险人保险期间意外身故时，会获取保险公司支付的身故保障金，此外，通过投连附加险的形式也可使客户获得重大疾病等其他方面的保障。而投资方面，保险公司使用投保人支付的保费进行投资，获得收益，将收益分给投保人。

投连险的费用产生主要包括风险保险费用、资产管理费用、部分的支取费用、退保的手续费用等。根据具体产品的不同属性，以上费用的收取也存在一定的差异。由于投连险在短时期费用过高，所以更适合长期的理财选择。

投连险更强调客户资金的投资功能，为了减少投资过程中不必要的费用，投保人最好不要提前退保，因为这样就可能产生一些手续费或者管理费。根据投连险精算规定，投连险退保费率在保单年度前5年依次递减，分别为保费的10%、8%、6%、4%、2%，在第6年以后退保费率才归零。所以投资者在投保还没拿到过收益时就退保，会增加投资成本，降低投资理财收益。

4. 儿童专用保险

(1) 儿童意外伤害险

儿童意外伤害险主要针对18周岁以下的孩子。在成长的过程中，儿童难免会出现意外。这种保险就是针对在意外发生的时候所产生的医疗费用，甚至对于意外致残，或者是死亡的一种保障方式。父母可以根据自身的实际情况，选择是否购买此种保险。

从本质来讲，这种保险属于消费型的保险。每年的费用也不会特别高，各个保险公司都有出售。它带来的经济压力不是很大，负责的范围只有意外伤害，生效是在孩子发生意外之后，从而得到一定的经济保障与赔偿。

(2) 儿童健康医疗保险

利用保险分担孩子的医疗费支出也是一种保险理财思维。常见的儿童疾病主要是呼吸道和消化道疾病，一旦孩子患这两种病，动辄住院。因此在考虑购买险种时，可购买附加住院医疗险和住院津贴险，万一孩子生病住院，大部分医疗费用就可报销，并且每天可获得一定金额的住院补贴。每个保险公司的保险合同在报销和补贴方面的规定都不同，投保者在查看不同保险公司的详细赔付合同后需要自行选择。

这种保险具有保费低、保障功能强的特点，缺点是无法返还，适合于大部分有孩子的家庭，尤其适合子女的身体状况比较虚弱的家庭。这样的保险适合在孩子年纪比较小的时候投保，这样投保的费用不仅低，而且效果也不错。

(3) 儿童教育储蓄险

顾名思义，儿童教育储蓄险主要是解决孩子的教育问题。购买此种保险一般是为了解决孩子的教育资金问题。这种保险需要按时向保险公司进行缴费，也可以看作一种储蓄，但是具有强制性。如果在此期间，父母发生了意外，孩子是不需要交保费的，还会获得保险公司给予的生活补贴。

这种保险的主要特点就是需要定期进行缴费，带有强制性。它可以进行返还，收益主要是根据存钱的金额，存得越多、收益越多，安全性较好，适用于具有长期教育目标的家庭。

(4) 儿童投资理财保险

这类保险一般是投资连接险，通常是孩子在成年前，父母为投保人，为孩子筹措日后的教育留学费用和创业启动资金等；孩子成年后，自己将成为投保人，筹措补充养老、医疗和旅游基金等。该险种的保费自由、保额自主、随时支取，保障应有收益，但保费较高，所以适用于有一定经济基础的家庭。

5. 养老保险

养老险的目的是保障老年人的基本生活需求，为老年人提供稳定可靠的生活来源。一般的养老险一种是为大众熟知的基本养老保险，还有一种是商业养老保险。

基本养老保险是国家立法强制实行的险种，企业单位和个人都必须参加。符合养老条件的人，可向社会保险部门申请领取养老金。这种养老险的保险费用一般由国家、单位和个人共同负担。对于没有工作单位的个人或者单位没有购买养老险的，需要自己全部缴纳保费。

商业养老保险通常是指在保险公司购买的养老险，每个保险公司有其自己特有的养老险品种。

二、网上风险管理的渠道

(一) 认识保险

保险的本意是稳妥可靠，后来衍生为一种保障机制，成为个人或家庭财务规划的一部分。每份保险都有其保险参与者，主要由以下几部分构成：

保险的标的即是保险对象，人身保险的保险标的是人的身体或者生命，而财产保险的保险标的是财产。保险标的是保险利益的载体，保险标的的具体内容很多，以人身保险为例，人身保险的保险标的应该包括被保险人的年龄、性别、职业及健康状况等内容。

(二) 渠道分析

生活中风险是无处不在的，保险作为一种保障机制，能够减少遭遇风险后个人承担的损失。目前，保险不仅有保障的功能，还有理财的功能，保险理财使得保险具有双重作用，网上购买保险投资更是成为大多数人购买保险的重要渠道。

网上完成个人保险规划，网上的保险品种很多，但并不是所有的保险我们都需要，保险作为个人或家庭理财的基本目标，不同的人或者家庭在不同的阶段对保险的投资需求是不同的，因此在进行保险理财时也需要制订一定的计划。我们可以在网上通过在线测试，了解个人或者家庭保险规划后，判断目前阶段需要投保的范围。

保险规划的测试可以作为个人或家庭保险理财的参考，但是不能作为最终依据，实际的投保规划还要根据个人经济能力与具体情况来决定。

1.保险代理人

保险代理人是投保者的主要选择，这是一种最传统，也是安全性相对较高的投资渠道。可以直接与保险代理人接触，获得最为直观的数据，并对保险公司有直接的了解。保险代理人也可以根据投保人的年龄、家庭状况等为其介绍较为合适的保险产品。之所以说通过保险代理人购买保险产品具有安全性，是因为一般它的售后服务比较完善，会享受到续保提醒及上门理赔等服务。

这不代表雇用了保险代理人就没有一点风险。保险销售总是与薪资挂钩，一些素质较差的保险代理人，就会采用故意夸大保险功能，隐瞒部分不利条款的行为，来欺骗消费者购买保险，甚至还会出现将顾客的保费据为己有的情况。因此，作为初次投保的人士，还是选择正规渠道、信誉较高的保险代理人比较好。

2. 网上银行

银行与很多保险公司都有合作，代理了种类丰富的保险理财产品。比如，建设银行代理的保险产品包括财产险、寿险、健康险、年金险、团险和意外险；工商银行代理了传统年金险、健康医疗险、养老险、万能险和意外险。

3. 保险代理公司

保险代理公司是很多人购买保险理财产品的渠道。保险代理公司的产品多样化，也会有专门的人员为投保人进行服务，可以根据投保人的特点，为其介绍最合适的保险产品。

保险代理公司的优势就是，保险产品种类多样，投保人的选择空间大。它们可以为顾客提供专业化的服务，而且还不收取相关的咨询费用，为广大顾客创造了良好的购买环境。但是由于不同的保险公司为其代理公司所支付的费用不同，代理公司的业务员在为顾客推荐保险产品的侧重就会有所不同。对购买保险产品的人来说，一定要注重自身的需求与能力，在种类繁多的保险市场中，要保持理智。

4. 电话投保与网络投保

电话投保与网络投保也是保险销售的主要渠道。与其他的销售渠道相比，它们的最大特点是，价格普遍较低，购买方式也相对简单。但是其不足就在于，公众对电话销售这一媒介的排斥。通过电话投保从来不是社会公众的最佳选择，在当今社会，很多人会将电话销售当成一种骚扰行为，不是立即挂断就是设置为骚扰电话。即便是有人选择耐心地将电话听完，也只会有一小部分人选择购买，毕竟隔着电话，很难取得信任。

网络保险产品，一般都很直观。很多网络保险产品介绍的内容有限，保险内容信息不完全，还有就是在支出方式选择上存在诸多不便，这也是网络投保没有发展起来的原因之一。

不管是电话投保还是网络投保，消费者都需要根据自身的实际情况，尽可能多地了解保险产品，对于保险公司的资质进行了解，核实保险公司的真实性，为自己购买保险产品，多一份保障。

5. 银行代理

银行代理保险相对于其他渠道的保险代理产品，具有一定的特殊性，这是由于银行相比于其他的代理机构，在公众认知中风险性较小。银行代理的保险产品，一般是突出收益性。再加上银行的分布范围相对较广，消费者可以就近选择银行网点进行购买。

通常银行代理保险产品数量有限，一般都是集中在分红险、投连险等，缴费方式多为一次性付清。银行代理保险不仅具有理财功能，还具有一定的保障功能，这也是银行代理保险的优势之一。

当然，不可否认银行代理保险产品也是具有一定风险的。近年来，关于投诉银行代理保险产品的事件也是很多。会有一些急功近利的保险业务员，为了自己的利益，罔顾道义，只告知消费者险种的收益与理财功能，而忽视它的风险性，使消费者忽视了保险理财的保障功能。

三、网上保险产品选择的技巧

(一) 不同的人生阶段选择不同

理财规划，是每个人在不同的人生阶段都会经历的事情。人们会根据自己的家庭状况、收入情况、支出情况制订属于自己的理财方案，实现个人或者是家庭的经济利益最大化。

在整个的理财计划中，财富的增值是每个人都希望看见的结果。理财产品都会有一定的风险，安全保障也是理财规划中的重要环节。在进行理财规划之前，一定要做好应对风险的准备，保障财产的合理支出，也要保障安全的风险管理。

1. 单身人士

这一时期一般是从刚刚开始拿到第一笔工资，到结婚组建自己的小家庭前。这一生命周期阶段属于人生创业的开始，绝大多数人精力充沛，对事业充满希望，身体状况良好，一般又不必承担太多家庭负担。

基于这一特征，保险的设计应以自身的保障为主，理赔后能达到归还助学贷款、保障父母的基本费用即可。因此，保单的受益人可设计为父母。这一阶段的保费支出为年收入总额的1/10左右，倘若经济拮据，可降低到年收入的1/15，但不能低于1/20，如果低于1/20，从家庭理财角度来看，则无法买到足够的保额，失去了参保的意义。

学贷款还需要加上归还的贷款额度。假定某人的年收入为 50 000 元，保额以 50万元至 100 万元为宜。

这一阶段的保险可采用如下组合方式：

(1) 购买若干份的意外险，因该险种保险期限短，不会返还本金，每年可根据实际情况参保，保额以 20 万元至 50 万元为宜。

（2）保额为 5 万元，或者是 20 万元的重大疾病险。

（3）如果收入较低，可购买缴费为 20 年期的保额为 10 万元至 20 万元定期寿险，如果能负担起则购买终身寿险，因为终身寿险的特点是，购买越早保费越低。

（4）这一时期因收入有限，而开销较多，故而并不主张购买投资性保险。

2. 有家一族

这一时期为从结婚组建新的小家庭起，一直到最后一个子女离家独立前。当婚礼过后一个新的家庭诞生时，一切的生活开支不见得是"1+1=2"这么简单。

在这一生命周期阶段将面临前所未有的生活压力，除了结婚后生活费用增多之外，买房、买车、生育、子女教育等，以及由此所衍生出来的其他经济支出，都不是个小数目。因此，这一时期家庭主要成员的任何意外都属于高风险，与此相对应的理当是高保障额。

这一时期的保费支出安排为：以不低于夫妻二人合计年收入的 10% 为准，有条件的可达 15%，但在我国不宜超过 20%。家庭成员总保额约为本人年收入的 10 倍，如果有房贷、车贷等还要加上贷款未还的余额。

例如，丈夫的年收入为 6 万元，目前家庭的住房贷款余额还有 35 万元，汽车贷款余额还有 5 万元，那么，丈夫的保额应不低于 100 万元，这样一旦出险，家庭的生活不至于立即陷入困境。

根据这一家庭生命周期的特点，保险可采用如下组合方式搭配险种：

（1）将夫妻二人原来的保险进行整合，如未到期，可继续缴费，没有特殊原因不必退保，因为退保要承受一定的经济损失。但是，如果认为所保险种不适合新家庭，那就一定要退保。

（2）新增保障额度的分配次序为家庭第一高收入者、第二高收入者，最后再考虑子女，险种以定期寿险或终身寿险为主，夫妻的保额分别为各自年收入的 10 倍（如有贷款再加上贷款余额）为宜。

（3）在寻偶期购买重疾险的基础上附加健康医疗险：在 45 岁以后，如果家庭收入增加较高，可考虑购买一定的投资型保险，如万能险等，为将来转化为养老金做准备。

3. 老年群体

进入老年阶段，面临的问题是，年老多病，医疗费用昂贵，收入减少。国家的社会保障以低保障、广覆盖为原则，国家和社会给予老年人的生活保障十分有限。这一切将使老年人的保障问题面临严峻的考验，会严重影响退休生活的质量。

这一时期以子女离开家独立生活为起点，终点为生命结束。对于空巢期的保险，这一生命周期阶段的保险应以养老保险为主。

前一阶段未到期的夫妻二人的保险应继续缴费；到期的保险，如带有投资、分红、返本性质的万能保险、两全保险、重疾险等，可在退休之年转化为目前老年所需的年金型保险，其他的定期险等如条件允许也可转化为储蓄型养老险；医疗险、重疾险不低于上一阶段的保额并附加看护险。

（二）选择互联网保险产品的技巧

1. 理财方式技巧

保险理财的方法和技巧主要表现为以下七个方面：

（1）理财方式多样化

保险是一种理财方式，但是很多人会因为保险的收益性较低，而选择放弃。他们喜欢收益性较高的股票，或者是基金。而这些理财方式虽然收益性高，但是风险性也高。理财的技巧之一，就是将理财方式多样化。

最常见的理财方式就是股票、债券、保险、基金等。选择理财方式的多样化，也需要根据自己的实际情况，有选择性地进行理财规划，在购买保险理财之时，更应该注重理财的方式与技巧。

（2）对通货膨胀的抵御性

在购买保险理财产品时，收益性是最为关注的。但是对于养老型及投资型的保险产品，消费者还会留意它的投资收益是否具有增值空间。在保险的投资收益较低的情况下，可以选择适当地增加保障的金额，在投资保险的专业性较强时，在专业人士的协作下进行相应的调整，增强对通货膨胀的抵御性。

（3）合理设置保险的投资金额

一般来讲，理财是大部分人都会进行的一项活动，但绝对不是所有人都会选择的。理财的目的是确保生活的质量，以及家庭财产的保障与增值。毕竟，人与人的追求的是不一样的，有人觉得钱越多越好，也会有人觉得够花就行了；有人在理财方式中追求收益性，也会有人在理财方式中追求安全性。理财在实质上就是根据个人的实际情况，结合理财规划，考虑到对于风险的承受力，有计划地对财产进行规划。

如果只是想要得到保障作用，那就需要对自己的财产有清楚的认知。保费支出最好不要超过年收入的10%，如果想要得到理财作用，则不要超过年收入的40%。保险的收益性还是有限的，消费者可以根据自己的风险承受能力对投资金额进行设置。

（4）与自身的保障需求相适应

每个人的家庭情况都是不同的，实际情况与社会需求也是处在不断的变化之中，因此对于保障的需求也就会有所不同。单身的人群会考虑自己的生活状态；有了家庭的人，会考虑家庭的生活；有子女的会考虑子女的健康与意外伤害；年老之后会考虑自己的养老。不同的人群，由于考虑的情况不同，对于保障的需求也就会有所不同。

（5）设置指定受益人

受益人就是人身保险的被保险人死亡之后，有权利领取保险金的人。受益人在投保人或者被保险人所签订的保险合同中有具体的规定。被保险人有权利对受益人进行更换，被保险人没有指明受益人的，则由他的法定继承人是受益人。

（6）明确保单相关内容

消费者要明确保单上的内容，并对于保单上的收益免税，以及转移财产与抵偿债务进行了解，另外，对于保险赔偿款不属于个人收入，可以不用征税，也应该进行明确的了解。

（7）定期检查保单

保单就是我们常说的保险合同。相信很多人在购买完保险产品之后，会将保单进行管理，但是一定不会时时观看。自从保单在自己手中，生活也会出现相应的变化，我们也需要对保单进行定期的检查，来确保保单的保障功效。

可以根据自己的实际情况，对保障计划进行及时的调整，另外要检查保单的真实有效性，这会直接关系到保单的持有者是否可以在保险事故出现时获得及时的帮助。

对于保单的检查，就是在完成购买保险之后，询问专业的工作人员，根据自身的实际情况及对于风险的承受能力，对保单进行及时的调整。有一部分顾客会因为自身的保险知识有限，在选择保险产品时，不能做出合理的判断。对于风险抵御性也不能做出合理评估，因此会造成不必要的浪费。顾客有必要对保单进行定期的检查，若发现不合理之处，则要及时进行调整。

2. 选购保险的技巧

选择保险理财产品时，投保人（投资者）需要掌握一定的投资技巧，这样可以防止保险成为生活的累赘。比如，选好保险代理人可提高投保收益可能性，货比三家可降低投保成本，使用绝招可降低退保损失，以及识别投保风险减少损失等。

（1）选择合适的保险代理人

通常情况下，保险代理人的佣金都比较高，导致很多人误认为保险公司是一个骗钱的组织。其实细想，如果投保人买了一份终身健康险，代理人将为投保人服务一辈子，不论是保单信息变更还是理赔事项，保险代理人都要全力服务。这样看来，代理人的佣金应属于按劳分配。从这也能看出代理人在保险投资理财活动中的重要地位，所以选择好的代理人很重要。

（2）确保退保的损失最低

根据投保人退保的时间段可以将退保分为两种情况，一种是在犹豫期退保，另一种是过了犹豫期退保。在犹豫期内退保的，保险公司会返还给投保人所有保费，而投保人只须支付小额的手续费即可。

一旦过了犹豫期退保，投保人将不能拿到所有保费，一般都会损失投保本金。一般来说，保险公司都按照保单的现金价值退还实际费用。这时投保人要怎么做才能将退保损失降到最低呢？

首先，查看合同中是否有"减额交清"的功能，如果有就办理减额交清。减额交清是在投保人失去交费能力的情况时可以采取的措施，简称"减保"。它指在本合同具有现金价值的情况下，投保人可按本合同当时的现金价值，在扣除欠交的保险费、借款及利息后的余额，作为一次交清的全部保险费，以相同的合同条件减少保险金额，本合同继续有效。

其次，变更缴费方式或更换险种，如将年缴变更为月缴、季缴或半年缴，或者将高费率险转换为低费率的高保障险。

最后，可申请保单贷款，从保险公司取得周转资金暂付保费。

由此可看出，投资者能不退保就不退保，因为退保必然会面临资金损失，而且合同中一般都有严格的规范，能降低退保损失的措施少之又少，投保人只能从减少保额或更换险种等方面减轻退保风险。

3. 保险理财陷阱的识别

很多人都觉得保险理财并不"保险"，原因就是保险理财存在很多陷阱，而投资理财人很多时候不知不觉走进了陷阱，导致经济损失，所以觉得保险就是骗钱的一种方式。那么理财人要避免自己掉进陷阱，就得认识保险理财有哪些陷阱。

（1）投资收益的夸大

投资收益被夸大。因为保险代理人根据保单获取佣金，所以有些代理人为了短期利益不惜夸大保险收益率。比如分红险，一般根据银保监会规定有低、中、高三种结算利率，低档结算利率代表保证收益，这三种情况原本都应该进行演示，但代理人为了提高银保产品的吸引力，只提供高结算利率下的利益演示。

（2）隐瞒部分条款

免责条款被刻意隐瞒。很多保险公司拟定的保险合同中都载明了免责条款，但保险代理人为了减少公司以后可能面临的赔付问题，在为投保人服务时不解释合同中的免责条款。等到投保人利益受到损害向保险公司申请理赔时，保险代理人以投保人自己不看合同为由拒绝赔付。

（3）存款变保单

一些银保人员利用消费者信赖银行的心理，谎称某种保险是该银行的理财产品，误导消费者购买。最终存款变成保单，退保就要损失巨额费用。

（4）保险人推卸责任

咬文嚼字推卸责任。一份保单能生出多种理解，合同上的规定与投保人的理解很可能差距较大，如果不问清楚，最终保险公司代理人会以"保单上的意思与投保人遇到的情况不符"而推卸责任，拒绝赔付。

中途断缴，保险失效。很多保险理财产品需要在存续期间内持续缴纳费用，若超过一段时间未缴，则保单失效。有的投资者买了一款保险理财产品，以为只要一次性缴纳一笔资金即可，代理人可能未提醒投保人及时续保，到期提取时才发现保单早已失效，造成不必要的损失。

被保险人陷阱。有些投保人投保的被保险人是别人，但由于代理人没有及时提醒，或者故意不提醒，导致投保人发现被保险人不对而要求更改时，无法更改，或者更改麻烦，手续费高，投保人也会因此遭受到不必要的经济损失。

（5）提前退保收费高

提前退保手续费高。一般来讲，保险理财产品的期限比较长，在生活中，投保人难免会遇到一些不如意的事情，可能就会提前退保。提前退保可能会拿不回本金，甚至会损失钱财，很多保险代理人会说在一年之内可以随时取出，但很少会告知若提前取出，会支付一大笔手续费，也就是退保费。更有甚者，一些保险理财产品不可以退保，只能在规定的时间内取出投资金额。

第二节　多样化的理财规划方式

一、支付宝理财规划

（一）余额宝理财

支付宝是第三方支付平台，支付宝不仅提供了支付功能，还提供了理财功能。目前，支付宝提供了余额宝、招财宝、存金宝及基金理财四种理财产品。余额宝是支付宝推出的余额增值服务，把支付宝或者银行卡中的资金转入余额宝即购买了天弘基金提供的余额宝货币基金，余额宝内的资金还能随时用于网购支付。余额宝收益稳健，风险较小，买入和赎回都很方便，适合平时有购物需求、希望让闲置的资金获取一定收益的投资者。

在支付宝里还可以设置余额宝自动转入，在个人支付宝账号已设定支付宝账户保留金额后，支付宝账户余额超出保留金额的部分将自动转入余额宝，使支付宝账户里的资金得到有效的投资。

（二）招财宝理财

招财宝是蚂蚁金服旗下灵活的定期理财产品。招财宝平台主要有两大投资品种，一种是由银行、保险公司等其他金融机构提供本息保障的中小企业和个人发布的借款产品；另一种是由金融机构发布的理财产品。

在招财宝平台上发布的借款产品主要有"中小企业贷"和"个人贷"两种，发布的保险产品主要是万能险产品，发布的基金主要为分级债基金。

目前，招财宝只支持余额宝用户购买，没有开通余额宝的用户不能购买招财宝中的理财产品。招财宝平台中的理财产品购买方式有两种，一种是预约抢购，另一种是直接购买。

预约抢购是招财宝提供的便捷金融服务，投资者可以提前预约，自行设置产品类型、预期收益率等，当有符合条件的理财产品时系统会自动下单。在招财宝中预约购买理财产品也是很简单的。

预约购买有一定的等待时间，如果不想等待，也可以选择直接购买。购买了招财宝中的理财产品后，可以在支付宝中的账户资产中查询。

招财宝的购买和查询除了可以在网上进行，也可以在支付宝手机客户端中进行。

（三）蚂蚁花呗理财

蚂蚁花呗是蚂蚁微贷提供的网购服务，使用蚂蚁花呗可以实现在淘宝网上购物先消费后还款，并且可以使用支付宝自动还款。使用蚂蚁花呗理财可以提前把闲置的资金存入余额宝中获取收益，到还款日时再用余额宝还款。

要使用蚂蚁花呗购物需要开通蚂蚁花呗，有些用户可能还不能开通花呗，要查询是否能开通花呗只需要进入支付宝个人账号中心，查看是否有花呗服务显示窗口，如果有则可以开通。

使用花呗和使用信用卡一样，如果没有在还款日前还清所欠的金额，将会被收取逾期利息，每日收取的费用为当期未还金额的0.05%，直到还清所有欠款。

二、微信理财规划

微信理财通是一种由腾讯理财通与微信携手基金公司推出的理财增值服务，它由腾讯公司旗下的第三方支付公司理财通负责运作，借助微信平台进行推广，面向所有微信用户。

(一) 微信理财通与余额宝的对比

1. 操作平台不同

微信理财通只能通过移动平台中的微信进行操作；余额宝支持移动端和计算机端两种操作平台。

2. 转入流程不同

微信理财通和余额宝两款产品的转入流程都很简单，前者通过微信转入，后者通过支付宝客户端或支付宝钱包转入。

3. 到账时间不同

微信理财通支持中国工商银行、中国农业银行、中国建设银行等11家银行两小时到账，其他银行1~3天到账；余额宝在手机端支持两小时到账，计算机端24小时到账。

4. 申购赎回渠道不同

微信理财通只能通过银行卡进行资金的转入和转出；余额宝则能通过支付宝和银行卡两种渠道进行资金的转入和转出，同时支持随时支付和消费。

5. 所属公司和平台不同

微信理财通所属公司为腾讯，依托平台为微信，运营方为华夏基金；余额宝所属公司为阿里巴巴，依托平台为支付宝，运营方为天弘基金。

此外，微信理财通与余额宝收益上的差别并不大，因为7日年化收益率一直在变化，两者相比较互有高低。事实上，两者之间最重要的区别在于余额宝内的资金可以直接用于消费和支付，而微信理财通内的资金不可以。不过微信作为当前使用频率最高的移动应用平台，使得微信理财通的操作便捷性更胜一筹。

(二) 微信理财通的收益分析

与余额宝较为稳健的收益情况不同，微信理财通的收益呈现多个大幅震荡的时间点。这是由微信理财通对应的货币基金造成的。

微信理财通对应的货币基金的规模，与天弘增利宝货币基金远不是一个量级，但其债券投资则居于高位，导致其收益波动较大。正因如此，尽管微信理财通与余额宝短期的收益相差不大，但长期来看，微信理财通的整体收益还是要略高于余额宝的。

三、百度金融理财规划

百度金融最具竞争力的优势是技术，即云计算、大数据、人工智能，换句话说，需要利用传统金融技术提高效率，将大数据和人工智能整合到百度金融业务中，聚焦识别认证、大数据风险控制、智能投资、量化投资、金融云、智能客户六个方向。

百度一直被视为是人工智能、大数据和云计算领域的强大储备，其在金融科技领域的努力也为人工智能技术找到了一个非常有价值的应用领域。从技术角度出发，百度金融拥有"世界上最好的人脸识别技术"，百度大脑可以在亮度大于 $1cd/m^2$ 的光照条件下成功对用户身份进行检测。除此之外，百度还拥有世界领先的语音识别和图像识别技术，应用于金融业务的识别领域，能有效降低光照、噪声等环境因素对识别精度的影响，显著提高识别率，防止欺诈现象的发生。

另外，百度的智能投资公司还可以对百度整个平台的海量数据进行整合，同时生成金融知识图谱、用户画像和资产画像，既可以提高资产的科学准确配置，又可以有效跟踪和控制风险。在量化投资领域，百度还可以通过互联网用户的搜索行为的大数据、全网财经新闻数据及证券公司的专业研究报告，建立丰富的量化投资策略，同时提供专业的战略咨询服务。

互联网金融是"互联网＋"时代最受关注的领域之一，金融行业与互联网本身就有很强的关联性，在移动互联网浪潮下，也是感知融合这个大趋势最快的行业。对中国金融市场而言，供给和需求不平衡是长期存在的现实。然而，互联网凭借在用户、渠道、数据、效率、技术等方面的优势，能有效地弥补、满足金融需求。

四、企业理财方式

企业理财方式是指企业所采取的固定的财务管理办法，是企业财务管理中的重要内容，与企业文化具有密不可分的联系。世界的著名企业在其长期的理财过程中都会形成理财文化，理财文化是指"在一定的社会经济、政治和文化环境下，由企业财务部门和全体企业员工在长期的理财活动中，共同创造出来的理财成果和理财精神成果的表现形式的总和，是一个融合了文化和经济的新概念"。企业理财文化体现企业的管理者带领员工们加强企业财务监管，提高企业财务管理效率的集体智慧结晶，在企业的理财活动中发挥着巨大的作用。

创新企业投资方式随着我国社会主义市场经济的进一步发展，企业投资范围不可避免地扩大开来，其投资方式也随之发生了巨大的变化，传统的实务资本和项目投资方式已经不能适应现代社会经济发展的需要。以前作为企业唯一的生产经营投资方式受到了现代化投资方式的冲击，企业再也不能只关注生产经营投资。现代化企业投资方式的主要特点在于其投资对象的改变，它们以企业运作为主要的投资对象，包括资本运营投资、股票债券投资、基金投资、期权期货投资，它们在企业投资中所占的持续增大，地位持续上升，投资的形态变化日新月异，其中技术投资和人力资本投资目前已经成为企业投资的基本内容。

第三节　互联网理财规划的安全问题及防范

一、手机理财的安全问题

（一）手机理财存在的风险

网络毕竟是虚拟的，它容易被外界多种因素攻击，进而造成对用户精神和财富的伤害，那么手机理财也是存在一定风险的，其风险如下：

1.电子认证

对移动手机理财而言，电信运营商、内容提供商和手机商三方共同合作，制定了一个统一的电子认证标准。事实上，此三方形成了一个相辅相成、共生共灭的关系，这将会决定未来移动理财市场的发展进程。

2.信用风险

对移动理财而言，手机用户的信用问题是影响其发展的一大瓶颈。①我国信用体系还不够完善，移动理财业务的相关法律还有待相符。②移动理财违约成本比较低，容易诱发骗贷、卷款跑路等风险问题。

3.网络安全风险

（1）手机病毒传播途径

手机病毒的传播途径比较多样化，而手机病毒的攻击方式也是有其自身特点的，下面介绍手机病毒的传播途径。

①网络下载

目前，大部分智能手机都有网页浏览功能，快捷方便的浏览过程中可能夹杂着中毒的隐患。网络上一些第三方的应用商店，由于没有完善的安全审查机制，给了许多病毒传播的机会，造成大量用户下载安装，受到感染。维护移动因特网安全，大量涌现的手机应用商店是一个重要环节，亟待加强政府监督和企业自律。

②蓝牙传输

电脑中的病毒可以通过蓝牙传输侵入手机。当蓝牙用户将蓝牙装置连接电脑后，此时病毒就会寄存到蓝牙上，当用户使用手机连接蓝牙，病毒就会感染手机的操作系统和应用程序。此外，两部手机之间也会通过蓝牙和红外线技术传播病毒。

③短信传播

除了上述两种传播途径，手机病毒还会以短信的方式传播。病毒可读取用户手机通信录信息，冒充手机用户，以短信方式将含有恶意程序的链接发送给通信录内联系人，更可能提取用户通信录内联系人姓名为前缀，从而骗取联系人信任。该病毒可能导致手机用户中手机联系人身份证、姓名等隐私信息泄露，在手机用户中形成严重恐慌。除了向联系人群发短信，病毒还会识别淘宝、网银等敏感信息源，并将其通过短信或邮箱等形式回传至其病毒发布者的手上。

④利用漏洞传播

每一部智能手机内部都有一个操作系统，因为手机在不断更新换代，黑客也在不断地想办法对手机进行入侵，因此智能手机需要定期更新升级，否则病毒和木马程序就会利用手机漏洞实现传播。黑客如果在某个系统软件的可执行文件中注入了木马或病毒代码，当用户通过第三方等方式升级的时候就会感染并安装该病毒。但由于该漏洞系统会认为软件是合法的，从而导致携带有木马的软件被正常安装。

⑤第三方 ROM 传播

ROM，指的是手机、平板电脑等各类移动设备自己的系统固件用户通过对手机解锁之后，便可以自行更换或者定义设备的系统固件。于是就有了"刷机"这一说法，"刷机"其实就是向移动设备写入新的 ROM，即新的系统固件。在定义移动设备系统固件（即制作新的手机 ROM）的过程中已经被捆绑进去的这一类病毒程序，通常被称为 ROM 病毒。ROM 病毒是以渠道属性来进行区分的，跟病毒的自身特征无关，所以 ROM 病毒可能是属于不一样的病毒类型。ROM 方式传播的病毒有以下四个主要特点：

A. 难删除性。一般的 Android 手机在出厂的时候是不具备超级管理员权限的，也就是手机用户不能对系统文件程序进行随意更改、卸载和删除等，而 ROM 病毒具有和系统文件样的权限属性，普通用户通过手机自身卸载程序、文件管理器是无法清除的。

B. 高权限性。ROM 病毒往往跟系统 ROM 自身的程序一样具备高权限特点，并且这权限是在制作系统 ROM 的过程之中就已经被赋予好的，所以具有高权限的 ROM 病毒可以对手机的敏感权限模块进行访问或者指令式操作，可以说是完全掌握了手机的系统控制权。

C. 发现滞后性。由于包含了病毒的 ROM 的文件在一个封装的原始打包状态，网站服务器的病毒软件可以说是几乎完全识别不出来的，往往是手机用户把 ROM 刷入系统之后才慢慢察觉。所以，这类病毒的发现具有非常严重的滞后性，这些 ROM 病毒通常来自技术论坛渠道、手机资源站、博客等。"刷机"是安卓智能手机用户体验开放性和开源性系统的重要方式，也是安卓智能手机系统升级的重要途径。但现在国内少部分不法水货商家为谋求更大利益，往往在水货手机中植入各种恶意软件或病毒，用于收集用户隐私或偷偷恶意扣费、推广软件。他们通过与第三方 ROM 制作商、恶意软件开发者等合作，使得刷机 ROM 包成为水货手机感染手机病毒的重要渠道。

D. 高隐蔽性。有很多的手机 ROM 病毒，在植入 ROM 的过程中会命名一个与系统自身程序类似的程序名字，让用户单凭肉眼难以识别这到底是病毒程序还是系统自身的程序。

⑥感染 PC 上的手机可执行文件

手机病毒的进攻对象往往都是手机本身。随着技术的发展，手机病毒也可以感染 PC。这种守株待兔的办法的确新颖，虽然微软目前版本的操作系统默认屏蔽外部存储器的自动运行功能，但是并非所有的用户操作系统都会升级。而这些用户，就是攻击的对象，是其僵尸网络的理想目标。同时，病毒的扩展功能之丰富也是前所未见的：发短信、激活 Wi-Fi、收集设备信息、打开浏览器的任意链接、上传 SD 卡的所有内容、上传任意文件或目录、上传所有短信、删除所有短信、上传设备所有通讯录、照片、地理坐标到服务器。

（2）手机病毒危害

随着科技的不断发展，手机技术越来越智能，黑客也越来越猖獗。随着智能终端的普及、移动宽带技术的发展和各种移动设备的升级，黑客开始针对移动智能终端的安全进行攻击。在恶意软件当中，大部分是吸费软件及有高度风险的应用程序，最终以吸费或窃取隐私数据为目标，威胁极大。

①导致恶意扣费

当手机病毒被感染后，可能在用户不知情的情况下向付费号码发送短信，导致用户的经济损失。

②截获用户信息

手机木马获取到的用户信息一般都是已经存在于手机上的，有一种手机木马病毒程序它对用户信息的操作就不同于常规的手机木马病毒。手机木马常常会在用户手机接收到新的外界信息时，对此信息马上进行截获，无论是短消息还是彩信它都会截获下来，之后它们对木马的接收方展开恶意攻击，从而使手机用户错过很多重要事情，造成巨大的精神或经济损失。

③破坏网络和手机硬件造成通信网络瘫痪

手机被病毒入侵以后会对用户的正常生活造成诸多不便。它危害手机硬件设备，侵蚀手机软件，并强制手机不断地向所在通信网络发送垃圾信息，这样势必导致通信网络信息堵塞，最后导致手机网络瘫痪，不能正常运行工作。手机病毒同时给运营商网络带来较大压力。目前，开放的下载网站及各种软件商店等都会成为重要的病毒传播源。

（二）手机理财安全方案

1. 关于屏锁

防范手机信息泄露的第一层保护工具是手机屏幕锁，但由于部分用户没有设置手机屏幕锁的习惯，一旦手机丢失，他人就可轻易地打开手机查看上面的信息。为了安全起见，最好设置手机屏幕锁，如果手机有指纹识别等功能也可以开启该功能。另外，有些投资者为了登录理财账户方便，设置了登录账号时记住密码。这样的做法存在很大的安全隐患，因为他人不需要密码便可成功登录手机上保存的理财账户，使资金安全得不到保障。

2. 关于密码

我们日常在家中使用的 Wi-Fi，也有被黑客攻击的可能，因此在设置密码时不要过于简单，应尽可能去设置一些字母加数字或字母加特殊符号的密码等。例如"1234"这种密码就太简单，降低了安全系数。

3. 关于密保

密保邮箱和密保手机是很重要的环节，它是在互联网行业中，应用于账号密码安全保护的产品及方式，如易口令、盛大密保等。它们能够让用户在忘记密码时及时找回密码，同时提高理财账户的安全。

4. 关于解绑、挂失

许多理财软件都提供了挂失和解绑的功能，手机丢失后用户可以第一时间登录理财软件的安全中心，进行账户的解绑和挂失。导致手机理财账户被盗的原因不仅仅源于手机丢失，还有可能是个人账户安全等级太低、手机木马等造成的。提高理财账户安全系数、防范手机木马有以下几种方法：不设置过于简单的密码，尽量不要设置个人生日、手机号码和连续有规律的数字等作为理财账户的密码。

5. 关于链接

有时我们的手机会收到一些莫名其妙的短消息，上面往往有网址链接，而这些链接大部分是黑客指令，一旦点击，账户安全将得不到保障。

6.关于木马病毒防范举措

在巨大的非法利益驱使下，手机木马与病毒日益猖獗。这些木马病毒造成的主要后果有扣话费、偷窥用户隐私信息、发送垃圾短信、流量流失等。对一些木马病毒进行防范，具体对策如下：

(1) 数据加密

为了用户个人信息的安全，需要对一些重要的数据进行加密处理，以防泄密。部分智能手机拥有"隐私空间"的功能，将部分重要联系人加入隐私空间后，与这些联系人的通话记录和短信将在隐私空间中被加密，就不会被别人窃取，从而保护隐私安全。隐私空间可以设置密码，只有手机的主人才能进入。添加隐私联系人后，将会提示导入该隐私联系人原来的通话记录和短信。隐私联系人的来电和短信将可以用图标、振动、响铃、弹出文字等特殊方式提醒，便于用户区分和查看。

(2) 防骚扰

不法分子采用群拨器进行自动拨号，使用户备受陌生电话骚扰的困扰。如响一声电话，对指定号码或号段进行拨打，在通话接通后立刻挂断，拨号时间只有1秒。

①部分不法分子利用群拨器来测试用户的手机号码是否为有效号，从而为今后进行发送垃圾短信或进行电话推销积累号码资源。

②由于电话铃只响一下，大部分手机用户不明白是什么情况，以为是很重要的事就会回拨，不法分子恰恰是利用这一点，让回拨用户收听语音广告或伺机对回拨用户实施诈骗。

③对回拨用户进行收费。用户回拨某一号段的电话，很有可能被收费，最高资费标准为每分钟3元，每月上限30元。目前，很多智能手机安全软件都能防止此类型电话，并进行拦截和提醒。

(3) 不要浏览危险网站

现在的网站有很多，在诸多网站之中存在着木马病毒。这样一来，用户在用手机浏览此类网站时，很容易被木马病毒入侵。部分智能手机在用户浏览一些可疑网站的时候会弹出提醒，当这类信息出现的时候，用户应提高警惕，尽量避免浏览。

(4) 病毒窥视个人隐私信息

病毒制作者最感兴趣的是个人隐私信息，所以应尽量关闭浏览器的自动保存功能，并且在浏览完社交网站或其他需要登录的站点后及时注销。特别是手机银行等应用，使用之后要及时清除数据。

(5) 经常更换密码

常用的需要登录的应用都是需要密码的。现在很多应用为了注册方便都支持免注册直接登录功能，默认密码往往比较简单，这虽然方便但非常不安全。用户应当及时修改预设密码，并养成定期更换密码的习惯。

（6）手机杀毒软件的安装

目前，智能手机会定期进行更新升级提示，用户应及时关注手机升级程序和漏洞补丁，并主动积极对其进行更新升级。部分官方网站也会不时发布一些安全信息，用户也应积极应对。如果不幸发现自己的手机已经被病毒感染了，可以进行如下操作：

①关闭手机，如果手机被病毒入侵已无法关闭，就将电源拔出。

②将手机关闭后，把电话 SIM 卡取出，再将此卡放入另一部安全的手机中，将手机打开，观察有没有可疑短信，如果有将其立即删除。

③待可疑信息被删除之后，将 SIM 卡再放回之前的手机里，然后开机。

如果上述方法不奏效，就要立即联系手机服务商，服务商会通过无线网站对手机进行杀毒。切记不可随意查看乱码短信，不可随意下载没有信誉度的手机软件，不要浏览危险网站等，并坚持定期使用安全软件扫描系统。

二、电脑网上理财安全问题

网上支付虽然有很多优势，但利用电脑进行网上理财的过程中是存在一定的威胁的。网络攻击、木马病毒和数据攻击等是电脑网上理财的主要威胁。投资者拥有网络安全意识是保证电脑网上理财安全的重要前提，除此之外还要采取一些必要的安全措施以保证电脑网上理财的安全。

（一）关于电脑病毒

1. 对电脑的破坏

计算机病毒的危害主要是指它对计算机软件系统和硬件系统的破坏，按破坏的性质分为如下四种情况：

①系统速度变慢甚至资源耗尽而死机。许多计算机病毒都是一些常驻内存的程序，当这些程序在内存中执行时，会占用额外的 CPU 空间，使得系统速度下降，甚至莫名其妙地死机。

②硬盘容量减少。计算机病毒既然是计算机程序的一种，当它潜伏在计算机中的时候必然要占用磁盘空间，不仅如此，病毒为了感染其他程序和文件，还会大量复制，导致磁盘可用空间急剧减少。

③网络系统崩溃。Internet 既是信息传播的高速公路，也是病毒传播的高速公路。这个高速公路大大增加了病毒的传播方式，大大提高了病毒传播的速度，也大大扩大了病毒的危害范围。它们不仅攻击网络中的计算机，还会攻击网络设备。目前的

许多新病毒都是基于网络传播的病毒，如梅莉莎病毒、Nimda 病毒、求职信病毒、欢乐时光病毒等。

④数据破坏和硬件损坏。计算机病毒最令人发指的就是破坏数据。例如，CIH 就专破坏硬盘分区表，从而导致用户的硬盘数据全部丢失。还有一种 CIH 病毒利用某些主板 BOS 的漏洞破坏 BOS 中的数据，导致计算机无法启动。

2.病毒的传播途径

（1）软盘或光盘传播

①当软盘在有病毒的计算机上拷贝过文件之后，软盘中就有可能自动感染病毒。

②市面购买的盗版光盘里面可能藏有病毒。正版光盘也不能百分之百保证没有病毒，但可能性较小。

③如果含有病毒的软盘或光盘借给别人使用，病毒就开始了它的征途。

（2）网络传播

①打开一封来历不明的邮件，该邮件包含一个附件，邮件的说明告诉你这个附件里有个非常诱人的东西，你只要打开它就可以知道是什么。殊不知，当你点击这个附件的时候，你正在打开一个潘多拉魔盒。于是你知道上当了，那个东西原来是一个病毒。大名鼎鼎的"梅莉莎"就是以这种方式在网上传播的，电子邮件是病毒在网络上传播的主要方式。

②病毒还可以通过网页来传播，当你保存一个网页的时候，网页脚本中包含的病毒就会被下载到你的计算机上，有时候，QQ 接收到的来历不明的文件中也可能包含病毒和恶意代码。

（二）网络防火墙技术

网络防火墙是联结电脑与网络之间的软件，是网络安全的第一道屏障。保障网络安全的第一个措施，就是所有进入网络的信息都要经过防火墙。防火墙是设置在被保护网络和外界网络之间的一道防御系统，可以防止危险的电脑病毒和木马进入网络系统，记录用户在网络上的活动，并保证用户资源和有价值的数据不会流出网络。作为一个安全检查站，它可以拦截可疑站点，以防止不明站点入侵用户电脑。

1.网络防火墙的特征

①它是接收信息的第一道防线。所有信息，不管是输出的，还是接收的，都将经过它的监管。

②它有一套自己关于安全的授权认证，只有得到这个认证的认可，其内容才可以被通过。

③系统本身具有较高可靠性。

2. 网络防火墙的基本功能

①防火墙负责记录所有通过它的访问，并提供预警和审计，提供统计数据等功能，它是网络的集中监视点。

②所有进出内部网络的信息都由防火墙来把关，身为检查点的防火墙，禁止未授权的用户访问受保护的网络，起到了过滤不安全的服务和非法用户的重要作用。

③防火墙可以允许受保护网络中的一部分主机被外部网访问，而另一部分则被保护起来，进一步控制了对特殊站点的访问。

3. 网络防火墙的分类

（1）分组过滤型防火墙

分组过滤（Packet Filtering）也称为包过滤型防火墙，是目前防火墙最常用的技术。分组过滤型防火墙作用在协议组的网络层和传输层，根据分组报头源地址、目的地址和端口号、协议类型等标志确定是否允许数据包通过，只有满足过滤逻辑的数据包才被转发到相应目的地的出口端，其余的数据包则从数据流中丢弃。在这里，进行选择的依据是系统内设置的过滤逻辑，称为访问控制表（Access Control Table）。

（2）应用代理型防火墙

应用代理型（Application Proxy）防火墙指处理代表内部客户的外部服务器的程序，工作在应用层，因此也称应用型防火墙。其特点是完全"阻隔"了网络通信流，通过对每种应用服务编制专门的代理程序，实现监视和控制应用层通信流的作用。人们常使用代理服务器进行信息过滤，以防止网络之间出现直接的传输。外部网络与内部网络之间想要建立连接，首先必须通过代理服务器的中间转换，内部网络只接收代理服务器提出的服务要求，拒绝外部网络的直接请求。这种类型的防火墙优点在于可以将被保护的网络内部结构屏蔽起来，增强网络的安全性，可用于实施较强的数据流监控、过滤、记录和报告等。但是，它实现起来比较困难，对于每一种服务协议必须设计一个代理软件模块，以便进行安全控制，透明性比较差。

4. 实现防火墙的方式

（1）分组过滤防火墙

分组过滤防火墙是众多防火墙里最基础且最简单的一种。

①它可以通过路由器实现，也可以通过主机来实现。分组过滤路由器作为联结内外的唯一渠道，要求所有的内容都在此通过检查。在路由器上可以安装基于 P 层的报文过滤软件实现报文过滤功能。许多路由器本身带有报文过滤配置选项。

②由单纯的分组过滤路由器构成的防火墙的危险包括路由器本身的危险、路由器允许访问的主机的危险。它在被攻击之后，不能发现并识别不同的用户信息。该防火墙不能隐藏内部网络的信息，不具备监视和日志记录功能。

(2) 屏蔽主机防火墙

屏蔽主机防火墙实现了网络层安全和应用层安全。它由分组过滤路由器和堡垒主机组成，屏蔽子网防火墙利用堡垒主机构造一个网络来提供额外的安全层。黑客在攻击内部网络之前，首先要渗透两种不同的安全系统，它所提供的安全等级要比分组过滤防火墙高得多。这种防火墙系统的防护原理，是将堡垒主机配置在内部网络上，内部网络 Internet 之间放入分组过滤路由器，将过滤原则配置在路由器上。简单地说，使得外部系统只能访问堡垒主机，而发给内部网络中其他主机的信息全部被阻塞。屏蔽子网通常被称为边界网络，将内部网络和外界隔离开来，这提供了较强的安全性。堡垒主机成为从外部网络唯一可以直接访问的主机，这样就确保了内部网络不受未经授权的外部用户的攻击。另外，由于内部主机与堡垒主机处于同一网络，所有内部网络中的主机是直接访问 Internet，还是使用堡垒主机上代理服务的方式来访问 Internet，需要由相关的安全策略来决定。通过在路由器配置过滤规则，使得 Internet 只接受来自堡垒主机的内部分组，就可以强制内部用户使用代理服务。

(3) 双宿主主机型防火墙

双宿主主机型防火墙是指以一台双重宿主主机作为防火墙系统的主体，执行分离外部网络与内部网络的任务。在双宿主主机系统中，任何路由功能都是被禁止的，例如前面介绍的分组过滤技术也是不允许在双重宿主主机上实现的。双重宿主主机唯一可以采用的防火墙技术就是应用层代理。内部网络用户可以通过客户端代理软件以代理方式访问外部网络资源，或者直接登录至双重宿主主机成为一个用户，再利用该主机直接访问外部资源。

(三) 杀毒软件

开启 Windows 防火墙后并不能完全保证电脑不受恶意软件的攻击，这时还需要杀毒软件来帮助我们进一步保护电脑安全。杀毒软件又叫作反病毒软件或防毒软件，它是一种能够清除电脑病毒、木马和恶意程序的软件。在使用电脑进行网上理财时，我们常常会浏览不同的网站或者下载一些文件，以获取投资理财相关的信息。个人无法凭肉眼看出正在浏览或者下载的文件是否有隐藏的病毒，而一旦无意识地下载了病毒，电脑上存储的个人信息及重要资料就极有可能被恶意盗取或窜改，会给用户带来不可估计的损失。因此电脑杀毒是网上理财不可不做的工作，在进行网上理财操作时最好开启杀毒软件实时监控的功能，从而起到为电脑保驾护航的作用。360 杀毒软件是一款云安全杀毒软件，它不能实现防范木马、卸载软件的功能。如果要使用软件卸载、木马查杀等功能还需要安装 360 安全卫士。360 安全卫士软件的安装与 360 杀毒软件的安装方式相同，只需要在浏览器中搜索 360 安全卫士，下载安装包后双击安装包，按照提示的步骤完成操作，即可将其成功安装在电脑中。

三、网银安全环境的配置

网上银行是在投资理财中使用较多的工具之一。虽然银行会不定期地对网上银行系统进行维护和更新，网上银行处于安全稳定的状态中，但网银账户被盗取的情况还是时有发生。为了进一步保证个人网上银行的安全，对网上银行进行常规维护、配置更安全的网银环境就是投资者需要做的。

(一) 申请余额变动短信提醒

部分银行的微信银行绑定账号后，当账户余额发生变动时，系统会自动将余额变动信息推送到微信银行中。但这要求手机微信一直处于登录状态，并且数据网络正常连接。由于手机微信不可能24小时在线登录，有时会出现数据网络无法连接的情况，因此想要通过微信银行实时了解账户余额变动情况是有困难的。用户可以通过申请短信余额变动提醒来实时了解银行卡里的资金动向。申请余额变动短信提醒可以到银行柜台办理，但最方便的方法是通过网上银行自助办理。

(二) 网银登录提醒的设置

为了进一步提高网上银行的安全性，部分银行推出了"手机短信认证""网银登录短信提醒"服务工具，比如工商银行。工商银行的"手机短信认证"工具是指在使用安全认证工具进行交易确认的过程中，用手机短信配合验证的一种交易确认方式。开通"手机短信认证"后，客户在支付时将会收到短信验证码。这样可以实现"安全认证工具＋短信动态验证"双重保证，进一步增强了网银认证的安全性。对于没有提供网银登录短信提醒的银行，比如建设银行和中国银行等，可以通过设置私密设置或者安全保护问题设置来实现个性化的网银安全定制。

(三) 安全控件的下载和使用

为保证网上银行账户及网上交易的安全，许多银行都要求电脑上必须安装网银安全控件才能登录个人网上银行。网上银行安全控件的下载方式有多种，用户可以在百度搜索引擎中搜索网上银行控件，进入控件下载中心下载。用户也可以进入银行官方网站，找到网上银行登录安全控件安装包后，下载到电脑中。最快捷的方式是在登录个人网上银行时下载，并且可以直接安装使用。

（四）其他支付工具的安全配置

在进行网上支付时，网上银行是常用的一种支付方式。随着互联网的发展，人们的支付平台已经不仅仅局限于网上银行，越来越多的人选择支付宝、财付通、微信支付、快钱等第三方支付工具来进行网上支付。第三方支付工具为我们提供了更快捷的支付方式，但使用这些支付工具进行支付并不是完全没有风险，第三方支付工具也会存在安全漏洞。如何保证支付安全是大多数使用第三方支付工具的用户所关心的问题。

以支付宝为例，支付宝提供了保护资金安全、保护账户安全和保护隐私安全的服务。但是在进行网上支付时使用安全工具只是做到了最基本的安全工作，除此之外我们还需要掌握一些安全知识来防范网络诈骗。近年来，网络诈骗案件屡见不鲜，而大多数人是因为网络安全意识薄弱、缺乏社会经验而导致上当受骗的。在支付宝的安全学堂中，有许多安全知识的讲解，用户可以从中了解最基本的安全知识。

参考文献

[1] 华忠，钟惟钰. 协调发展视角下的现代经济管理研究 [M]. 长春：吉林出版集团股份有限公司 ,2023.

[2] 姜丽华. 自然资源经济与管理研究 [M]. 哈尔滨：哈尔滨出版社 ,2023.

[3] 李自杰. 管理经济学 [M]. 北京：对外经济贸易大学出版社 ,2023.

[4] 李树林，张飞. 财富管理行业的新趋势 [J]. 银行家 ,2023,(1):84-86.

[5] 肖静. 保险在财富管理中的应用研究 [J]. 经济与社会发展研究 ,2023,(23):137-139.

[6] 刘志勇，刘宝成. 微观经济学 [M]. 北京：经济管理出版社 ,2022.

[7] 李柳. 数字经济理论与实践创新研究 [M]. 北京：中国商业出版社 ,2022.

[8] 郭玉芬. 现代经济管理基础研究 [M]. 北京：线装书局 ,2022.

[9] 杨红，原翠萍，李增欣. 经济管理与金融发展 [M]. 北京：中国商业出版社 ,2022.

[10] 陈晶. 经济管理理论与实践应用研究 [M]. 长春：吉林科学技术出版社 ,2022.

[11] 张亚东. 创新思维驱动经济管理发展研究 [M]. 太原：山西经济出版社 ,2022.

[12] 杨光宇，程露莹，区俏婷. 宏观经济与金融风险管理研究 [M]. 北京：中国纺织出版社 ,2022.

[13] 杨忠诚. 经济社会管理与应用数学方法 [M]. 天津：天津科学技术出版社 ,2022.

[14] 王建伟. 经济管理的实践与创新 [M]. 北京：中国原子能出版社 ,2021.

[15] 李雪莲，李虹贤，郭向周. 现代农村经济管理概论 [M]. 昆明：云南大学出版社 ,2021.

[16] 刘盈，姜滢，李娟. 金融贸易发展与市场经济管理 [M]. 汕头：汕头大学出版社 ,2021.

[17] 李涛，高军. 经济管理基础 [M]. 北京：机械工业出版社 ,2020.

[18] 石振武，程有坤. 道路经济与管理 [M].2 版 . 武汉：华中科技大学出版社 ,2020.

[19] 张荣兰. 资产管理在事业单位经济管理中的作用 [M]. 北京：中国原子能出版社 ,2020.

[20] 李萌昕 . 信息时代的经济变革网络经济与管理研究 [M]. 昆明 : 云南人民出版社 ,2020.

[21] 高博文 , 娄桂莲 . 市场经济与城市管理 [M]. 长春 : 吉林出版集团股份有限公司 ,2020.

[22] 张喜征 , 芦冬青 , 刘琛 . 共享经济平台管理 [M]. 长沙 : 湖南大学出版社 ,2020.

[23] 姚文秋 . 经济作物生产与管理 [M]. 北京 : 中国农业大学出版社 ,2020.

[24] 赵高斌 , 康峰 , 陈志文 . 经济发展要素与企业管理 [M]. 长春 : 吉林人民出版社 ,2020.

[25] 张政厅 . 经济管理的信息化应用探讨 [J]. 现代工业经济和信息化 ,2020,(5):111-112.

[26] 王宛濮 , 韩红蕾 , 杨晓霞 . 国际贸易与经济管理 [M]. 北京 : 航空工业出版社 ,2019.

[27] 闫杰 , 杨阳 , 张永霞 . 现代经济管理与市场营销研究 [M]. 北京 : 经济日报出版社 ,2019.04.

[28] 高军 . 经济管理前沿理论与创新发展研究 [M]. 北京 : 北京工业大学出版社 ,2019.

[29] 易高峰 , 常玉苗 , 李双玲 . 数字经济与创新创业管理实务 [M]. 北京 : 中国经济出版社 ,2019.

[30] 赵海港 . 经济管理的信息化发展建议研究 [J]. 环球市场 ,2019,(26):7,9.